가르침의 어려움

Teaching and its predicaments

가르침의 어려움

데이비드 K. 코헨 지음
김연 옮김

KM 경문사

많은 것을 가르쳐 주신 나의 부모님
엘레노어 캐스트너 코헨(Eleanor Kastner Cohen)과
이사도어 H. 코헨(Isadore H. Cohen)께 이 책을 바친다.

일러두기

① 우리말은 국립국어원 '한글 맞춤법'을 기준으로 한다.

② 외래어는 국립국어원 '외래어 표기법'을 기준으로 한다.

③ '미주(Notes)'는 원서에서 저자가 수록한 내용으로 원서와 동일하게 책의 가장 뒷부분에 있다.

④ 본문 내용 중 추가로 참고할 만한 내용이 있는 경우 각 페이지 하단에 '옮긴이 주석'을 통해 수록하였다.

⑤ 찾아보기(Index)는 이 도서에 맞게 재조정되었으므로 원서와 다를 수 있다.

옮긴이 머리말

몇 년 전 어느 수학 선생님이 대학에서 교수님들이 문제에 관해 설명을 하는 것처럼 수업하는 것이 가장 좋고, 학교에서는 어렵지만 한 명의 학생을 대상으로 하는 교육이 가장 이상적이라고 생각한다고 말하는 것을 들은 적이 있다. 이때 대화가 서둘러 마무리되어 대응하지 못했는데 이 책의 내용으로 다음처럼 첨언할 수 있을 것 같다: 완성된 지식의 우아한 제시를 가르침의 전형적인 모습으로 생각한다면, 이는 가르침을 전문적으로 수행하고 있는 사람이 아니라는 것을 고백하는 것이다. 더욱이 한 학생을 대상으로 설명하더라도 가르침은 실패할 수 있다. 이 사례는 가르치는 직업이 가르침을 전문적으로 판단하고 구현하지 못하고 있는 한 가지에 불과하다. 소위 학생들의 논의나 교구의 사용을 지향하는 교사 중에서도 형식에만 집중하는 경우도 있고, 빡빡한 진도 또는 심한 경쟁의 입시를 언급하면서 수업의 상태를 에둘러 설명하는 경우도 있다. 가르침의 성공과 목적은 학생들의 배움의 성공에 달려 있는데, 배움의 실패를 학생들의 노력 부족으로 간주하는 경우도 마찬가지이다. 이러한 여러 상황에도 불구하고 어떤 불미스러운 사고가 항상 발생하는 것은 아니다. 왜냐하면 가르치는 일을 하는 사람들은 정해진 일정, 예를 들어, 목요일 4교시 2학년 3반의 수업을 일정대로 수행할 때, 대개의 경우 학생들은 여전히 교실에 있기 때문이다. 아마도 학생들은 수업의 질과 상관없이 평가라는 무기를 휘두르는 교사가 두렵거나, 졸업에 대한 사회적 인식을 가지고 있는 경우, 또는 이유가 분명하지는 않지만 교실에 있어야 한다고 생각하는 경우가 대부분이기 때문이다. 물리적으로 교실에 교사와 학생들이 있으면 수업의 시간은 어떤 방식으로든 지나가기 마련이다.

그런데, 나는 이러한 사례들에 해당하는 교사의 지식이나 철학의 부족을 탓하기보다, 그들이 가르침의 목적이나 특징 및 가르침이 어려운 이유에 대해서 학습할 기회가 없었던 것이 더 큰 문제라고 생각한다. 교육에 관한 다양한 이론들을 접했더라도, 가르침을 이론적으로 다루는 경우가 많지 않은 것이 현실이다. 배움, 즉 학습에 대한 이론은 가르침에 대한 이론과 초점이 다르기 때문이다. 교사의 지식과 역량 및 수업의 질에 대한 연구자이면서 교사 교육자인 나는 가르침의 전문성이 어떤 면모를 가지고 있으며 교사가 집중하여 노력해야 할 방향이 무엇인지에 대해 명확히 안내하는 도서나 교육의 부재를 반성하고 싶다.

이 책은 유·초·중등학교 및 대학에서 가르치는 일을 하는 사람들과 이와 관련된 연구를 하거나 정책을 다루는 사람들을 대상으로 한다. 물론, 교육학에 대한 상식이 없더라도 가르침이라는 판단과 행위에 대한 관심이나 궁금증이 있는 사람들이라면 이 책에서 그 궁금증을 해소할 수 있다고 생각한다. 저자는 이 책의 목적이 가르침에 대한 이해를 높이고 가르침이 어려운 이유를 밝히는 데 있다고 말하고 있다. 이를 통해 독자는 어제도, 오늘도 그리고 분명히 내일도 어려울 가르침을 준비하고 구현할 때, 전문적인 판단과 행위로 발현하고 있는지에 대한 명확한 기준과 가르침을 향상하기 위해 필요한 지식과 역량에 대한 관점을 파악할 수 있을 것이다.

저자에 대해 짧게 소개하자면, 데이비드 K. 코헨은 미국의 매우 저명한 교육학자이다. 그는 1968년에 하버드대학교에서 가르치기 시작한 이후, 2020년에 작고할 때까지 미국의 교육 정책에 많은 영향을 끼친 학자이다. 경력이 화려한 학자들은 많지만, 내가 저자에게 감동한 이유는 그가 제안하고 주장하는 정책이 수업과 교사를 지지하는 데 그 어떤 학자들보다 앞장섰기 때문이다. 그는 미국의 교육을 향상하고자 정책연구를 수행했고, 그 교육의 향상은 가르침의 질에 있다는 점을 뼛속 깊이 이해하고 있던 학자였다.

이 책과 관련하여 두 가지 점을 미리 말하고 싶다. 첫 번째는 이 책이 미국의 교육사, 정치, 역사를 언급하는 경우가 더러 있는데, 이에 대해 불편한 마음을 가질 필요는 없다는 것이다. 두 번째는 저자가 이 책을 집필할 당시 개발된 온라인 의사소통 프로그램이 '스카이프(Skype)' 정도였으므로, 지금의 과학기술 발전 속도를 고려하면 그러한 언급도 구식이라고 느껴질 수 있다. 그러나 저자가 설명하는 교실에서 담화의 특징을 파악하는 데에는 문제가 없을 것이다.

이 책을 번역하면서 언젠가 저자를 한국에 초청해야겠다고 생각했었는데, 아쉽게도 이는 어렵게 되었다. 저자의 관점에서 보면 한국은 수업의 질을 향상할 수 있는 사회적 자원을 가진 국가이다. 교육과 관련된 인프라로 국가교육과정이 있고 전 세계에서 찾아보기 힘들 만큼 유능한 인재들이 교사이고 또 교사가 되기를 원하기 때문이다. 물론, 그러한 한국이라고 해서 가르치는 일이 더 '쉬운' 것은 아니다. 국가교육과정 내에서 가르치지만, 여전히 교사들은 불확실성에 직면하기 때문이다. 그런데도 명백히 한국은 가르침의 질을 높일 가능성을 많이 가진 국가이고, 이 책이 그 노력의 적은 부분이라도 기여하기를 기대해 본다. 가르침을 이해하는 데 도움이 되기를 바랄 뿐이다.

2023년 7월

김연

지은이 머리말

나는 1960년대 후반에 이 책의 집필에 대해 생각하기 시작했다. 그 때 나는 교육 정책을 연구하면서 정책 입안자들이 가르침을 어떻게 보고, 얼마나 잘 이해하는지에 대해 궁금했다. 약 10년 후 내가 교사들을 관찰하고 이 직업에 대한 글을 읽으면서, 그러한 호기심은 진지한 연구로 바뀌었다. 가르침과 정책과의 관련성에 대한 더 많은 관찰, 더 많은 질문과 연구로 이어졌다. 글을 쓰고 다듬는 작업은 수십 년 동안 진행되었다.

긴 시간 동안의 집필은 내가 친구, 가족 및 동료들에게 더 많은 것을 요구했다는 것을 의미한다. 그들은 매우 관대했다. 마그달렌 램퍼트(Magdalene Lampert)에게 특히 감사하다. 우리가 함께 한 멋진 삶에서 가르침에 대한 오랜 토론이 포함되어 있고, 그 결과가 이 책에 반영되었다. 그렇게 보면, 이 책은 공동 프로젝트이다. 또한, 데보라 로웬버그 볼(Deborah Loewenberg Ball)에게도 특별한 감사를 전하고 싶다. 우리가 함께 일하는 것은 기쁨이었고, 이 책의 많은 아이디어의 주요 원천이었다. 그렇게 오랜 세월 동안 나눈 많은 대화와 연구로 내 아이디어는 어디서 시작되었는지 그들의 아이디어는 어디서 멈췄는지 명확하게 구분할 수 없다. 또한, 이 책에 대한 격려와 의견을 준 나의 동료, 학생 그리고 가족들에게 감사를 드린다: 토니 브릭(Tony Bryk), 다니엘 채잔(Daniel Chazan), 리사 코헨(Lisa Cohen), 헬렌 페더스톤(Helen Featherstone), 제이 페더스톤(Jay Featherstone), 프란체스카 포르자니(Francesca Forzani), 시모나 골딘(Simona Goldin), 팸 그로스먼

(Pam Grossman), 파트리시오 허브스트(Patricio Herbst), 헤더 C. 힐(Heather C. Hill), 마빈 호프먼(Marvin Hoffman), 메리 케네디(Mary Kennedy), 찰스 E. 린드블럼(Charles E. Lindblom), 밀브레이 월린 맥러플린(Milbrey Wallin McLaughlin), 메리 H. 메츠(Mary H. Metz), 메리 캐서린 오코너(Mary Catherine O'Connor), 도널드 퍼치(Donald Peurach), 세네카 로젠버그(Seneca Rosenberg), 리 슐먼(Lee Shulman), 짐 스티글러(Jim Stigler), 게리 사이크스(Gary Sykes), 재닛 A. 와이스(Janet A. Weiss), 수잔 윌슨(Suzanne Wilson), 알리다 즈바이들러-맥케이(Alida Zweidler-McKay). 하버드 대학 출판부의 편집장인 엘리자베스 놀(Elizabeth Knoll)의 관심과 격려는 이 책이 훌륭한 출판사에서 출간할 수 있게 도와주었다. 웨스트체스터 북 서비스(Westchester Book Services)의 찰스 에벌린(Charles N. Eberline)의 날카로운 눈썰미와 멜로디 네그론(Melody Negron)의 편집으로 이 책의 많은 실수를 수정할 수 있었다.

몇몇 기관에서 집필을 도와주었다. 미시간 주립대학교 사범대학(The College of Education at Michigan State University) 및 미시간 대학교 사범대학과 공공 정책 포드대학(the School of Education and the Ford School of Public Policy at the University of Michigan)은 내가 이 프로젝트를 지속하여 수행할 수 있도록 교수직을 제공했다. 예루살렘의 만델 재단(The Mandel Foundation)은 수년간 내가 가르침과 관련된 기관에서 일할 수 있는 시간과 그곳의 학자들에게 나의 아이디어를 시도해 볼 수 있는 기회를 제공해 왔다. 나는 특히 이러한 기회를 준 것에 대하여 고(故) 시모어 폭스(Seymour Fox), 만델 재단의 역대 회장인 아네트 호흐슈타인(Annette Hochstein), 그리고 내 연구에 지속적인 도움을 준 재단을 아낌없이 지원한

모트 만델(Mort Mandel)에 감사한다.

5장은 "지식과 가르침"이라는 제목으로 2008년 가을에 Oxford Review of Educatio에 발간된 에세이를 바탕으로 한다. 1장과 2장은 2008년에 Kete에서 출판된 Educational Deliberations: Studies in Education Dedicated to Sblomo (Seymour) Fox의 "인간 진보를 위한 전문직: 가르침의 조건" 자료를 이용한다.

목차

1

가르침을 향상시키다?

역사적으로 살펴보면 선진국은 학교에 대한 관심을 확대해 왔다. 1980년대에 정책 입안자와 교육자는 학교가 학문의 깊은 뿌리에 근거하여 지적으로 풍부한 수업을 제공해야 한다고 주장하였다. 예를 들어, 영국의 마거릿 대처(Margaret Thatcher), 존 메이어(John Major), 토니 블레어(Tony Blair) 정권은 이전과 다르게 학교 교육에서 학업을 매우 강조하는 방식으로 개편하였다. 이와 마찬가지로, 미국도 깊은 사고와 지적으로 풍부한 수업을 강조하였고, 학생은 스스로 생각할 수 있는 적극적인 문제 해결자가 되도록 교육해야 한다고 주장하였다.

이러한 목표를 달성하기 위해 정치와 정책에 많은 변화가 있었다. 영국 중앙 정부는 주립 학교에 대한 영향력을 강화하였는데, 특히 공인 시험과 공통 교육과정을 강조하였다. 미국의 일부 주는 주에서 주관하는 시험이 수업을 더 높은 수준으로 끌어 올릴 수 있을 것이라는 근거하에 시험과 그 성과 체계를 공격적으로 도입하였다. 1990년대 중반 클린턴 대통령의 교육 개혁이 의회를 통과한 이후, 더 많은 주가 이러한 정책을 시행하였다. 유력 정치인, 기업가, 언론인은 학교의 예산이 아니라 학생의 수행 결과로 학교를 판단해야 한다고 주장하였고, 이러한 아이디어는 조지 W. 부시 대통령 재임 초기에 아동 낙오 방지법(No Child Left Behind)이 통과되면서 더욱 힘을 얻게 되었다.

누군가는 이러한 정책과 아이디어를 희망적으로 보았고, 또 누군가는 현명하지 못한 것으로 평가하기도 했지만, 어쨌든 많은 변화가 발생하였다. 결과적으로, 미국은 주로 재정의 할당으로 학교의 질을 판단하였다. 그러나, 학생들의 배움에 대해 공식적으로 책임지는 교사, 학교, 정책은 없었다. 여러 제도를 개혁하려는 노력 중에서 필자가 주목한 한 가지 문제는 정치적인 것이다. 강력한 이해 집단(영국, 이스라엘, 일본의 교사 집단, 혹은 미국의 주 또는 지역별 단체)의 성장 혹은 호주 같은 연방주의나 미국 내 주들의 연합은 가르침과 배움에 관련된 힘과 권한을 분산시켰다. 권한이 분산되어 있을 때 주 정부나 국가 기관이 영향력을 동원하여 수많은 교실에서 일어나는 가르침과 배움을 관리할 수 있을까?

두 번째 문제는 교육적인 것인데, 가르침과 배움이 매우 신중하고 까다롭게 다루어져야 한다는 생각에서 비롯되었다. 예를 들어, 교사는 학생이 수학적 개념을 이해하고, 진지한 문학 작품을 해석하고, 자신의 생각과 경험을 창의적인 글로 쓰고, 역사와 사회에 대해 진중하게 대화하도록 도와야 한다. 이러한 거대하고 원칙적인 목표에 대해 어떤 생각을 하든지 간에, 대부분의 미국 학교에서는 이러한 가르침과 배움을 찾기 어렵다. 대부분 수업에서 학생들은 앞만 바라보고 있고, 교사가 홀로 말하고 있으며, 일부 심화 수업을 제외하면 지적인 요구 수준이 낮은 내용을 가르치고 배운다. 어느 교과목에 대해서도 깊은 지식을 가진 초등학교 교사는 거의 없고, 개혁가가 제안하는 훌륭한 수업은 일부 중등학교에 국한되어 있었다. 어떠한 권한이 이와 같이 고착된 관행으로부터 벗어나서 야심찬 가르침과 배움을 구현시킬 수 있을까?

어쩌면 그런 권한이 있을 수도 있다. 그러나 지적인 기대와 관심이 가르침의 자양분이 되려면, 많은 것이 변해야 한다. 너무나 전형적이고 뻔한 수업 관행으로부터 벗어나, 지적으로 풍부하고 모험적인 가르침으로 바꾸려면 무엇이 필요할까? 미국 역사 초기에 이러한 변화를 시도하였으나 성공하지는 못했다. 왜 그렇게 어려웠을까?

제2차 세계대전 당시 가르침은 미국에서 가장 많이 투자되고 연구된 직종이면서, 많은 비판을 받았고, 개혁 요구 또한 반복적으로 받아왔다. 전후 고등교육이 폭발적으로 이루어짐에 따라 사회과학이 성장하였고, 학교 개혁에 대한 노력 또한 증가하였는데, 이는 교육에 대한 연구의 엄청난 성장을 촉진했고, 더 많은 투자와 개혁 제안이 이어졌다. 연구자들은 교사의 교육, 근무조건, 노조 가입, 급여, 의사결정 방법 등 여러 가지 관련 주제들을 면밀히 조사하였다. 필자는 이 책을 집필하면서 많은 연구물을 조사하였지만, 수많은 연구물 중에서 정작 가르침 그 자체에 대한 연구는 거의 없다는 사실을 알게 되었다. 연구자들은 수십 가지 관점에서 교사라는 직업을 조사하고 엄청난 연구를 해왔지만, "어떤 노력이 가르침인가?", "교사는 어떠한 문제에 직면하게 되고, 그 문제를 어떻게 해결해야 하는가?", "야심찬 가르침과 배움(ambitious teaching and learning)을 실천하여 이 두 가지 문제를 해결하려면 무엇이 필요할까?"와 같은 기본적인 질문을 던진 사람은 얼마되지 않았다.

이 세 가지 질문은 필자가 설정한 목표를 요약한다. 필자의 답은 다음 장에 나와 있다. 필자의 답은 독자들이 어떻게 가르쳐야 하는지를 배우는 데 도움이 되지 않으며, '결과'를 알려주지도 않는다. 다만, 가르침을 이해하고, 관련 직업을 이해하는 데 도움이 되기를 바랄 뿐이다. 필자의 분석은 초등학교와 고등학교 수업 관찰, 교사와의 면담, 가르침 및 관련 활동에 대한 많은 문헌을 읽고, 가르침을 연구하는 동료들과의 대화를 통해 형성된 것임을 미리 밝힌다.

2

인간의 향상

가르침은 평범한 일로 보인다. 가르침의 전형적인 모습은 연장자 또는 고학력자가 나이가 적거나 지식이 부족한 사람들에게 설명을 하는 것이다. 어린이라면 작은 책상에 앉아 있고, 청소년이라면 교실에서 구부정한 자세를 하고 있으며, 성인이라면 반원형 모양으로 모여 있다. 그리고, 연장자나 고학력자가 거의 항상 앞에 서서 이야기한다. 그래서 "어떤 노력이 가르침인가?"라고 물으면, 그 대답은 간단해 보인다. 바로 지식과 역량을 전달하는 것이다.

이 답은 참일 수도 있고, 아닐 수도 있다. 왜냐하면, 누군가는 교사가 학생의 정신과 습관을 개선하기 위해 노력하는 것이라고 말하기 때문이다. 그런데 이러한 개선에도 차이가 많다. 누군가는 유치원에서 가르치고, 누군가는 대학원에서 가르친다. 누군가는 물리학을 가르치고, 누군가는 종교적 신념을 가르치며, 미션 스쿨 교사는 둘 다 가르치기도 한다. 교사가 추구하는 바도 다양하고, 교사의 상황 역시 매우 다양하다. 어떤 교사는 학급이 5개 이하인 학교에서 가르치고, 어떤 교수는 4만 명의 학생이 등록하는 대학에서 가르친다. 과외 교사는 한 명의 학생에게 개별 교습을 하지만, 어떤 공립학교 교사는 스무 명의 학생을 가르친다. 이러한 차이점에도 불구하고, 모든 교사들은 인간의 향상을 위해 일한다는 공통점이 있다. 더 나아가, 심리치료사, 사회복지사, 성직자, 조직 자문위원처럼 교사는 다른 인간의 마음, 삶, 일, 조직을 개선하기 위해 일한다.

인간의 향상을 지향하는 이러한 직업은 특별한 목표를 공유한다. 이 직업에 종사하는 사람은 역량을 향상시키고, 통찰력을 키우고, 이해를 넓히고, 감정을 다스리고, 다른 사람의 입장에서 생각해보게 하고, 진심으로 대하는 태도를 추구한다. 즉, 인간의 마음을 변하게 하고, 능력을 길러주며, 행동을 바꾸고자 노력하는 직업이다. 따라서 이러한 직업에서는 배움이 중요한데, 모든 영역에서 향상을 위한 핵심으로 배움을 고려하기 때문이다. 인간의 향상을 위해 일하는 이 전문가들은 자신들의 일이 현재의 삶에서 중요하다고 주장한다. 예를 들어, 교사는 실용적이고 지적인 능력, 이론적 판단력, 문제해결 능력을 길러주는데, 이런 능력이 없으면 현재의 경제가 흔들리거나 무너지게 될 것이라는 것이다. 조직 자문위원은 조직의 효율성, 생산성 및 투명성을 향상시킨다. 심리치료 및 조직 개발을 위한 직업은 유럽과 북미 지역의 계몽주의 운동 이래로 흥하게 된 진보 개념의 새로운 맹아라고 할 수 있다. 가르침, 선교 활동과 같은 것들은 오래 전부터 있었던 것이지만, 현 시대의 목표에 비추어 새롭게 인식되었다.

이 독특한 직업에 종사하는 사람들은 몇 가지 공통된 어려움을 가지고 있다. 하나는 역설이다. 인간의 향상을 추구하는 직업의 전문성은 고객과 함께 일할 수 있는 역량이 있는 사람이라는 특별한 자격에 있지만, 이것만으로 충분하지 않다. 아무리 교육을 잘 받아서 전문적인 정보를 가지고 있더라도, 인간의 향상을 위해 일하는 전문가는 기본적인 문제에 대해서도 확실한 해결책이 없는 경우가 많다. 한 가지 이유는 교사의 목적이 무엇인가에 대한 너무 많은 그리고 일치하지 않는 견해가 있다. 많은 사람들은 교사가 학생에게 권위에 대한 순종과 경의를 심어주어야 한다고 주장하는 반면, 권위에 의문을 제기하는 태도와 비판적 지성을 길러줘야 한다고 주장하는 사람들도 있다. 누군가는 학생들이 기초를 배워야 한다고 주장하지만, 또 누군가는 학생들이 지적 수준이 높은 과제를 수행해야 한다고 주장한다. 어떠한 과학적인 방법도 이러한 논쟁에서 결론을 내릴 수는 없다. 이러한 논쟁은 대중적인 담론에서뿐만 아니라 사회과학 담론에서도 이루어지지만, 결론은 없다.

또한 이러한 목표를 달성하는 최선의 방법이 무엇인가에 대한 논쟁도 여전하다. 실무 경험과 구체적 활동이 지식을 형성하는 데 있어서 가장 좋은 길이라고 주장하는 사람이 있는 반면, 철저한 학문적 연구를 촉구하는 사람도 있다. 학문적 연구를 주장하는 사람들 사이에서도 매우 큰 의견 차이가 있다. 어떤 이는 학문적 내용에 대한 지속적인 연구를 주장하는 반면, 또 다른 이는 학습 과정, 비판적 사고, 읽기 전략의 중요성을 주장한다.[1] 또한, 교사의 성공을 판단하는 방법에 대한 의견도 일치하지 않는다. 인간의 향상을 추구하는 다른 전문 직종과 마찬가지로, 예를 들어, 읽기나 수학을 가르칠 때, 두 자리 수의 곱셈에 대한 학습은 다양한 방법으로 정의될 수 있으며, 각각의 방법은 관점에 따라서 타당할 수 있다. 즉, 진보시키기 위한 다양한 방법이 있는데, 이러한 각각의 방법은 지지를 받을 수 있기도 하고, 아닐 수도 있다. 더욱이, 성공했다는 증거를 가지고 뒷받침되기도 하고, 아닐 수도 있다. 전문 지식과 사회과학이 이러한 관점에 영향을 주기는 하지만, 사실 결정적인 증거는 거의 없다.[2] 모든 인간의 향상과 관련된 직업에 종사하는 전문가들은 자신의 직업과 관련하여, 목적과 방법에 대한 일치되지 않는 사회적 논쟁 때문에 전문성이 있으면서도 전문성이 없는 것으로 간주되는 역설로 인한 어려움이 있다. 전문성은 바람직한 실천을 위해 필수적이지만, 그것만으로는 근본적으로 충분하다고 할 수 없다.[3]

과학적이고 전문적인 교육의 진보가 이러한 역설을 해결할 것이라는 이의가 제기될 수도 있다. 이에 대한 예측은 쉽지 않지만, 역사적 기록을 살펴보면 그다지 긍정적이지 못하다. 산업 전체가 엄청나게 확장되면서 인간의 향상과 관련된 직업에 대한 전문적인 교육이 대규모의 사업으로 성장했으며, 사회 연구가 점점 더 많이 적용되고 있음에도, 인간의 향상에 대한 불확실성과 이와 관련된 논쟁은 지난 세기 동안 줄어들지 않았다. 과학이 이 문제를 해결할 수 있을 거라 믿었던 많은 사람들의 희망과는 달리, 진보를 거듭할수록 오히려 갈등과 불확실성이 더욱 커져갔다. 전문직이 번성하면서, 이와 관련된 교육은 논란이 되었다. 예를 들어, 융(Jung)과 프로이드(Freud)는 심리분석 시스템을 최초로 발명하였다. 심리치료 영역이 성장하기는 했지만, 그 성장의 대부분은 치료 방식에 대한 논쟁을 통해 이루어졌고, 학술 논문들은 이러한 논쟁을 담고 있었다. 심리치료의 효능에 대한 회의론이 줄어들기 시작하면서, 특정 치료법에 대한 비판이 제기되었고, 나중에는 심리치료 영역 전체에 대한 격렬한 공격으로 이어졌다. 특히, 정신이상은 본질적으로 합리적인 현상이며, 심리치료를 치료가 아니라 인간 불행의 원인으로 간주하는 주류 정신과 의사들의 의견은 주목할 만한 사례이다.[4]

가르침에 대해서도 비슷한 이야기를 할 수 있다. 최고의 교육 방법에 대한 논쟁은 공교육만큼이나 오래되었다. 미국에서 1700년대 몇몇 교육자와 성직자는 수업을 타락과의 치열한 투쟁으로 보았고, 또 다른 이들은 수업에서 인류의 선(善)을 함양하는 것으로 간주하였다. 1830~1840년대 보스턴에 공립학교가 설립된 이후, 개혁가와 학교 옹호자들은 수업이 책에서 제시된 사실을 온전하게 전달하는 것을 목표로 하여야 하는지, 아니면 실생활 문제를 해결하려는 노력을 목표로 두어야 하는지에 대해 치열하게 논쟁하였다.

이러한 오래된 의견 차이는 여전히 남아 있다. 게다가, 몬테소리 교육, 무정부주의 교육, 진보주의, 행동 수정, 열린 교육, 무상교육, 기독교 근본주의 학교를 포함하여 수십 년간 무수히 많은 이론과 실천들이 생겨났다. 1840년대 호레스 만(Horace Mann)이 공립학교를 위한 캠페인을 시작한 이후, 수업에서 가르침, 문해력, 인간 존중의 수준이 매우 높아졌다. 그러나, 이것이 억압과 무지의 원인이라며 가르침을 공격하는 견해도 있었다. 교육의 진전은 교육이 진보되어 왔는지 혹은 약화되어 왔는지에 대한 수많은 비평과 논쟁을 야기해왔다. 어떤 평론가들은 학교 교육을 무고한 학생들에 대한 악의적인 공격 혹은 전체 인구를 지적으로나 정치적으로 속박하기 위한 계획된 수단으로 바라보는데, 이는 공교육에 대한 초기 논의와는 전혀 관계가 없는 견해이다.[5] 즉, 정규 교육의 성장으로 인하여 인간 향상의 가능성에 대한 믿음이 커졌으나, 이와 동시에 교사가 상품을 전달할 능력이 있는가에 대한 의심도 커졌음을 보여준다.

이러한 역설은 학교 개혁을 위한 최근의 시도에서 명백하게 드러났다. 1980년대 중반 이후 주 정부와 연방 정부는 소외계층 학생을 위해 학교가 개선되어야 한다고 촉구하였다. 정책 입안자들은 학교가 특권계층과 소외계층 학생 사이, 흑인 및 히스패닉과 백인 학생 사이의 성취도 평균 간극을 없애야 한다고 주장한다. 이러한 정책은 교육의 질보다는 결과로 학교를 판단하게 했다. 또한, 학생들의 사회·경제적 배경의 수준이 다르고 그 학생들이 재학 중인 학교의 자원 또한 차이가 크다는 점에서 그러한 목표가 과도하다고 할 수 있다. 그러나 인간의 향상을 위한 학교의 역량을 매우 높게 평가하는 정책들이 한편으로는 공립학교가 실패했다는 주장을 담고 있다. 이러한 정책에서 주장하는 바와 같이 공립학교가 심각하게 실패해왔다면, 어떻게 다른 결과를 도출할 수 있을까? 이에 대한 답으로 제시된 차터 스쿨(charter school)[a]과 '학교 구조조정(school turnaround)'은 많은 공립학교가 절망적으로 무능하다는 견해, 그리고 조직과 리더십을 변경하면 효과적인 교육이 가능하다는 생각이 결합된 것이다. 절반 정도의 차터 스쿨이 그 지역의 공립학교보다 학생들의 성취도 향상이 낮아서 낙관론을 뒷받침하지 못하지만, 공립학교에 대한 지지자들의 비관론과 차터 스쿨에 대한 낙관론을 잠재우지도 못하였다.

전문성의 역설은 자구적 발전 방법의 확산에서도 두드러진다. 예를 들어, 서적, 잡지, 음성 자료, 영상 자료는 심리치료사가 없어도 마음의 안정을 가져다 주기 때문에, 누구나 스스로 치료를 수행할 수 있다. 여러 비평가들은 교사 없는 교육을 제안하기도 한다. 예를 들어, 매뉴얼을 읽거나 컴퓨터를 사용하기만 해도 된다. 조직 자문위원은 책을 읽거나 테이프를 들어서 5분 내에 조직을 개선해야 한다. 이러한 방법은 인간의 향상에 대한 강한 믿음과 전문가의 전문성에 대한 깊은 의심을 보여준다. 치료사가 없는 안정, 교사가 없는 교육, 자문위원이 없는 괜찮은 조직이 가능하다면, 전문가의 존재가 중요할까? 그들의 전문성은 중요할까?

지금까지 인간의 향상과 이에 대한 지식의 확장으로 불확실성이 감소했다기보다는 오히려 증가했으며, 전문가의 임무 또한 단순해지기보다는 오히려 복잡해졌다. 전문가는 더 많은 문제를 해결하고, 더 많이 배우고, 더 능숙하

---

a) 옮긴이 주석 차터 스쿨(charter school)은 미국의 교육 제도이다. 대안학교의 성격을 가진 공립학교로서, 전인교육과 창의적 교육방식을 추구한다. 행정상으로는 공립학교와 유사하게 운영되지만, 사립학교의 특성을 띄고 있어서, 위원회, 저소득층 지원, 설립자 등에 대해 교육의 우선권을 부여하는 제도를 운영하는 학교도 있다. 주로 사립 교육과 공립 교육의 장단점을 접합한 교육의 형태로 많은 실험적 교육 방침들이 운영되고 있다.

게 임무를 수행해야 하지만, 이러한 요구와 함께 전문성에 대한 의구심 또한 늘어난다. 인간의 향상에 대한 노력이 커지면서 우리의 기대, 정교함, 비판적 역량 또한 커졌다. 더 나은 과학적이고 전문적인 지식이 전문가의 이해와 임무에 영향을 미칠 수도 있지만, 이러한 지식이 논쟁이나 불확실성 문제를 매듭지을 것이라는 걸 의심할 만한 많은 이유가 있다. 전문성의 발전이 전형적인 예라 할 수 있다. 전문성이 커질수록, 전문성이 미흡한 분야가 더 많아지고, 더 나아져야 할 부분들이 드러난다. 이러한 통찰은 인간의 향상을 온전히 반영한다.

이러한 점과 관련하여 모을 수 있는 여러 근거 중 몇 가지만 위에서 언급되었지만, 이는 발전의 목적과 수단을 다루기 때문에 기본적이라 할 수 있다. 전문가와 평론가들은 그러한 불확실성과 논쟁이 사회과학과 전문 지식의 발전으로 사라질 일시적인 문제인지, 아니면 이러한 직업의 영구적인 특징인지에 대해 논쟁한다. 이러한 전문직이 과학, 실제적인 기술 또는 사회적 공학인가에 대한 논쟁이다. 예를 들어, 목공이나 배관과는 달리, 이러한 직업과 전문가의 지식과 역량이 지닌 본질은 계속되는 불확실성과 격렬한 논쟁의 문제이다. 게다가 어떤 전문가도 고객이 수업, 치료, 그 외의 기타 환경에서 어떻게 반응할지 완전히 예측할 수 없다는 것은 불확실성의 여러 원인 중 하나이다. 교사는 이야기에 대한 학생들의 해석 또는 수학 문제에 대한 학생들의 풀이에 자주 당황하고, 결과적으로 접근 방식을 수정하게 된다. 인간의 향상과 관련된 직업은 고객 없이 일할 수 없는데, 고객과 함께 활동하면 불확실성 문제가 발생한다.

전문성의 역설을 다루는 전문가들의 노력은 두 번째 어려움, 즉 고객에 의존한다는 점 때문에 복잡해진다. 전문가는 고객의 성공을 위해 노력하고 이를 성취해야 비로소 성공할 수 있다. 예를 들어, 학생, 환자, 조직 구성원이 스스로 성장하는 존재가 되지 않으면 성공할 수 없다. 목수는 직업에 대한 역량과 지식, 일하고자 하는 의지, 좋은 재료를 가지고 있으면 결과를 얻을 수 있다. 하지만, 학생들이 수업의 목표를 자신의 것으로 받아들이고 이를 추구하지 않으면 교사의 모든 능력은 쓸모가 없다. 이것이 교사의 지시에 대한 학생들의 반항이 학생 영향력의 강력한 원천이 될 수 있는 이유이다. 학생들이 교사의 권위에 반하는 것이 아니라 교사의 성공을 거부하기 때문에 위협이 될 수 있다는 것이다. 고객의 의지와 능력은 전문가의 의지나 능력만큼이나 중요하다. 실제로, 이러한 거래에서 전문가의 활동은 대개 고객이 의지와 활동 역량을 스스로 함양하는 것을 목표로 한다. 전문가는 자신의 성공과 만족을 위해 덜 숙련되거나 덜 성숙하거나 덜 건강한 고객에게 의존한다.[6]

이는 이론적인 문제가 아니다. 인간의 향상과 관련된 직업군과 그 고객들은 서로 다른 일을 한다. 예를 들어, 셰익스피어나 중세 역사에 관심이 많은 교사가 회계사나 자동차 정비사를 지망하는 학생들을 정기적으로 만나게 된다. 이러한 경우, 고객의 약속과 헌신이 중요하기 때문에 수업의 목표는 협상되어야 한다. 참여자의 의지가 없이는 향상이 이루어질 수 없는데, 고객은 향상을 두려워하기도 하고, 가능성을 의심하기도 하고, 무관심하기도 하며, 또는 전문가가 제공하는 것이 아닌 다른 것을 선호하기도 한다.[7]

전문가의 고객에 대한 이러한 의존적 특성은 임무의 모든 곳에서 나타난다. 성공을 위해 함께 하는 고객 없이 전문가는 성공할 수 없기 때문에, 이는 실행에서 내리는 판단에 영향을 미칠 수 있다. 대개 전문가는 고객의 동기에 영향을 줄 수 있지만 항상 그런 것은 아니며, 어떠한 경우에도 이를 통제할 수 없다. 또한 임무의 사회적 조직은 고객의 의지에 강력한 영향을 미친다. 예를 들어, 많은 공립학교 교사들은 학생의 출석이 강요되는 선택권이 없는 조직에서 일하기 때문에 학생의 동기 부여 방법을 찾으려 한다. 학생들이 지원하여 진학하는 사립학교 교사는 대개 그곳에 진학하고자 했던 학생들을 가르치며, 이 경우에는 동기 부여 문제가 덜 심각하다.[b] 이와 비슷하게, 사적 영역에서 정신과 의사와 정신분석가는 일반적으로 이들과 함께 하기를 희망하는 고객을 선택하고, 이러한 상호 선택과 환자의 비용 지불을 이용하여 환자의 참여를 이끌어낸다. 고객의 약속과 헌신을 이끌어내는 것은 각 직업의 여러 부문에서 다양하게 관리된다. 도움을 요청하고 그 비용을 지불하는 개별 고객을 선택하는 전문가는 모든 사람을 강제하거나 수용하는 공공 시설에서 일하는 전문가보다 그 문제가 덜 심각하다. 전자의 경우, 임무에 대한 사회적 합의가 개인 전문가가 원하는 고객의 약속과 헌신의 상당 부분을 관리한다. 반면 후자의 경우, 공적 영역에서 활동하는 전문가는 고객들이 다른 곳에 있기를 원하고 다른 일을 하고 싶어 하는 상황에서도 고객의 약속과 헌신을 이끌어내고 유지하기 위해 노력해야 한다.

전문가가 이러한 연결에서 사용하는 한 가지 수단은 고객에게 책임을 전가하는 것이다. 예를 들어, 심리치료사는 대개 환자가 어떤 문제를 해결해야 하고 언제 해결해야 하는지 결정하도록 한다. 마찬가지로 조직 자문위원은 고객이 추구할 목표와 달성 시기를 결정하게 한다. 교사는 특정 학생의 관심을 이끌만한 것을 예상하고 적절한 과제를 부여하기 위해 노력하며, 자주 학

---

b) 옮긴이 주석 미국의 사립학교는 공립학교와 다르게 정부의 세금 지원을 받지 않고 등록금으로만 운영된다. 따라서 사립학교는 각 학교별로 교육 목표 및 교육과정을 설정하고 운영할 수 있다.

생들과 수업 내용을 협상한다.[8]

전문가의 의존적 특성 때문에 전문성에 대한 한계가 있을 뿐만 아니라 역량과 지식의 한계도 발생한다. 예를 들어, 신경증 환자가 자신의 문제에 대해 이야기하기를 거부하면, 심리치료사의 특별한 전문 지식이 소용없을 수 있다. 환자가 협조하지 않으면 치료를 진행할 수 없다는 미숙한 제안, 그리고 그 후에 뒤따르는 침묵 정도가 있을 뿐이다. 8세 어린이가 프랑스어 수업에 대한 교사의 계획을 거부하면, 프랑스어에 대한 교사의 교수학적 지식은 도움이 되지 않는다. 교사의 전문화되지 않은 달래기, 부모의 엄격한 훈계, 교장의 방문이 효과가 있을 수도 있다. 이러한 경우뿐만 아니라 그 외의 많은 경우, 전문성은 결과를 만들어내기에, 심지어는 시작하기에도 충분하지 않다.

전문가는 고객의 동의, 그리고 고객의 지식과 역량으로 자신의 전문성을 보완해야 한다. 예를 들어, 질이 좋지 않은 가르침으로도 학생들은 수업에 참여하여 배울 수 있다. 이처럼 고객의 약속과 헌신, 그리고 지식은 전문가의 임무에 필수적으로 동반되어야 하고, 더 나아가 전문가의 전문성을 완벽하게 대체한다. 이와 같은 전문성의 보완은 전문가가 잘 숙련되어 있어도 필요하다. 교사, 심리치료사, 조직 자문위원 등 직업군의 사람들은 단순히 연습하는 기회를 제공하고 그냥 두고 볼지라도, 향상에 대한 의지가 중요한 누군가와 함께 일을 한다. 전문가가 지식과 역량을 아무리 발전시키더라도, 고객의 약속과 헌신을 이끌어내고 유지하기 위해 전문가가 사용하는 중요하지만 미숙한 조치를 대신할 수는 없다. 여기서 다시, 이러한 실행에 대한 다양한 사회적 합의 때문에 문제들은 다양하게 다루어진다. 사적 영역 또는 매우 선택적인 공공 영역에서 일하는 전문가는 향상을 위하여 고객의 약속과 헌신을 이끌어내는 데 도움이 되는 선택을 할 수 있지만, 선택권이 없는 환경에서 숙련된 전문가는 대개 고객의 약속과 헌신을 이끌어내기 위해 많은 노력을 기울여야 한다.

세 번째 어려움은 전문가가 이러한 고객에 대한 의존성을 제어해보고자 할 때 정반대의 방향으로 끌려간다는 것이다. 전문가의 성공은 고객의 향상에 달려 있다. 고객의 성취가 클수록 전문가의 성공이 더 커지기 때문에 극적인 변화를 이끌어낼 강력한 인센티브가 존재한다. 그러나 더 높은 목표를 달성하기가 더 어렵고 실패의 위험이 더 크기 때문에 인간의 향상은 위험하고 어려울 수 있다. 예를 들어, 물리학을 배우거나, 정신 건강을 향상시키거나, 조직의 효율성을 높이는 등 고객이 변화하려면 오래된 아이디어나 습관을 고치거나 버려야 한다. 이러한 향상이 제대로 이루어지면 아주 기쁜 일이 될 수 있지만, 대개는 어렵다. 결국, 거칠더라도 예전의 생각과 습관은 대개 유지되며, 이를 버리는 것은 쉽지 않은 일이기 때문이다. 또한 고객은 어렵고 위험할 수 있는 새로운 역량, 습관, 이해, 또는 조직의 분위기를 파악하고 습득해야 한다. 만약 고객이 바라는 만큼 변할 수 없다면, 고객이 원했던 사람이 될 수 없거나, 되어야 했다는 이야기를 들었을 것이다. 인간의 향상을 가장 소중한 목표로 여기는 세상에서 이와 같은 실패는 무겁게 다가온다.[9]

전문가가 고객을 위해 큰 성공을 추구할수록, 저항이나 실패를 유발할 가능성이 높아진다. 고객에게 위험하고 어려운 변화는 전문가의 성공을 위협한다. 따라서 적당한 향상이 저항이나 실패보다는 괜찮기 때문에, 전문가는 고객이 저항하지 않거나 쉽게 달성할 수 있는 방식으로 향상을 만들 수 있는 인센티브를 가지고 있다. 교사, 심리치료사, 그리고 이와 비슷한 직종의 전문가는 고객에 의한 완전한 실패 위험을 피하고 자신을 위하여 약간의 성공만이라도 달성하기 위해 목표를 낮게 설정해야 하는지, 아니면 고객을 위한 큰 향상과 스스로가 기대했던 성취를 위해 높은 목표를 가져야 하는지에 대해 자주 염려하곤 한다. 이 문제에는 지속적이고 일반적인 해결책이 없지만, 업무를 계속하려면 어떻게든 관리해야 한다.[10]

이 세 가지 어려움은 인간의 향상에서만 나타난다. 예를 들어, 교사와 조직 자문위원은 전문 지식과 역량뿐만 아니라 자신의 일에 대한 의지가 필요하며, 그 점에서는 목수나 건축가와 같다. 그러나 목수와 건축가는 목재나 설계로부터 동의와 약속을 얻어낼 필요가 없다. 교사와 이와 관련된 직종만이 자신의 의지와 지성을 가르침이라는 임무에 활용할 고객을 필요로 한다. 따라서 이러한 직업에 종사하는 전문가는 마지막 두 가지 어려움이 합쳐져서 비롯되는 또 다른 어려움에 직면한다. 전문가는 특별한 지위, 권위, 영향력을 지니고 있으며, 고객은 미숙하거나 부족하거나 혹은 병약한 것으로 간주된다. 그러나 전문가는 고객이 없으면 쓸모없는 존재가 되며, 고객이 있으면 대개 무력해진다. 예를 들어, 소파에서 잠이 든 환자, 교실에서 만화책을 읽으며 문자 메시지를 보내는 학생들은 자신의 향상뿐만 아니라 전문가의 향상도 방해한다.

마지막 요점을 통해 하고자하는 말은 전문가가 전문 지식에 대한 요구와 고객에 대한 의존성 사이에 놓여 있어 양쪽에서 어려움이 발생한다는 것이다. 전문가의 전문성은 고객에 대한 접근, 고객의 신뢰, 비용이나 급여, 사회적 지위, 결과를 위해서 필수적이다. 그러나 인간의 향상과 관련된 직업에서 전문가의 전문성은 항상 불충분하며, 임무 유지를 위해 전문 지식과 역량을 보완하는 다른 자원이나 준비가 필요하다. 이러한 보완 중 일부는 고객에 달려 있는데, 임무에 대한 고객의 의지와 지식, 역량과 같은 것이다. 전문가에게 달려 있는 것도 있는데, 불확실성을 마주하는 용기뿐만 아니라 다른 사람을 돕기 위해 스스로 헌신하는 넉넉함에 이르기까지의 모든 것이 포함된다. 또 어떤 것은 전문가와 고객 모두에게 달려 있는데, 서로를 이해하고 역지사지하는 능력이다. 이러한 공감과 상호 이해는 사회적 동물로서 살아가는 우리의 삶에 필수적이지만, 인간 향상의 실행에서보다는 사회생물학과 인류학에서 훨씬 더 많이 연구되었다.[11] 지식과 역량의 향상이 가르침과 관련된 실행에 정말 필요하지만, 아무리 교육을 잘 받고 경험이 풍부하더라도 임무를 잘 수행하기 위해서는 전문 지식과 역량 이상의 무언가가 필요하다.

따라서 인간의 향상을 위한 전문 직종을 규정하는 것은 불가능하다고 말하는 것이 타당해 보인다.[12] 그렇다고 해서 교사, 심리치료사, 조직 자문위원은 끊임없이 걱정하거나 투덜거리지 않는다. 다른 직종의 사람들처럼 교사들은 매일 학교로 출근하고, 여기에 제시된 문제뿐만 아니라 다른 문제들을 해결하느라 지루할 틈이 없기 때문이다. 그러나 이들의 임무는 완벽히 만족스러운 해결책이 없는 특유의 어려움을 자주 관리해야 한다. 예를 들어, 동료 교사들과 함께 마련한 방법으로도 잘 해결되지 않는다.[13] 동시에 이러한 어려움을 관리해야 한다고 말하는 것이, 전문가가 이를 지속적으로 주의 깊게 다루어야 한다는 뜻은 아니다. 우선 전문가와 고객이 여기서 논의된 문제에 얼마나 주의를 기울여야 하는지 스스로 조절할 수 있어야 한다. 예를 들어, 심리치료사와 환자가 체중 감소나 금연을 위해 인지 행동 요법을 사용한다면, 이들은 향상의 결과와 수단에 대한 높은 불확실성을 가지고 고민할 필요가 없다. 반면, 이들이 환자가 과식이나 흡연하는 이유를 이해하고, 그와 관련하여 할 수 있는 것이 무엇인지 결정하고, 이를 시도하는 등 전통적인 '통찰' 요법을 사용한다면, 치료에서 불확실성과 의심은 커질 것이다. 의심과 불확실성은 이러한 치료법에서 불가피하기 때문이다.

따라서 전문가와 고객은 상대적으로 복잡하고 모호한 목적과 방법 때문에 임무의 위험과 어려움이 높아질 수 있으며, 상대적으로 명확하고 간단한 목표와 방법을 통해 문제를 완화할 수도 있다. 이들이 추구하는 목적과 사용하는 수단을 선택함으로써 내부에서 함께 임무를 조정할 수 있다. 이러한 조정이 인간의 향상에서 핵심 요소이다. 왜냐하면 이러한 조정을 통하여 전문가와 고객이 인간 향상의 고충이 얼마나 큰 것인가를 인식하고, 이들이 갖추어야 하는 지식, 역량, 기타 개인 자원을 형성할 수 있도록 해주기 때문이다.

게다가 전문가와 고객은 스스로 섬에 들어간 로빈슨 크루소(Robinson Crusoes)와 프라이데이(Fridays)가 아니다. 이들의 임무는 사회, 경제, 문화에 의해 조정된다. 예를 들어, 어떤 교사는 재능 있고 성실한 학생만 입학시키고, 성적이 낮은 학생들은 내보내는 학교에서 일한다. 이러한 교사들은 공립학교에서 일하는 교사들보다 학생에 대한 의존성으로 고생하는 것이 덜하다. 어떤 교사는 교육 결과에 대한 강력한 합의가 이루어진 학교나 사회에서 일한다. 오랫동안 논쟁으로 의견이 갈라진 학교에서 일하는 교사들은 교육의 결과와 수단에 대한 불확실성으로 더 많은 어려움을 겪을 것이다. 이러한 직업의 사회적 합의에 따라 향상의 어려움을 더 악화시키기도 하고 이를 완화하기도 한다. 이러한 합의의 차이로 인해 어떤 경우는 정말 작은 결과를 얻기 위해 어마어마한 전문성이 필요하지만, 또 어떤 경우는 적당한 전문성으로도 훌륭한 결과를 얻을 수 있다.

따라서 인간 향상의 어려움에 주목한다고 해서 모든 전문가들이 끊임없이 이를 걱정해야 한다고 주장하는 것은 아니다. 이 문제에 신경을 많이 쓰는 것만이 이 문제를 다루는 유일한 방법도 아니다. 전문가와 고객은 상황에 대한 그들의 규정을 통해 이러한 어려움에 대한 관심을 줄이거나 높일 수 있다. 이러한 직업과 사회는 그러한 상황에 대한 사회적 합의를 설정하는 방식으로 이를 완화하거나 강조할 수 있다. 어떤 전문가와 고객은 다른 이들과 달리 여기에 제시된 어려움으로 곤란을 겪지 않았는가를 알아내면 많은 것을 배울 수 있다. 이 어려움은 이러한 직업의 특성이지만, 전문가의 마음 속에 항상 있는 것은 아니다. 이 책은 전문가가 무엇을 걱정하든 간에 이러한 직업의 임무를 해석하는 유용한 방법을 제안한다.

이런 직업이 독특하기는 하지만, 그렇다고 유일무이한 것은 아니다. 다른 직업에서도 인간의 향상으로 보이는 점이 많기 때문이다. 21세기 초, 많은 직업이 인간의 향상을 주장할 수 있고, 또 대부분이 그렇다. 사회적 향상은 널리 받아들여지는 가치이며, 매우 많은 직업과 기업이 이를 언급하며 설명하고 정당화한다. 예를 들어, 광고주는 정서적인 욕구를 충족할 수 있는 능력을 향상시킨다고 주장한다. 관리자는 생산성을 높이거나 업무를 즐기는 능력을 향상시킨다고 주장한다. 비누 제조업체는 자사 제품이 우리 아이들을 보호한다고 이야기한다. 이러한 주장을 어떻게 생각하든 간에, 오직 교사, 심리치료사, 조직 자문위원, 그리고 이와 같은 직종만이 다른 사람의 마음, 역량, 조직을 개선하기 위한 직접적인 활동을 한다.

그러나 다음과 같은 질문을 할 수 있다. 다른 사람을 직접 상대하며 일하는 다른 직업은 어떤가? 예를 들어, 화장품 판매원은 고객을, 외과 의사는 환자를, 대기업의 인사과 관리자는 직원을, 교도관은 수감자를 상대하며 일한다. 화장품, 건강, 관리, 구금으로 인간의 향상에 기여한다고 사회적으로 간주된다. 이들 또한 인간의 향상을 위한 전문가라 할 수 있는가?

이러한 직업이 무엇을 향상시키며, 어떻게 향상시키는지 살펴보자. 예를 들어, 외과 의사는 환자를 견습 의사로 키우려 하지 않으며, 판매원은 고객이 진공청소기나 백과사전을 더 잘 팔게끔 훈련시키지 않는다.[14] 일부 관리자는 부하 직원이 관리자가 되도록 돕기는 하지만, 대다수는 그렇지 않다. 판매, 물리치료, 다양한 관리직 등의 직업은 만들거나 판매하는 물건의 품목, 수입, 치료된 신체 같은 독특한 결과를 얻기 위해 노력한다. 고객의 마음과 영혼, 지식을 향상하는 것은 기껏해야 보조적인 것일 뿐, 대개는 이와 관련이 없거나 단순한 미사여구에 지나지 않는다. 경찰관이나 교도관들의 일은 사회 개선이라기보다는 관리이다. 이들의 업무는 능력의 향상이 아니라 사람들을 문제로부터 멀리 떨어뜨려 놓는 것이다.[15]

이와 달리 교사는 학생들이 교과에 대한 지식, 이를 설명하는 역량, 문제를 해결하는 전략 등 자신의 특별한 전문성의 일부를 습득하도록 도와야 성공할 수 있다. 전통적인 심리치료사가 성공한다는 것은, 일반적으로 환자가 이들의 치료 전문성의 요소, 즉 감정에 대한 문제를 통찰하기, 그 원인을 이해하기, 증상을 인식하기, 개선의 장애요인을 파악하기 등을 습득하도록 돕는 것이다. 오직 교사와 이와 같은 유형의 직업만이 고객이 향상하는 방법을 배우도록 도와야 한다. 왜냐하면 이러한 전문가의 성공을 위해 고객이 실습생이 되어야 하기 때문이다.

따라서 현대의 여러 직업에 인간 향상의 요소가 있다면, 인간의 향상을 다루는 직업과 사람을 상대하는 다른 직업 사이에도 또한 중요한 차이가 있다. 그러나 이러한 직업을 단호하게 무 자르듯 구분할 필요는 없다. 이러한 구별은 직업 내 경쟁에서 이루어지기 때문이다. 예를 들어, 어떤 회사의 인사 관리자는 수익이나 생산 단위의 관점에서 자신의 임무를 정의하지만, 또 누군가는 달성한 이해, 획득한 지식, 향상된 능력으로 정의한다. 일부 교도관은 수감자의 구금으로 자신의 임무를 정의하지만, 또 다른 교도관은 수감자의 재활을 추구한다. 즉, 어떤 교도관은 잔인하거나 무관심한 반면, 어떤 교도관은 교사처럼 행동한다.[16] 그리고 어떤 교사는 교도관처럼 행동하는 반면, 또 어떤 교사는 노력하면서 지적 자유를 추구한다. 조직의 차이, 고객의 성향, 전문가의 취향에 따라 이러한 직업의 모양새가 달라진다.

직업을 엄격하게 구분하지 않고자 하는 또 다른 이유는 시간이 지남에 따라 임무가 변하기 때문이다. 의사들은 환자의 신체 건강으로 자신의 역할을 정의해 왔으며 지금도 마찬가지이다. 그러나 환자가 자신의 문제를 얼마나 잘 이해하고 해결하기 위해 어떻게 노력하는지에 따라 의사들은 자신의 임무가 달라질 수 있다는 점을 점차 깨닫고 있다. 따라서 의사는 자신의 임무에서 환자에 대한 이해와 상호 간의 약속과 헌신에 더 많이 노력하고 있다. 5~6세기 전에는 상업과 행정에 유용한 단순한 기술이나 내세의 구원을 지도하기 위한 학교 교육이 거의 존재하지 않았다. 현세의 발전이 사회적으로 받아들여지지 않기 때문에, 인간의 향상에 대한 문제는 누군가에게 맡겨지지 않았다. 인간의 향상과 관련된 직업은 지난 수 세기 동안 생긴 것이며, 사회적 관행의 진보라는 아이디어를 실천하기 위한 노력의 산물이다. 한 가지 결과는 여러 고대 직업의 변화였다. 수 세기 동안 내세의 구원에 초점을 두었던 종교 사업은 점차 방향이 바뀌었다. 성직자들은 여전히 내세의 문제를 다루고 있지만, 사회 사업, 교육, 심리치료를 활용하여 그들의 업무에도 현세 인간의 향상 요소가 포함된다.

인간의 향상에 관한 직업의 경계 또한 모호하다. 왜냐하면, 그 범위는 모든 사회에서 비슷하게 결정되는 것이 아니라 경쟁에 의해 결정되기 때문이다. 국가마다 현대화의 속도가 다르듯이 향상의 원칙에 대한 기대도 다르다.

예를 들어, 심리치료의 기원은 유럽이지만, 자기 자신의 향상에 대한 열망이 큰 미국에서 훨씬 더 대중화되었다. 가르침의 목적과 그 범위가 미국보다 아시아에서 더 제한적이지만, 미국인들조차도 인간의 향상에 어느 정도 관심을 기울여야 하는지에 대한 합의가 이루어지지 못하였다. 종교 근본주의자들은 전통적인 관점에서 가르침을 바라보아야 하며, 학생들을 구원으로 인도해야 한다고 주장한다. 일부 개혁가와 연구자는 가르침이 전통적인 학문 내용에 국한되어야 하고, 그 외의 발전을 추구할 필요가 없다고 생각한다. 그러나 근본주의자들은 학문 내용과 함께 자존감 향상, 성교육 등을 목표로 하는 세속 교육의 광범위한 대안으로서 학교를 간주한다. 따라서, 여기에서도 인간의 향상이 존재한다는 것은 분명하다.

이러한 논쟁은 지속되어서, 상황에 따라 강해지기도 하고 약해지기도 하겠지만, 이는 사회에서 중요한 주제가 바뀌는 것을 반영한다. 자신과 사회를 발전시키고, 전문 지식과 역량으로 정신과 조직을 개선하는 인류의 능력에 따라 변화한다. 사회와 역사의 변화에 따라 직업도 변화하기 때문에, 이러한 직업을 엄격하게 정의하는 것은 의미가 없다. 적어도 미국에서 인간 향상의 일부 직업(가르침, 심리치료, 조직 개발)은 다른 직업보다 현대적인 것으로, 따라서 가장 현대적인 이 임무의 독특한 어려움을 더 명확하게 보여준다. 또한 이러한 직업은 덜 현대화된 사회에서도 비슷한 방향으로 나아가고 있음을 알 수 있으며, 이러한 움직임이 미래에는 더욱 두드러질 것이라고 상상할 수 있다.

인간 향상의 기회가 증가하지 않았다면, 다른 사람들이 이미 하고 있는 방식으로 더 많은 직업과 기업을 끌어들이게 될 것이다. 이러한 이유로 수십 년 내에 많은 판매원이 상품 사용, 서비스와 통찰을 바탕으로 판매 방법의 전문가가 될 수 있다. 소비자가 구입한 상품과 서비스에서 감성적 발전을 추구하고, 많은 판매원이 이를 능숙하게 지원한다는 증거가 이미 존재한다. 오늘날 가르침, 심리치료와 같은 업무의 주된 특징을 설명할 수는 있지만, 현대 문명이 갑작스레 무너지는 상황이 아니라면, 인간의 향상에 대한 기대와 염원은 시간이 갈수록 계속 커질 것이라고 예상하는 것이 적절해 보인다. 이러한 확장은 역량의 숙련, 개인의 안녕, 개인의 욕구에 대한 만족으로서, 향상을 확인하는 문명에서는 피하기 어려울 것이다.[17] 어느 정도는 이 새로운 직업군의 경계가 고르지 않고 바뀔 것이기 때문에, 아마도 불분명하고 미약하게 정의될 것이다.

이러한 설명은 인간 향상과 관련된 직업을 규정하는 것이 불가능하다는 주장을 보여준다. 이 직업은 세속적 성공에 대한 약속을 하기 때문에, 현재 수많은 난제를 남긴다. 각 직업은 문제를 설정하고 해결하는 데 독자적인 접근 방식을 사용하기 때문에 이러한 내용은 다양하게 조직된다. 예를 들어, 고전적 심리 치료는 대부분 정서적 일신과 자기 발견에 대한 담화에 집중되어 있다. 전문가와 고객은 개인의 과거를 조사하고 새로운 습관을 길들이는 방식으로 문제를 정의하고 해결하는 데 집중한다. 반면, 교사는 다양한 학문 교과, 학습 이론, 학교 제도, 또는 이들의 조합과 관련된 담화를 통해 인간 향상과 관련된 문제를 설정하고 해결한다. 그러나 이 직업들이 사용하는 용어들이 다양하지만, 여전히 많은 공통점이 있다. 전문가들은 모두 고객들이 생각하고 느끼고 행동하는 능력을 신장하여 그들의 상태를 개선하려고 노력한다. 결과적으로 전문가와 고객은 어떤 공통 문제에 직면하게 된다. 이 사람은 무엇이 될 수 있을까? 어느 상황이 주어졌을 때, 인간의 향상을 어떻게 정의할 것인가? 이러한 향상을 이루기 위해 가장 적합한 방법은 무엇인가?

그리고 우리가 잘했는지, 충분했는지, 견실하게 일했는지 또는 아닌지를 어떻게 알 수 있을까? 전문가가 인간의 가능성에 대한 포괄적인 관점을 취하고 최대한의 향상을 위해 밀어붙여야 하는가? 아니면 보다 간단하고 쉬운 목표를 설정하여 고객에 대한 의존도를 줄이고 자신과 고객에 대한 요구를 제한해야 하는가?

따라서 이 엄청난 임무를 수행하는 전문가들은 국가의 사회 정책에서 모든 현대 사회가 직면하는 인간 향상을 이룩하고 평가하는 문제를 다루고 있다. 인간의 향상은 본질적으로 가장 현대적인 임무를 수행하는 것이다. 교사, 심리치료사, 조직 자문위원은 현대 문명의 가장 독특한 목표를 구현하려고 노력하기 때문에, 수 세기 동안 사회 전체가 고민해왔던 인간의 향상을 정의하고 정당화하는 문제와 씨름하고 있다. 그러나 이들은 사회 정책의 거대 담론에서가 아니라 다른 인간을 발전시키려 하는 개인의 노력에서 이러한 문제에 직면한다. 이 책의 저자로서 나는 인간 향상의 어려움을 다루겠지만, 전문가는 어떻게든 다음 자리, 다음 시간, 다음 상담에서 고객과 함께 일할 수 있는 충분한 관리 방법을 찾아야 한다.

3

가르침

가르친다는 것에는 언제나 목적어가 있다. 예를 들어, 요리사가 견습생을 가르치는 장면을 생각해 보면, 요리에 대한 지식을 서로 교환하는 모습을 관찰할 수 있다. 요리사와 견습생이 신문을 읽거나 야구에 대해 이야기를 나누는 모습을 보면서 요리를 가르친다고 생각하지 않는다. 왜냐하면, 지식의 이동이 가르침의 본질이므로, 이를 반영하여 가르침이 없는 상황이라고 판단하는 것이다. 그래서 그러한 모습에 대하여 누군가는 교사가 요식 행위만 한다거나 가르침이 아닌 일을 한다고 말한다.[1] 지식의 이동이 결여되면 가르침의 알맹이가 없는 셈이다.

그러나 지식의 이동이 가르침을 드러내는 특징이라면, 어떻게 직업을 구분해야할까? 초중고교와 대학에서의 가르침은 교육의 의도나 영향에 의해 지식을 전달하는 여러 많은 활동의 일부에 불과하다. 예를 들어, 배관공과 건물주, 성직자와 신도, 정치인과 유권자, 라디오 DJ와 청취자 관계처럼 부모는 관심사가 수시로 바뀌는 아이를 가르친다. 이처럼 교육은 어디에나 있다고 하는 점이, 교육이 인류의 가장 독특한 행위라는 점을 부정하는 것은 아니다. 지식과 역량의 전달은 집을 청소하는 방법 같은 가사 활동은 물론 고등교육에 이르기까지 모든 영역에서 중요하지만, 가르침이라는 독특한 활동의 대부분은 매우 일반적인 상황에서도 이루어진다. 비형식적이고 의도되지 않은 다양하고 많은 교육을 거대한 바다라고 하면, 의도된 가르침은 그저 잔잔한 파도에 불과하다.[2]

그렇다면 바다에서 수영하는 누구나 교사라고 할 수 있을까? 어떻게 생각해보면, 이를 부인하기 어려워 보인다. 우리 모두는 가르치려는 의도가 없는 다른 사람들로부터 배움을 얻은 적이 있다. 그렇다면 그들은 교사가 아니었나? 또한 우리는 전혀 의도하지 않은 상황에서, 또는 정말 원하지 않은 상황에서도 누군가를 가르쳤을 수도 있다. 이를 알아차리게 되면, 놀랄 수도 있고, 짜증날 수도 있다. 그리고 가르치고자 했던 의도가 없었다고 주장할 수도 있지만, 배움을 얻은 사람들은 우리가 그들에게 많은 것을 가르쳤고, 오히려 우리가 이를 부인함으로써 상처를 받는다고 주장하기도 한다. 이를 부정할 수 있을까?

실은 가능하다. 가르침과 배움은 서로 다른 별개의 노력인데, 때로는 이 둘이 연결되어 있지만, 대개는 연결되어 있지 않기 때문이다. 많은 배움은 학생들의 아이디어를 배려하는 가르침(attentive teaching)에 의존하지 않으며, 학생들의 아이디어를 배려하는 가르침이 배움을 이끌어내지 못하기도 한다. 가르치려는 의도가 없는 일에서 배움을 얻는 경우도 많다. 우리는 우리가 좋아하는 사람의 어떤 모습을 닮아가고자 하거나, 반대로 우리가 싫어하는 사람의 어떤 모습을 닮지 않으려 하는 등, 다양한 방식으로 다른 사람들을 모방하면서 배운다. 이러한 배움은 형제나 자매의 관계에서 볼 수 있는데, 서로의 좋은 부분은 닮고자 하고, 그렇지 않은 부분은 닮지 않으려 하면서, 서로를 비추며 자신의 모습을 형성한다. 의식적으로 무언가를 가르치는 형제나 자매는 거의 없지만, 많은 사람들은 사례를 통해 배움을 얻는다. 또한, 학교에서 학생들은 다른 사람과의 운동, 학교 공부 등의 활동을 통해 서로의 가치와 태도를 배우는데, 사회학자들은 이를 또래 상호 작용 혹은 맥락 효과라고 한다. 때때로 이는 학업에 영향을 미친다. 이와 비슷하게 우리는 어떤 것도 가르치려는 의도가 없는 말이나 행동으로부터 배움을 얻어 감성과 가치관을 형성한다. 우리의 배움이 꼭 누군가의 가르침을 의미하지는 않는다. 학생들의 아이디어를 배려하는 가르침을 통해서만 배움이 가능하다면, 지식의 이동은 매우 느리고, 사회는 실제보다 훨씬 복잡할 것이다. 사회가 돌아가는 한 가지 이유는 인간이 간접적인 방법을 통해 많은 것을 배우기 때문이다. 우리는 다른 사람들을 관찰하고, 무언가를 읽고, 라디오를 듣거나 텔레비전을 본다. 이 대부분의 행동에 가르침이 의도된 것은 아니지만, 그럼에도 불구하고 우리는 배움을 얻는다.

교육을 의도하지 않은 예에서 독자적으로 이루어지는 배움은 학자들에게는 엉성하게 보일 수 있지만 권장할 만한 점도 많다. 지식과 역량을 전달하는 비용을 크게 줄여주기 때문에, 부족한 시간과 지성을 다른 곳에 사용할 수 있다. 배워야 할 모든 것을 의도적으로 가르치는 데 필요한 시간, 돈, 의지가 충분하지 않기 때문에, 우리가 다른 사회적 활동을 포기하지 않고는 의도하지 않은 지침을 목적이 있는 수업으로 바꿀 수 없다. 따라서 가르침의 관행은 비형식적이고 일상적인 지침과 구별된다. 이러한 구별에는 두 가지 요소가 있다. 가르침의 관행은 상대적으로 의도적이고 신중하지만, 대개의 지침은 일상적이며 의도를 담고 있지 않다. 그리고 가르침에서 교사는 자신의 가르침을 학생들의 배움과 연결하려고 하는 반면, 가르침의 의도가 없는 강사(앞에서 언급한 형제와 자매의 경우)는 배움에 거의 주목하지 않는다. 다시 말하면, 교사는 배움을 고려하지 않는 수업을 하지 않는다는 점에서 이 두 요소와 구별된다. 문제는 많은 교사들이 그렇게 하고 있다는 점이다. 많은 교사들은 수업에서 학생들이 어떤 생각이나 말을 할지 혹은 학생들의 이해를 높이기 위해 어떻게 해야 할지를 고려하지 않고, 수업의 내용과 설계에 집중한다.

가르치는 직업에 종사하는 많은 사람들이 가르침의 관행을 기르고 발전시키지 않았기 때문에, 가르침의 관행과 직업으로서의 가르침을 구분해야 한다. 가르침에 대해 언급한 사람은 많지 않았지만, 존 듀이(John Dewey)는 다음과 같이 말했다. "가르침이란 상품 판매와 비교할 수 있다. 아무도 사지 않았지만 많은 물건을 팔았다는 상인은 조롱받아야 한다. 하지만 학생들이 배운 내용과 관계없이, 좋은 가르침으로 하루를 보냈다고 생각하는 교사가 있을 것이다. 가르침과 배움 사이에는 판매와 구매 사이에 존재하는 동일한 방정식이 있다."[3]

따라서 가르침의 관행은 인위적이고 당연하지 않은 행위이며, 학생이 '스스로 발전'하는 것에 대한 부자연스러운 행동이다.[4] 가르침에서 교사는 배움을 안내하고 지원하는 수업을 준비하고 시행하여 배움을 발전시키는데, 이는 무엇보다도 이전 장에서 언급한 상호 간의 이해에 달려 있다. 이러한 일에서 교사는 학생의 배움에 대한 책임을 지게 된다. 교사는 학생의 아이디어에 주의를 기울이고, 이를 발전시키기 위한 수업을 설계한다. 이러한 가르침은 교과 내용을 다룰 책임이 있으며, 배움에 대응되어야 한다. 형제나 자매와의 관계 또는 지침과 같은 상황에서 가르침과 배움은 의도하지 않은 충돌, 알지 못하는 공존, 또는 생각지 못한 순간적인 접촉에 의해서만 연결되며, 다른 사람의 마음을 읽으려는 화자의 노력에 대한 증거가 거의 존재하지 않는다. 학습자는 다른 사람이 의도치 않게 부여한 기회를 적절히 활용한다면 이러한 접촉을 통해 배움을 얻을 수 있지만, 이러한 배움은 성공적인 가르침으로 인한 것이 아니다. 학생의 배움에 대한 책임을 진다는 것은 학생을 위해서 교사가 무언가를 배울 수 있다는 의미가 아니며, 오로지 학생만이 배울 수 있다. 이는 교사가 학생들이 배울 수 있도록 가장 높은 가능성을 지닌 가르침의 관행을 기르고 발전시킨다는 것을 의미한다.[5]

물론 대부분의 교사는 학생들이 배움을 추구하도록 하며, 가르침은 이를 달성하기 위한 의도라고 믿는다. 그러나 어떤 교사들의 수업은 학생의 사고에 거의 주의를 기울이지 않고 이를 발전시키기 위하여 수업을 설계하려는 노력도 없어 보인다. 문제의 본질은 이러한 교사들이 학생의 지적인 입장에 서기 위해 별로 노력하지 않으며, 그 지식에 비추어 가르치기 위한 노력도 하지 않는다는 것이다. 이러한 경우에서도 만약 가르침과 배움이 연결된다면, 이는 학생들이 어떻게 생각을 하고 있고 어떤 활동을 하고 있는지에 대해 교사가 주의를 기울이지 않음에도 불구하고 학생 스스로 수업을 활용할 수 있기 때문이다. 즉, 학생들은 교사가 제시하는 기회를 적절히 활용하지만, 그들의 배움은 결코 가르침의 관행으로 인한 결실이 아니다.

가르침의 관행과 평범하고 관습적인 지침 사이에는 절대적인 차이가 있는 것은 아니다. 표면적으로는 자동적인 행동에 많은 의도가 집중되어 있으며, 자동적인 행동이라는 좋은 패치는 세심한 행동의 기초가 된다. 그러나 가르침과 배움을 연결하려는 관심의 정도와 노력의 강도는 크게 다르다. 하나는 교육하려는 의도가 없고, 배움과 연결하려는 노력도 없으며, 학생의 사고나 행동을 이해하려는 '교사'의 노력이 없는 행위가 있다. 또 다른 하나는 배움을 이끌어내기 위해 설계된 의도와 행위가 영향을 끼치면서도 신중하게 길러진 가르침의 관행이 있다. 이 둘 사이의 중간 영역에 있는 대부분의 가르침은 전형적이어서, 어떤 점에서는 자연스럽고 합리적으로 보이지만, 신중하게 길러지고 발전시킨 가르침의 관행이 많이 부족하다. 학생들의 아이디어를 배려하는 가르침일수록, 배움과의 연결을 더 많이 추구할수록, 가르침의 관행이라는 이름에 걸맞은 가치를 지니게 된다.

학생들의 아이디어를 배려하는 가르침과 배려하지 않는 가르침 (Attentive and inattentive teaching)

장인과 도제의 상황을 생각해 보자. 도제들은 "내가 하는 걸 잘 봐", "내가 하는 것처럼 해봐", "내가 말한 대로 하고, 귀찮게 질문하지 마"라고 말하는 것 외에는 가르침을 위한 어떠한 의도가 없는 장인과 함께 일한다. 이러한 경우, 초보인 도제는 "경험을 통해" 배운다. 장인은 도제의 실수를 바로잡기도 하고, 짜증을 내며 소리를 지르기도 하며, 다시 지시를 내리기도 하고, 도제를 비키게 한 뒤 문제가 있는 작업을 직접 다시 하기도 한다. 이러한 종류의 배움은 일에서뿐만 아니라 휴식이나 유희에서도 일반적이다. 예를 들어, 선장과 취미로 주말에 요트를 모는 사람의 관계도 마찬가지이다. 돛의 일부는 펼치고 다른 부분은 접도록 명령하는 선장은 이들을 승무원처럼 다루는 배려 없는 가르침을 행하지만, 이를 통해 많은 사람들이 요트를 모는 방법을 배운다. 예를 들어, 바람을 타고 항해할 때에는 줄을 팽팽하게 당기고, 바람을 피할 때에는 느슨하게 해야한다는 것은 요트를 운전하는 방법으로 배워야 하는 점이다. 이는 항해에서는 중요한 지식이며, 항해하려는 사람은 누구든 배워야 한다. 그러나 도제와 마찬가지로 취미로 요트를 모는 사람은 교수학적 설계가 없는 행동을 모방하며 배운다.

만약 교사를 '다른 사람에게 배움의 기회를 주는 사람'으로 정의한다면, 장인과 선장은 교사이다. 그렇게 되면 우리 모두는 깨어 있는 내내, 인간과 함께 하는 매시간 항상 교사인 것이다. 장인과 선장같은 교사들은 초보자가 모방하고, 명령을 따르고, 무언가를 스스로 이해하여 배운다는 것을 알고 있다는 점에서 배려하고 있다 할 수도 있다. 때때로 이들은 초보자가 그렇게 배움을 얻기를 바란다. 그러나, 이러한 접근 방식은 가르침의 관행으로 나아가지 못한다. 배움이 일어날 수 있는 지식을 넘어서, 세심한 수업이라 할 수 있는 요소가 거의 없기 때문이다. 선장은 배워야 할 대상을 설명하지 않는다. 이들은 초보자들이 할 수 있는 방식으로 자신의 일을 수행하는 요소들을 보여주지 않으며, 초보자가 배워야 할 것을 이해하고 시도할 기회도 제공하지 않는다. 이들은 학습자의 입장이 되어 보려 하지 않고 자신의 행동을 수행한다. 어떻게 목적하는 행동을 할 수 있는가에 대한 교육 대신에, 초보자는 줄을 당기거나 이음새를 납땜하라는 지시를 받는다. 그렇지 않으면 항해나 배관을 하면서 함께 가르침이 이루어지는 환경을 조성해야 한다. 그러나 항해나 배관에 온전히 집중하면, 왜 이 일을 수행해야 하는지, 왜 이 방식대로 수행해야 하고 다른 방식으로 하면 안 되는지를 설명할 여지가 없다. 선장의 입장에서는 초보자가 예를 직접 선택하게 하고, 초보자에게 일을 설명하고, 연습의 기회를 제공할 여지 또한 없다. 전문가는 단순히 초보자를 일에 끌어들이고 최선을 다하라고 한다. 우리는 무언가를 모방하고, 명령에 무조건 따르고, 우리의 행동이 낳는 결과를 인식하고, 무언가를 찾아내는 기회에서 배운다. 이러한 배움은 제법 흔하며, 피하기도 어렵고, 대개 유익하다. 이는 쉽지 않지만, 즐거울 수도 있다. 예를 들어, 미시시피 강에서 항해사가 되는 방법에 대한 마크 트웨인(Mark Twain)의 설명에서, 그는 (수많은 반증에도 불구하고) 자신이 교사가 아니라고 주장하는 스승 빅스비(Bixby)에게 감사를 표했다.[6] 그러나 초보자들이 이러한 방법으로 배움을 얻는다 해도,

다른 사람이 그렇게 할 수 있는 기회를 신중하게 조직했기 때문은 아니다.[7]

이러한 상황에서도 학생들의 아이디어를 배려하는 수업은 어느 정도 확산된다. 어떤 장인은 가르침의 관행을 기르고 발전시킨다. 이들은 지시를 내리고, 이따금 예를 보여주며, 초보자인 도제에게 혼자 연습할 기회를 준다. 그리고 기다린다. 제대로 실행한 도제에게는 다른 지시를 내리거나 다른 예를 보여준다. 제대로 실행하지 못한 도제에게는 더 많은 시간이 주어질 수도 있지만, 대개는 거기서 수업이 끝난다. 이러한 가르침은 초보자의 입장을 염두에 둔 것이지만 엄격하다. 배움에 대한 안내는 신중하게 주어진다.

어떤 장인은 이러한 일에 몇 가지 설명을 더하기도 한다. 예를 들어, 목수는 가로 2인치, 세로 4인치로 나무를 깨끗하게 교차하여 자르는 방법을 설명하면서 도제에게 톱 사용법을 가르치기도 한다. 장인은 손잡이를 잡는 방법, 톱질의 길이, 그리고 어디를 지탱해야 하는지를 보여주지만, 이러한 설명 이상의 수업은 없다. 이를 '지켜본' 도제는 설명을 회상하면서 시행착오를 통해 나머지를 스스로 배워야 한다. 어떤 장인은 뭔가 더 하기도 한다. 이들은 일을 하는 동안 무엇을 하는지 설명한다. 도제가 톱질을 시작할 때면 장인은 톱을 어깨 너머로 잡고 견습생의 움직임을 안내하며 적절한 톱질을 느껴보도록 한다. 그런 다음 목수는 초보자가 연습하는 것을 보면서, 논평하고, 코칭하고, 질문하며, 설명한다. 초보자가 어려워하면, 목수는 질문에 답을 해주고, 과제를 수정하고, 다른 예를 제시하거나, 혹은 이전에 했던 활동으로 되돌아간다.

모든 직업에서 학습자를 배려하는 가르침의 정도에는 굉장한 차이가 있다. 어떤 목수와 배관공은 견습생의 배움을 위한 시간을 거의 주지 않는 반면, 다른 누군가는 보고, 연습하고, 수정하고, 질문할 수 있는 많은 기회를 준다. 학교에서도 이러한 차이는 목공이나 배관과 마찬가지로 분명하게 나타난다. 어떤 교사는 학생들과의 논의에 적극 참여하고, 수업의 상세한 부분까지 신경을 쓴다. 반면에 어떤 교사는 그러한 문제에 전혀 시간을 쓰지 않는다. 이들은 다른 사람들이 쓴 글을 읽기만 할 뿐, 논쟁이나 자료 전달 방법을 전혀 고려하지 않는다. 혹은 이들은 일상적으로 상급자의 지시를 따를 뿐, 내용, 발문과 학문 분야와의 관계, 또는 어떻게 설명할 것인가 등을 전혀 고려하지 않는다. 이들은 가르치는 직업에 종사하고 있기 때문에 우리는 이들을 교사라고 부른다. 그러나 냉정하게 말해서 이들이 가르침의 관행을 기르고 발전시킨다고 보기 어렵다. 이들의 교실은 가르침에 관심이 없이 그저 초보자를 이용할 뿐, 초보자의 질문에 거의 관심을 기울이지 않고 설명도 거의 해주지 않는 배관공과 똑같다.

따라서 가르침의 관행은 가르치는 직업과 같지 않다고 보는 것이 맞다. 가르침과 배움을 연결하는 것에 의식적으로 관심을 적게 두는 것은 많은 교사들의 일에 영향을 주기 때문에, 어느 관점에서는 가르침의 관행은 가르치는 직업의 일부일 뿐이다. 물론, 많은 교사들이 어떤 경우에는 세심하게 수업하고, 어떤 경우에는 기계적으로 가르치기도 한다. 가르침의 관행을 기르고 발전시키는 것은 이 직업에 종사하는 사람들이 하는 임무의 일부일 뿐이며 대개는 매우 작은 부분에 지나지 않는다.

그러나 교실 앞에 서서 교사라 불리는 사람만이 학생들의 아이디어를 배려하는 수업을 하는 것은 아니기 때문에, 가르침의 관행은 이 직업보다 범위가 넓다. 문서 형태의 자료, 영상, 컴퓨터 프로그램을 함께 이용하면 학습자에게 또 다른 배려가 있는 가르침을 준다. 교육을 위한 비공식적인 사회 제도가 공식적인 교육 기관으로 대체되고, 새로운 교육 매체와 테크놀로지가 개발되고 널리 사용됨에 따라 학생들의 아이디어를 배려하는 수업을 수행하는 주체가 지난 두 세기 동안 증가해왔다.

신중하게 계획된 수업이 전문화된 환경에서 성장했다고 해서 그것이 일상생활에서 지침이 축소되었다는 의미는 아니다. 일상생활에서도 더 많은 숙고가 있기 때문이다. 예컨대, 세계적으로 봤을 때 중산층 부모의 육아는 2~3세기 전보다 더 신중하고 교육적인 것이 확실하다. 그런 가정에 있는 아이들은 17세기 아이들보다 학교에서 더 신중하게 설계된 가르침을 받을 수도 있지만, 이들 중 많은 아이들이 가정에서도 더 많은 교육 기회를 가지고 있는 것으로 보인다. 일부 직업에서 이와 비슷한 현상이 관찰된다. 17세기의 노동자는 직장에서 많은 것을 배웠고, 오늘날의 노동자에 비하면 확실히 학교에 다니는 경우가 별로 없었다. 그러나 이러한 직업 중 일부는 새로운 테크놀로지와 조직의 변화로 인해 더욱 복잡해졌고, 일부 직업은 좀 더 인도적으로 성장하였다. 이 경우, 노동자를 위해 신중하게 계획된 수업의 필요성과 기회가 증가하였다. 그러나 테크놀로지와 조직의 변화로 인해 노동자의 역량이 사용되는 범위가 줄어들어, 임무를 위해 설계된 수업의 필요성이 감소한 직업도 많이 있다. 공식적인 교육 기관에서의 준비된 가르침이 비공식 교육을 희생하여 성장하지 않았다.

따라서 학교 교육의 확산 때문에 이전보다 훨씬 더 학생들의 아이디어를 배려하는 가르침이 교실에서 이루어지고 있다. 그러나 새로운 테크놀로지와 사회적 관계 유형이 나타나면서 모든 계획된 수업에서 배려하는 가르침이 차지하는 비중은 점차 줄어들고 있다. 그 비중은 수업과 의사소통의 매체가 많아지고, 수업에서 높은 사양의 텔레비전과 컴퓨터 시스템이 차지하는 비율이 증가함에 따라 더 줄어들 것으로 보인다. 학교의 전문화된 직업으로서 가르침을 위한 사회적 조직은 가르침에 대해 사람들이 주목하게 만드는 데 도움이 되었다. 그러나, 이 직업은 학생들의 아이디어를 배려하는 수업을 지원하는 수많은 플랫폼 중 하나에 지나지 않는다. 가르침의 관행은 초중고교와 대학에서 수업을 하는 사람들만의 전유물이라는 인식이 점차 사라지고 있다.

가르침과 배움의 연결

가르침의 관행은 배움을 발전시키기 위하여 배움과 가르침을 연결하려는 의식적인 노력을 포함한다. 예를 들어, 예비교사는 짧은 기간이기는 하지만 가르침과 배움 사이의 간극을 메우려 노력한다. 가르침과 배움을 신중하게 연결하려는 노력은 가르침의 관행에서 중요하고 필수적인 특징이다. 사회생물학자와 인류학자들의 표현을 빌리자면, 인간 종의 진화에 필수적이라고 주장하는 서로의 마음을 파악하는 능력이 가르침과 배움의 연결에서 중요하다. 교사가 관습적, 비형식적, 일상적인 상황에서의 지침보다 배움을 조금이라도 더 향상시킬 수 없다면, 가르침의 관행을 기르고 발전시켜야 한다는 주장을 하기 어렵다.

교사가 배움을 향상시키기 위한 연결을 어떻게 만들어나갈 수 있을지에 대해 이후에 논의하겠지만, 그러한 연결이 어디에서나 가능한 것은 아니다. 사람들은 술집과 해변에서도 많은 연결을 만들고 가르침과 배움이 자주 일어나지만, 술집과 해변이 가르침을 위한 독특한 곳은 아니다. 교사가 배움을 위해 연결을 어떻게 만드는지를 논의하려면, 교사와 학습자가 만나는 영역을 식별해야 한다. 책상과 의자만 있는 교실이든, 컴퓨터가 갖추어진 교실이든 간에 그 영역은 학생의 아이디어를 배려하는 지극히 평범한 수업을 포함해야 한다. 필자는 세 가지를 확인할 수 있었다. 첫째, 교사가 학습자에게 제공하는 지식과 그 방법이다. 둘째, 수업에서 담화의 조직이다. 셋째, 학생들의 지식에 대한 교사의 파악이다. 이 세 가지 영역에는 '필수적인' 혹은 '일반적인'이라는 수식어가 붙은 역량과 지식이 존재하지 않는다. 이 세 가지는 모든 종류의 수업에 공통적으로 필요하지만, 교사가 각각을 다양한 방식으로 수행한다. 이 세 가지 외에 다른 것이 있을 수도 있다. 비록 필자가 여기에 더 보태지는 못했지만, 이 세 가지가 완전하다고 주장하는 것은 아니다. 이 세 가지가 가르침과 배움을 연결하는 수업에 대해 필자가 주장하려는 바를 설명하는 데 충분하다. 어디서 교사와 학생이 만나든, 어떤 내용을 가르치고 배우든지 간에, 가르침의 관행을 구상하고 구현하기 위하여 누구나 이 세 가지 영역을 수행해야 한다.

지식은 가르침과 배움이 연결될 수 있는 영역 중 하나이다. 교사가 교과서의 일부분을 지정하여 학생들에게 읽어보라고 말만 하더라도, 배워야 할 내용을 구성하고 무엇에 집중할 것인지 언급하는 셈이다. 교사는 수업 활동의 순서, 자료의 내용, 또는 활동의 방법을 확인하더라도 학습자를 위한 지식을 구성하는 셈이다. 이를 비롯한 여러 가지 방식으로 교사는 학생들의 지식을 성장시키고 배움을 향상시키기 위하여 설계된 연결을 제공한다. 이러한 지식은 표준화된 설명, 컴퓨터 기반의 문제 은행, 신중하게 조직된 '경험'을 포함한다. 여러 차이에도 불구하고 이 모든 지식은 배움을 안내하고 지원하기 위해 고안되어 적절히 활용된다. 따라서 관례적이고 확인되지 않은 가정이기는 하지만, 학습자가 이미 알고 있을 만한 것이 무엇인지 그리고 지식을 조직하고 확장하는 데 가장 효과적인 방식이 무엇일지에 대해 어떻게 예상하느냐에 따라 달라진다.

지식은 어떻게 다루냐에 달려있다. 가르침과 배움 사이의 연결을 제한하고 단순화하는 방식으로 지식을 다룰 수 있는 한편, 가르침과 배움 사이의 연결을 강화하고 복잡하게 만드는 다양한 방식으로도 지식을 다룰 수 있다. 지식을 고정적이고 그 자체가 이미 완성된 것이라고 생각하는 교사도 있다. 이러한 관점의 교사들은 사실과 절차를 말하고, 학생들은 이를 연습하고 기억하려고 한다. 1970년대와 1980년대에 미국에서 유행했던 '효과적인 가르침(effective teaching)'처럼, 이러한 방식은 세심하고 의도적인 것일 수도 있지만, 학교가 아닌 일상적인 지침처럼 세심하지 않은 것일 수 있다. 필자는 다음 장에서 이러한 방식의 지식 확장이 기본적인 방식인 것처럼 가르침이 관습적이고 '당연한' 것으로 보이게 되었다고 주장할 것이다. 그러나 가르침이 세심하든 그렇지 않든 간에, 이것은 지식을 바라보는 한 가지 방식일 뿐이다. 지식을 탐구의 관행에서 획득되는 결과로 생각하는 교사도 있다. 이러한 관점에서 앎이란 유능한 탐구자가 되고, 문제를 효과적으로 구조화하고, 학술적인 논쟁을 하며, 자료를 해석하고, 결과를 설득력있게 정당화하는 것이다. 이렇게 서로 다른 지식의 개념은 가르침과 배움 사이의 연결을 형성하는 방식에 큰 영향을 미친다. 교사가 지식을 다루는 방식이 더 제한적이고 기계적일수록, 교사와 학생이 만드는 지적 연결은 더 단순해지고, 각각의 연결은 더 분리되어 있는 것처럼 보인다. 교사와 학생이 이러한 방식으로 지식을 바라본다면, 피상적이기는 하지만 상대적으로 쉽게 직접적인 연결을 만들 수 있다. 반면, 지식을 다루는 방식이 더 광범위하고 유연할수록, 각각의 연결은 더 복잡하고, 덜 분리되어 보인다. 교사와 학생이 이러한 관점으로 지식을 바라본다면, 이들이 추구하는 지적 연결은 더 복잡하고 덜 직접적이다. 이러한 연결은 깊고 풍부한 반면 상대적으로 만들기가 어렵다. 첫 번째 경우는 두 번째보다 인지적 조작이 덜 복잡하고, 따라서 불확실성이 더 제한된다. 지식은 가르침과 배움 사이의 연결을 조절하는 중요한 매개체이지만, 이러한 연결의 특성은 지식에 대한 관점과 확장되는 방식에 따라 다르다.

지식은 진공 상태에서 확장될 수 없다. 단 한 명의 교사와 단 한 명의 학생일지라도 담화라는 사회적 조직이 필요하며, 이는 교사와 학습자가 함께 수행하는 두 번째 영역이다. 대면으로 이루어지는 담화도 있고, 텔레비전, 라디오, 컴퓨터 네트워크를 이용한 간접적인 형태의 담화도 있다. 대면으로 수행하는 사람들 사이에서도 큰 차이가 있다. 교사가 담화를 독점하는 대규모 강의도 있고, 사방에서 대화가 이루어지는 소집단 형태로 이루어지기도 한다.

담화 조직은 가르침과 배움 사이의 가능한 연결을 구조화하여, 상호 이해를 위한 지식 교환과 기회의 범위와 특징을 형성하기 때문에 중요하다. 학습자가 적극적으로 참여하고, 지식을 교환하여 수업에 영향을 미칠 수 있는 기회를 늘리는 담화 조직이 있다. 반면, 이러한 기회를 제한하는 담화 조직도 있다. 방송 통신 대학이나 보통의 강의에서 많은 교사는 글이나 말로 과제를 알려주고, 학생은 과제에 대한 답을 써서 제출하면, 교사가 이를 읽고 더러 의견을 적는다. 이러한 담화에서 교사와 학생은 거의 만나지 않는다. 교사와 학생은 멀리서 독백을 교환하며, 이 고독한 담화는 가능한 연결의 범위와 깊이를 제한한다. 학생은 다른 학생의 과제나 아이디어를 거의 보지 못하며, 아이디어를 교환할 수 없기 때문에 상호 이해의 기회가 제한된다. 이러한 기회가 줄어들수록, 학생은 교사에게도, 서로에게서도 배울 가능성이 줄어든다.

반면, 확장된 상호 작용 내에서 지식을 교환할 수 있는 담화를 생성하는 교사와 학생도 있다. 이는 소규모 세미나에서뿐만 아니라 강의에서도 가능하며, 컴퓨터 환경에서 점점 더 많이 발생한다. 어떤 매체에서든, 이러한 대화는 대부분의 강의나 방송 통신 대학보다 더 넓은 범위의 지식과 해석을 제공하므로, 학생들이 다른 사람의 관점에서 자신의 지식 형성을 면밀하게 살펴볼 수 있는 더 많은 기회를 가질 수 있다. 이러한 경우, 각 학생의 배움은 그들이 사용하는 교재뿐만 아니라 다른 사람의 기여에 의해 형성될 수 있다. 방송 통신 대학이나 강의에서와 마찬가지로 교사는 과제를 부여하고, 학생은 글을 쓰고, 교사는 그것을 읽고 의견을 적어 되돌려주지만, 대부분의 방송 통신 대학과 강의와 달리 이러한 대화는 지식 교환의 기회를 늘릴 수 있다. 교사가 더 풍부하고 다양한 담화에서 가르침을 수행할 때, 학생은 지식을 확장할 수 있는 기회가 더 많아지고, 교사는 학생이 지식을 확장할 수 있도록 도울 수 있다.

가르침과 배움을 연결할 수 있는 많은 기회를 제공하는 담화 조직이 있고, 이러한 기회를 줄이는 담화 조직도 있다. 그러나 담화 조직은 지식 교환의 기회에 유일하게 영향을 미친다. 따라서 교사와 학생은 이러한 기회를 활용하고 유지하기 위해 담화를 형성하고 활용해야 한다. 담화의 형식은 통제되지 않는다. 원격 교육에서 상대적으로 풍부한 교환이 이루어지도록 조직의 한계를 뛰어넘는 방법을 만들어내는 교사도 있다. 또 소규모 세미나를 지식 교환이 제한되는 엄격한 암기식 수업으로 전환하는 교사도 있다. 그러나 교사와 학생이 지식을 교환하여 서로의 생각을 배울 수 있는 기회가 더 많은 담화 조직도 있다. 교사와 학생이 이러한 담화를 형성한다면, 이러한 담화 조직은 교사와 학생의 의견 교환을 복잡하면서도 풍부하게 만드는 기회를 극대화할 수 있다. 물론, 그러한 연결이 늘어나면서, 교사와 학생은 복잡한 담화를 만들어내고 유지해야 하는 부담이 커진다. 왜냐하면 서로를 이해하려고 하면 할수록, 상호 이해가 훨씬 더 높아지기 때문이다. 이러한 일에는 보통의 관습적인 가르침을 뛰어넘는 지식과 역량이 필요하기 때문에 당연하지 않다고 보는 것이 타당하다. 반면, 교사와 학생이 가르침과 배움 사이의 연결을 제한하는 담화 조직을 사용하면, 각자의 마음을 이해하는 상호 이해가 훨씬 적기 때문에, 상호 작용에 대한 요구가 줄어든다. 강의나 방송 통신대학에서 설명을 방송하는 교사는 그저 말하거나 쓰기만 하면 되며, 학생들의 지식을 조사할 기회가 거의 없다. 이러한 교사의 입장에서는, 학생들은 읽기나 듣기, 노트하기, 혹은 녹음기가 필요할 뿐이다.

학생들의 지식에 대한 교사의 파악은 배움과 가르침이 연결될 수 있는 세 번째 영역이다. 모든 교사는 학생의 지식을 익히는 데 어느 정도의 입장을 가져야 하지만, 교사와 학생은 다른 사람의 지식에 대한 접근을 조절할 수 있는 상당한 유연성이 있다. 교사는 학생들의 지식을 깊이 탐구하고 그에 따라 수업을 조정할 수도 있고, 또는 학생들이 알고 있는 것을 무시하고 이를 수업에 반영하지 않을 수도 있다.[8] 학생들은 자신의 아이디어를 자유롭게 밝히거나, 신중하게 나누거나, 또는 말하는 것을 꺼릴 수 있다. 또한 교사는 다양한 방법으로 학생들의 지식을 파악할 수 있다. 교사는 학생들이 하는 말을 무시할 수도 있고 학생들의 학습에 직접 참여할 수도 있다. 직접 참여하는 경우, 그 방법은 다양하다. 교사는 학습 이론에 주목하거나, 학생이 실제로 과제를 수행하는 데 참여할 수 있다. 교사는 일상적으로 광범위하게 참여할 수도 있고, 또는 아주 가끔 참여할 수도 있다. 자주 참여하는 교사도 학생들이 과제에 대해 어떤 생각을 가지고 있는가에 대해 파악할 만한 증거들을 찾기보다, 자신의 가르침과 학생의 지식 사이의 일치에만 집중하기도 한다. 학생의 지식을 더 많이 탐색하는 교사는 상대적으로 많지 않다. 그렇게 하려면 자신이 생각하는 세계에서 조금 벗어나 다른 관점에서 학생의 지식과 아이디어를 탐구하는 방법을 배우고, 생각하고 있는 자료와 학생의 아이디어를 연결하는 방법을 모색해야 하기 때문이다. 이런 종류의 가르침은 매우 복잡하고 정교하게 마음 읽기를 해야 한다. 따라서 이 또한 상당히 부자연스럽다고 할 수 있다.

학생의 지식을 깊이 알고 있는 교사는 가르침과 배움이 연결될 수 있는 많은 기회를 열어준다. 이러한 기회를 제공하는 것은 분명 유용할 수 있지만, 한편으로는 교사가 일일이 관찰해야 하는 신호뿐만 아니라 집중하여 수집해야 하는 증거들이 많아지기 때문에 어려울 수 있다. 또한 이러한 일에서 교사는 연결에서 놓친 부분, 다른 해석, 혼란을 알아차리는 경우가 많아지기 때문에 스스로가 초라해지고 고통스러울 수 있다. 학생들의 지식에 주목하려 노력하는 교사는 배움과의 연결을 많이 만들지만, 그들이 겪는 어려움 또한 늘어나게 된다는 것이다. 그러나 학생의 지식에 협소하게 접근하는 교사는 배움을 향상할 수 있는 지적 연결을 만드는 기회를 제한하게 되고, 따라서 갈등의 여지를 최소화한다. 학생들의 말을 거의 듣지 않으면서, 교사는 놓친 연결, 해석의 차이, 혼란을 거의 관찰하지 않는다. 마찬가지로, 학생의 지식과 자신의 지식 사이의 일치에만 주목하는 교사는 관찰이 필요한 학생으로부터 신호의 종류를 제한한다. 또한 이런 교사는 배움과 연결될 수 있는 영역을 제한하고, 이러한 연결을 단순화한다. 이러한 관습적인 또는 자연스러운 일에는 감내해야 하는 비용도 있지만 이점도 존재한다.

지식과 그 제공 방법, 수업에서 담화 조직, 학생들의 지식에 대한 파악, 이 세 가지가 학생들을 배려하는 가르침이 일어날 수 있는 영역이다. 각 영역은 가르침과 배움을 연결하는 다양한 방법을 제공하므로, 각각에 해당하는 교사의 전문성이 수반된다. 초등학교 교사가 일상적이고 알고리즘적인 방식으로 지식을 바라보고 다루는 경우, 상대적으로 가르침과 배움을 연결하기 위해 해야 할 일이 거의 없다. 그저 칠판에 문제를 쓰고, 학생들에게 연습하라고 지시하기만 하면 된다. 교사는 또한 설명에 대한 소박한 역량, 즉 칠판에 내용을 쓰고, 이를 반복하고, 규정된 절차에서 벗어났는지를 감지하는 능력이 필요하다. 반면에, 교사가 지식과 그 확장을 탐구의 관행에서 도출된 결과로 해석한다면, 가르침과 배움을 연결하기 위해 훨씬 더 많은 일을 해야 한다. 학생들이 아이디어들을 연결할 기회를 제공할 가능성이 높기 때문에, 다양한 형태로 문제를 제시하려면, 문제를 분석해야만 한다. 이를 위해 교사는 설명과 시연을 위한 복잡한 역량, 즉 동일한 아이디어를 다양한 방식으로 표현할 수 있는 능력, 핵심 아이디어와 단순 절차를 구별하는 지식 등 여러 가지 전문성이 필요하다. 이뿐만 아니라 여러 가지 방식으로 교사는 학생에게 더 대응하고, 따라서 책임감 있는 방식으로 학문적 내용을 제시한다. 이 두 가지 중 어느 경우에서든 교사는 주의 깊게 일할 수 있지만, 교사와 학생에게 요구되는 지적인 수준이 다른 것과 마찬가지로, 두 경우에서 가르침의 본질은 크게 다르다.

가르침과 배움을 연결하는 데 필요한 지식과 역량의 종류도 세 영역에서 크게 다르다. 예를 들어, 복잡한 수업의 담화를 구성하고 유지하려면, 교사가 사회적 상호 작용을 관리할 수 있어야 한다. 그러나, 지식을 탐구 관행의 결과로 확장하려면, 자료를 이해하고, 지적인 상상력을 가져야 한다. 교과서와 컴퓨터 프로그램을 이용하여 지식을 우아하게 확장할 수도 있지만, 사회적 상호 작용을 관리하는 역량은 그런 곳에서 얻을 수 없다. 교과를 잘 모르는 교사가 사회적 상호 작용을 능숙하게 관리할 수도 있을 것 같다.

이러한 차이 때문에, 교사의 지식과 역량의 각 영역은 부분적으로 서로 독립적이다. 어느 한 영역에 필요한 지식과 역량이 다른 영역에 필요한 지식과 역량과 해석적으로나 실제적으로 구분되기 때문이다. 한 영역에서 교사의 일과 수행은 대개 다른 영역에서의 일에 거의 의존하지 않는다. 예를 들어, 지식을 학습자의 탐구 결과로 보는 많은 교사는 그럼에도 불구하고 수업에서 담화를 독점하고, 학생들이 다른 동료의 마음과 생각을 탐구하는 기회를 제한한다. 이러한 교사들은 '구성주의자'인 것처럼 말하고 글을 쓰지만, 이들은 학생들의 이해를 교사가 구성할 수 있는 것처럼 행동한다. 교사는 어떤 한 영역에서 매우 정교하고 전문적일 수 있지만, 다른 영역에서는 매우 초보적일 수도 있다. 교사는 한 영역에서 고도로 발달한 가르침의 관행을 기르고 발전시키지만, 다른 영역에서는 세심하지 않은 가르침을 관행으로 유지하기도 한다. 그러나 교사는 한 영역에서만 수행할 수 없다. 필자가 비록 분석을 위해서 세 영역을 분리하여 다루고 있지만, 가르칠 때는 세 영역 모두가 수행되어야 한다.

따라서 가르침의 지식과 역량은 다양한 구성이 가능하다. 리 슐만(Lee Shulman)은 학생들에게 접근할 수 있는 내용의 지식을 교사가 만들 수 있도록 하는 지식과 역량으로서 '교수학적 내용 지식(pedagogical content knowledge)'이라는 용어를 창안하였다.[9] 일부 연구자들은 교수학적 내용 지식이 식별 가능하며, 연구될 수 있고, 특정 교사에게 전달할 수 있는 고정적인 영역인 것처럼 사용하고 있지만, 사실 광범위한 가능성을 뜻한다. 교사와 학생이 함께 수행한다는 것을 어떻게 해석하는지에 따라, 교수학적 내용 지식은 매우 달라지며, 심지어 근본적으로 상반되는 형태를 취할 수도 있다. 이는 지식의 본체가 아니라, 지식과 역량의 다양한 형체를 지칭하는 범주이다. 이들은 모두 교육 방법을 언급하지만, 교육 방법은 매우 다양할 수 있기 때문에, 반드시 동일한 교육 방법을 언급하는 것은 아니다.

세 가지 영역에서 교사와 학생이 수행하는 방식에 따라 교사와 학생에게 요구하는 바가 크게 달라진다. 그 중 하나는 지적인 요구이다. 가르침과 배움의 깊고 강력한 연결을 추구하는 교사는 학생들의 이러한 수용과 함께, 자신과 학생들을 위하여 많은 지적인 요구를 받는다. 교사가 강의를 하고 과제를 내주는 방식의 수업에서 학생이 교과를 이해하기는 어렵다. 깊은 이해는 말할 것도 없이, 간단한 이해만을 위해서라도 대부분의 학생은 도움이 필요하다. 학생들은 교사의 설명과 시연, 그리고 자신이 배우고 있는 것을 연습해 보는 기회가 필요하다. 학생들은 자신의 공식을 시험해보고 수정하는 데 도움이 필요하며, 다시 시도할 기회도 있어야 하고, 배운 것을 새로운 상황에 적용할 기회 역시 필요하다. 이러한 기회를 제공하는 가르침에는 광범위한 지식과 역량이 필요하다. 교사는 교재를 깊이 있게 알고 있어야 하고, 그 지식을 가지고 수업에 유용하게 활용할 수 있어야 하며, 학생들이 과제를 수행하는 방법을 배우는 것을 돕는 방법을 알아야 하는데, 각각이 작은 문제가 아니다. 이러한 일은 교사와 학습자에게 매우 까다로울 수 있다.

예를 들어 이러한 방식으로 가르침을 수행하는 교사가 곱셈을 가르칠 때, 수학적 아이디어를 조사하고 다양한 방식으로 표현한다. 교사는 12×12가 동수누가(즉, 12를 열두 번 더하는 것) 또는 동일한 집단의 조합(y×12)으로 이해가 가능함을 보여줄 수 있다. 또는 똑같이 번호를 붙인 블록, 사과, 또는 지우개를 조합하여 칠판에 표 또는 그림으로 나타내는 것처럼 교사는 이러한 아이디어를 구체적으로 표현할 수 있다. 그러나 이 모든 경우에 교사는 학생들이 12×12=144라는 전통적인 알고리즘의 기초가 되는 연산의 의미와 수학적 의미를 구성하도록 돕는다. 교사는 다양한 방식으로 이러한 아이디어와 연산을 제시함으로써 이를 수행한다. 학생들의 이해를 발전시키는 방법을 모색하는 과정에서 학생들에게 스스로 표현을 생각해내고, 서로 설명하도록 안내하는 교사들도 있다. 이러한 교사들은 아이디어를 표현하는 것이 학생들의 아이디어 이해에 도움이 될 것임을 전제하고 있다. 그러나 이러한 수업에서 학생들이 수학적 절차를 이해하도록 돕는 것을 넘어서 수학적 논거의 본질을 설명하는 것으로 나아간다. 곱셈에서 수학적 관계를 표현하는 방법에 대해 철저하게 추론하기 위해, 학생들은 맥락에서 수학적 의미를 지니는 표현(예를 들어, 각각 12개의 콩이 들어있는 병 12개)과 그다지 의미가 없는 표현(예를 들어, 각각 10개의 콩이 들어있는 병 12개, 또는 24개의 콩이 들어있는 병 1개)을 구별할 수 있어야 한다. 따라서 이러한 방식으로 곱셈을 가르치고 배우는 것은 특정 절차가 왜 타당한지 조사하는 것뿐만 아니라 수학적 추론의 정당화 정도를 탐구하는 것이다. 따라서 곱셈을 가르치는 이러한 접근 방식은 수학자가 자신의 추론을 어떻게 설명하고 정당화하는지에 대한 질문을 제기한다. 이에 대한 논의는 일반적으로 4학년 연산을 가르치는 것에만 관련된 것이 아니다. 대학 미적분학에 대해서도 마찬가지이다. 이러한 당연하지 않은 일은 상당히 보람이 있을 수 있지만, 배움에 대한 책임을 지는 교사의 윤리적인 약속과 헌신에 부분적으로 달려 있기 때문에 부담이 된다.

더 간단하고 덜 깊은 방식으로 배움과의 연결을 추구하는 교사는 자신과 학생에 대한 요구를 제한한다. 이들은 칠판에 교과서 문제를 똑같이 적고, 학생들에게 문제를 풀이하는 방법을 기계적으로 보여줄 수 있다. 교사는 사실과 절차만을 기억하고, 사용 가능한 순서로 제시하고, 사용법을 시연하고, 유용한 연상 기법만 제공하면 된다. 또한 교사는 정답과 오답을 구별할 수 있어야 한다. 그러나 이런 식으로 가르치는 많은 대학의 교수들은 동료들과의 연구, 글쓰기 및 대화에서 훌륭한 역량과 깊은 지식을 드러내지만, 위에서 제시한 연결 방법에는 훌륭한 지적 역량이나 주제에 대한 깊은 지식이 필요하지 않다.

이러한 분석의 개관은 가르침의 질적 요소를 구별할 수 있는 틀을 제공한다. 또한 2장에서 논의된 가르침의 분석과 인간 향상의 문제를 서로 연결하는 데 도움이 된다. 교사가 사실과 절차로서의 지식을 제시하면, 수업에서 불확실성이 제한된다. 이러한 교사들은 옳고 틀린 답, 정확한 절차와 잘못된 절차만을 다룬다. 학생과 교사가 무엇을 알고 있는지, 얼마나 잘 알고 있는지, 또는 지식이 무엇인지에 대한 모호성이 제한된다. 이 경우, 관찰자는 지식의 바탕이 불분명하고 혼란스러워도 지식이 선명하고 확실하다고 말할 수 있다. 교사와 학생은 잘못된 방식으로도 정답을 빠르게 말할 수 있기 때문이다. 지식에 대한 간단하고 기계적인 관점을 채택하는 것은 가르침과 배움의 목적을 명확히 하여 그 수행에 대한 불확실성을 제한하는 것 같다. 학생들은 깊이 생각할 필요가 없고, 자신의 수행을 정당화하고 설명할 필요가 없으며, 깊이 이해할 필요도 없다. 인간 향상의 문제는 제한적이다.

그러나 교사가 지식을 탐구 관행의 결과로서 취급한다면 불확실성이 커진다. 수학과 문학이 광범위하고 다양한 용어로 정의된다면, 많은 질문에 대한 몇 가지 그럴 듯한 대답과, 대답에 대한 몇 가지 그럴 듯한 경로가 있다는 것을 알게 된다. 이는 지식이 무엇인지, 무엇을 알고 있는지, 언제 그것을 잘 아는지, 또는 충분히 잘 알고 있는지에 대한 모호성을 키운다. 이러한 불확실성은 깊은 이해에 필수적이지만, 수업의 어려움과 위험을 증가시킨다. 왜냐하면 학생과 교사는 명확하게 정의되지 않은 영역에서 가르치고 배워야 하며, 훨씬 더 복잡한 수행을 해야 하기 때문이다. 답이 무엇인지 또는 무엇이 정확한지 분명하지 않을 수 있다. 학생들은 배워야 할 것이 더 많고, 배우기 위해 더 열심히 노력해야 한다. 사실과 규칙 대신 복잡한 아이디어를 파악하는 것 외에도, 학생들은 지적인 불확실성을 가지고 생활하고, 이를 학문적으로 사용하는 법을 배워야 한다. 교사는 교재에 대한 깊은 지식과 그것에 대한 폭넓은 관점 없이는 그러한 영역을 잘 탐색할 수 없다. 교사는 교재를 통해 여러 가지 방법을 찾고 방향을 빠르게 전환할 수 있어야 한다. 불확실성에 대한 지적인 관리는 이러한 가르침에서 큰 역할을 하며, 인간 향상의 어려움(학생에 대한 의존, 수업의 성공에 대한 불확실성)은 더욱 선명하게 존재하고 관리하기도 어렵다. 불확실성에 대한 마음의 거부감에 대한 수십 년간의 연구에서 볼 수 있듯이, 이러한 일이 당연하지 않다고 말하는 것이 타당해 보인다.

교사는 이러한 접근 방식을 세심하게 선택할 수도, 그렇지 않을 수도 있으며, 쉽게 선택할 수도, 혹은 큰 노력을 들여 선택할 수도 있다. 그러나 어떤 경우든 교사의 일하는 방식은 인간 향상의 어려움을 관리하는 데 영향을 미친다. 필자는 쉬운 분석을 위해 두 수준으로 구분하였지만, 실제에서는 구별이 쉽지 않다. 부모의 보살핌 하에서 수학과 문학에 대해 추론하는 것을 배우는 학생들의 세계에서는, 이는 별로 어렵지 않을 수 있다. 그러나 21세기 초 미국에서 야심찬 가르침(ambitious teaching)의 불확실성은 교사와 학생을 당황시키고 혼란스럽게 한다. 이들은 이러한 것들을 가르치거나 배울 수 있는지에 대해 걱정하거나 수업의 모호성에 대해 초조해한다. 이들은 학생들을 표준화된 시험 점수로 판단할 때 어떻게 이런 방식으로 가르칠 수 있을지 의문을 지닌다. 이런 저런 이유로 인하여, 기존의 방식을 고수한다.

교사는 이러한 문제를 어떻게든 해결하겠지만, 자신의 역량과 지식만으로 충분하지 않다는 것을 알게 된다. 또한, 배움과 가르침의 깊고 가치있는 연결을 추구하는 교사들은 지적인 모험에 대한 취향, 다양한 견해에 대한 관용, 특이한 아이디어를 탐구하는 인내, 미지의 것을 탐구하는 용기, 경험이 적은 다른 사람들을 지원하는 인성을 가져야 한다. 이들은 자신과 학생에 대한 상호 이해와 그러한 일을 수행하고 유지하는 지적인 인식을 함양해야 한다. 교사가 가르침과 배움의 깊고 견고한 연결을 원한다면, 전문적인 지식과 역량이 필수적이지만, 이는 많은 지원과 대안이 수반될 때만 사용할 수 있다. 실제로 교사가 더 많은 지식과 역량을 수행하려고 할수록, 필요한 지식과 역량에 대한 지원의 범위는 커지고 중요한 세부 요소들은 더 많아진다. 반대로 교사가 덜 전문적인 방식으로 일하면, 지원의 범위와 세부 요소들을 반드시 수행해야 하는 것으로만 제한해 버린다.

지금까지 논의의 주제 중 하나는 가르침이 놀랍도록 다양한 방법으로 실현될 수 있다는 것이다. 다시 말하자면, 교사는 자신의 개인 자원, 즉 지식, 역량, 그리고 이를 위한 자신의 지원에 매우 다양한 방식으로 투자할 수 있다. 예를 들어, 많은 교사들은 학생의 지식에 대한 관심을 제한함으로써 이러한 개인 자원을 아껴 쓴다. 어떤 교사는 2~3개 분야에서 열정적으로 수행하지만, 어떤 교사는 한 가지 분야에서만 열심히 수행하여 자원을 보존한다. 교사는 가르치기 위해 모든 영역에서 동시에 일해야 하지만, 같은 교사라 해도 동시에 두 영역에서 다르게 일할 수 있다. 세 영역 내, 그리고 세 영역 간의 가능한 조합은 가르침의 매우 다양한 방법을 제공한다. 가르침은 유연하다. 개별 교사는 자신의 습관과 관행에 엄격하게 집착할 수 있지만, 교사 내에서 그리고 교사 사이에서 변화와 내부 조정을 위한 많은 기회가 있다.

교사는 모든 수업의 비용과 이점을 신중하게 평가하는 계산적이고 합리적인 행위자라는 것이 필자의 요점이 아니다. 어떤 교사는 이러한 문제에 상당히 세심한 것처럼 보이지만, 어떤 교사는 상대적으로 이를 인식하지 못하는 것 같다. 교사가 무엇을 인식하든, 필자가 제안한 방식으로 가르침은 분석될 수 있다. 필자는 동기를 부여하려는 것이 아니라 가르침의 관행과 가르침의 영역에 대한 지도를 그리려 하는 것이다. 다음 장에서는 가르침과 가르침의 관행이 구성할 수 있는 수행의 종류와 이러한 수행에 필요한 다양한 사회적, 개인적 자원을 탐색한다. 이러한 방식으로 필자는 단조로운 반복을 피하기 위해 야심찬 가르침(ambitious teaching), 학생들의 아이디어를 배려하는 가르침(attentive teaching), 학생들의 아이디어에 대응적인 가르침(responsible teaching), 이 세 가지 용어를 '가르침의 관행'의 동의어로서 사용한다. 세 용어 모두 학생들과 함께하는 수업을 지칭하는 것으로, 지적으로 까다롭고, 학생들의 활동에 주의를 기울이며, 사려깊은 대화로 진행되기 때문에 일반적으로 상당한 교육이 필요하다.

필자는 4장에서 가르침의 사회적 자원에 주목한다. 필자는 그 모든 자원에 대해 개관하지만, 결과에 대한 선택과 사회적 관습이 어떻게 가르침의 관행을 실천하는 노력을 지원하거나 방해할 수 있는지에 대해 좀 더 자세히 살펴본다. 5, 6, 7장에서는 이 장의 앞 부분에서 논의한 가르침과 가르침의 관행의 세 영역, 그리고 지식, 노하우, 용기 등 교사의 개인적 자원이 사회적 자원과 상호 작용하는 방식을 고려한다. 물론 개인적인 현상과 사회적인 현상 사이의 엄격한 구별은 타당하지 않다. 우리는 사회적 조직을 통해서 용기와 노하우를 얻을 수 있으며, 역량과 지식을 갖춘 개인이 부족하면 조직은 제 기능을 못한다. 그러나 필자는 이러한 상호 작용을 탐구하기 위해 이를 구별하고, 구별이 진행됨에 따라 여러 사항을 설명할 것이다.

4

가르침의 사회적 자원

가르침은 개인적인 일로 간주되지만, 사실 철저히 사회적인 일이다. 가르침에는 가르침을 수행하는 데 필요한 지식과 노하우, 가르침의 질에 대한 규준, 가르침의 적절성에 대한 규범 등 사회적 자원이 필요하기 때문이다. 인간 향상의 영역에서 전문적인 직업을 가지려면 개인의 연습만으로 충분하지 않다. 개인들이 모인 집단이 필요한데, 이 때 각 개인들은 그 직업에서 사용되는 특별한 지식, 역량, 용어를 갖추어야 한다. 뿐만 아니라 그 직업과 관련하여 설계된 교육을 받아야 하는데, 이 교육에서 견습생은 그 직업에 필요한 각종 규준을 준비하고 연습할 수 있는 기회를 갖게 된다. 이러한 사회적 자원은 전문적인 역량이 필요한 직업에서 존재한다. 이러한 사회적 자원은 숙련되고 전문적인 임무가 구축되는 틀이기 때문에 인프라(infrastructure)라고 불리운다.

인간의 향상이 사회적이라는 또 다른 측면은 인간의 향상에 대한 직업이 사회에 얽혀 있으면서도 영향을 받는다는 점이다. 예를 들어, 극심한 빈곤 지역에서 일하는 의사는 부유한 지역에서 일하는 의사와 다소 다른 문제에 직면하는 데다가, 일반적으로 그들의 환자는 완치의 확률이 낮다. 또 다른 예로, 교육의 목적과 수단에 대한 심한 갈등이 있는 학교에서 가르치고 배우는 교사와 학생은 그러한 갈등이 없는 학교의 교사와 학생보다 일관된 교육과정을 설계하고 운영하는 데 있어서 어려움을 겪을 가능성이 높다. 이러한 사회적 조건도 직업의 사회적 자원이며, 예에서 알 수 있듯이 사회적 자원은 어떤 일을 가능하게 하거나 방해할 수 있다.

인간의 향상이 사회적인 세 번째이자 더 독특한 이유가 있는데, 바로 인간의 향상이라는 영역의 전문직 종사자, 즉 전문가는 다른 사람들과 함께 일한다는 것이다. 함께 일하기 때문에 발생하는 첫 번째 결과는, 일의 목적과 수단에 대한 갈등과 같은 사회적 조건이 고객에게 영향을 미치고, 고객에 대한 영향은 종종 전문가에게 영향을 미치는 데다가, 그 반대의 경우도 마찬가지이다. 외부의 관행으로 여겨지는 사회적 조건은 내부의 관행으로 간주되는 것에서 활성화된다.

두 번째 결과는 인간의 향상에 종사하는 사람들은 고객의 의지, 역량 및 약속과 헌신 없이는 어떤 것도 할 수 없다는 것이다. 인간 향상의 영역에서 전문가와 고객은 무엇보다도 조직에서의 정직함, 학습자에 대한 이해, 문제가 있는 개인의 정서적 건강을 추구한다. 이를 위해서는 지속적이고 어려운 일이 필요한데, 특히, 전문가는 고객이 스스로 깨닫도록 도와야만 그러한 결과를 얻을 수 있다. 예를 들어, 교사는 학생을 대신하여 '배울' 수 없다. 학생은 도움을 받기 위해 교사에게 의존하지만, 교사의 성공은 학생의 배움에 달려 있다. 각자가 서로의 성공으로 가는 길이기 때문에, 서로의 성공에 대한 남다른 약속과 헌신이 필요하다. 향상을 위한 상호 간의 약속과 헌신은 중요한 사회적 자원이면서 인간 향상의 영역과 관련된 직업을 원만하게 수행하게 하는 구성 요소이다.

개인의 능력과 사회적 환경은 각각 그러한 약속과 헌신에 영향을 준다. 사회적 환경의 특징은 결과에 대한 사회적 동의이다. 동의는 쉽게 상호 간의 약속과 헌신을 동원하게 하지만, 결과에 대한 갈등은 사회적 동의를 만들기 어렵게 한다. 또 다른 특징은 결과에 대한 책임이 어디에 있는가에 관한 것이다. 전문가나 고객이 단독으로 책임을 지는 경우보다 전문가와 고객이 책임을 공유하는 경우, 어려운 임무에 대한 상호 간의 약속과 헌신을 상대적으로 쉽게 맺게 된다. 사회적 환경의 또 다른 중요한 특징이 지원(buy-in)이다. 전문가와 고객이 서로 상호 선택을 하면, 서로를 선택하지 않았거나 강제로 수행하는 경우보다 향상에 대한 상호 간의 약속과 헌신을 맺고 성공할 가능성이 더 크다. 고객을 참여시키는 전문가의 역량과 고객의 참여가 지원에 영향을 줄 수 있지만, 실제로는 조직이 고객의 수용 및 등록을 관리하는 방법에 의해 지원이 이루어진다.

인간의 향상이라는 영역에 종사하는 사람이 다른 사람들과 함께하는 임무의 세 번째 결과는 임무 자체가 사회적이라는 것이다. 예를 들어, 가르침은 주로 사회적 자원의 동원과 사용으로 구성된다. 물론 학생과 교사는 각각 개별 자원을 작업에 가져오지만, 이러한 자원은 사회화될 때, 즉 학생 간 또는 학생과 교사 간의 상호 작용의 일부가 될 때에만 수업에서 활성화된다. 교사와 학생이 함께하는 일은 상호 작용에 따라 개인적 자원만 이용할 때보다 많을 수도 적을 수 있다. 가르침은 교사가 아는 것에 있는 것이 아니라, 어느 교과를 어느 환경에서 학생들이 무엇을 알고 있는지를 아는 것과 학생들과 어떻게 해야 하는지 아는 것에 있다.[1]

수업 자원의 사회화는 3장에서 스케치한 가르침의 세 영역 각각에서 설명할 수 있다. 첫째, 교사의 지식은 교사가 학생에게 사용할 수 있어야 수업자원이 된다. 예를 들어, 교사가 역사 또는 수학에 대한 지식을 얼마나 효과적으로 숙제, 자료, 대화 및 평가로 변환하느냐에 달려 있다. 이러한 변환이 효과적일 때, 교사와 학생의 지식과 역량이 사회적 자원으로 전환된다. 지식을 사용 가능하게 만들기 위해서는 해당 주제에 대한 지식뿐만 아니라 학생들이 수학이나 역사의 초보자가 되어 지식을 자신의 것으로 만들 수 있도록 학문적 과제를 설정하는 노하우가 필요하다. 또한 대응적인 가르침은 '학생의 마음을 읽는' 능력, 즉 학생들이 수업 주제에 대해 어떻게 생각하는지를 이해하고, 그에 따라 수업을 구성하는 노하우가 필요하다. 또한 학생들의 지식은 자신의 학습을 위한 자원이기도 하면서, 다른 학생이나 교사, 또는 학생과 교사 모두에게 접근할 수 있도록 하면 수업에서 사회적 자원이 된다. 이는 학생이 교사와 동료의 말을 잘 듣는 법을 얼마나 잘 배웠는지, 학생이 자신을 설명하고 자신의 아이디어를 다른 사람들과 공유하는 법을 얼마나 잘 배웠는지에 달려 있다.

교사가 학생들에게 지식을 효과적으로 확장하더라도, 잘 사용되지 않을 수 있다. 여기에는 두 가지 사안이 있다. 하나는 교사와 학생이 수업 담화(instructional discourse)를 구성하는 방법이다. 그 담화는 불가피하게 사회적이고, 교사와 학생은 사회적 자원을 확장하거나 축소하기 위해 담화를 조직할 수 있다. 교사와 학생은 탐구, 분석 및 적용을 위해 지식을 보다 광범위하게 사용할 수 있는 기회를 만드는 방식으로 담화를 구성할 수 있으므로, 교사와 학생이 서로의 학문적 입장에 서서 자료를 더 잘 이해할 수 있는 기회를 만들 수 있다. 담화는 학생들이 지식을 공유하도록 장려하기 때문에, 이러한 종류의 담화 조직은 학생들의 지식이 자신의 학습을 위한 자원을 넘어서, 수업의 사회적 자원이 되는 것을 가능하게 한다. 두 번째 사안은 수업 담화가 학생이 교사와 동료 학생들의 말을 잘 듣는 법을 얼마나 잘 배웠는지, 자신을 설명하는 법을 얼마나 잘 배웠는지, 그리고 자신의 아이디어를 다른 사람들과 얼마나 공유할 수 있는지에 달려 있다는 점이다. 물론, 담화는 그러한 기회를 제한하는 방식으로도 조직될 수 있다. 공유를 위한 기회가 더 많아질수록, 수업의 더 많은 사회적 자원이 생성될 수 있다. 그러나 그러한 기회를 만든다고 해서 언제나 잘 활용되는 것은 아니다. 이는 교사가 학생들에게 지식을 확장하는 능력과 학생들이 자신을 설명하고 교사와 서로를 이해하는 능력이 얼마나 뛰어난가에 달려 있다.

사회적 자원의 생성과 사용은 교사가 학생의 지식을 얼마나 효과적으로 파악하고, 학생이 자신의 지식을 교사와 다른 학생들에게 얼마나 효과적으로 제공하는가에 달려 있다. 지식 확장과 수업 담화는 모두 교사가 학생의 활동과 이해를 얼마나 잘 조사할 수 있는지에 따라 결정된다. 이러한 파악은 사회적 상호 작용에서만 발생할 수 있다는 점에서 사회적이다. 또한 교사가 학생들의 지식을 더 많이 파악하면 할수록 수업에서 더 많이 사용할 수 있기 때문에, 그러한 파악은 수업의 사회적 자원이 될 수 있다. 그러나 교사가 항상 강의를 하고, 소수의 학생에게만 약간의 시간을 들이거나, 정답만 찾고 다른 모든 답변을 무시하는 등 교사가 학생들의 지식에 대한 파악을 매우 심각하게 하지 않을 수 있다. 학생은 말을 거의 하지 않거나, 아무 것도 쓰지 않거나, 수업 시간에 만화책을 읽거나 문자 메시지를 보내는 등의 행동으로 교사의 지식 파악을 제한할 수 있다. 교사가 학생의 지식을 파악하고 학생이 지식을 공유할 수 있는 기회가 많을수록, 수업의 사회적 자원이 더 많이 생성될 수 있다. 그러나 그러한 기회를 만든다고 해서 잘 사용되는 것은 아니다. 앞서 언급한 바와 같이, 교사가 학생들에게 지식을 확장하는 데 얼마나 유능한지, 학생들이 자신을 설명하고 교사와 서로를 이해하는 데 얼마나 유능한지, 지식 교환을 가능하게 하기 위해 수업 담화가 얼마나 효과적으로 조직되었는지에 달려 있다.

지금까지의 설명은 인간 향상을 위해 세 가지 종류의 사회적 자원이 있음을 의미한다. 하나는 관행(practice)의 인프라이다. 교육과 관련된 인프라에는 교육과정, 평가, 교사 교육 등이 있다. 인프라는 규준이 상세하게 지정되어 명확할 수도 있고, 규준이 약하게 또는 불분명하게 지정되어 핵심 사항이 세부 사항에서 빠지거나 모호할 수 있다. 평가 및 교사 교육과 연결된 임무를 위한 규준이 일관적일 수도 있으며, 요소 간의 연결이 약하거나 모호하여 일관적이지 않을 수도 있다. 인프라가 더 명확하고 일관성이 있을수록, 직업에서 공유된 지식이 진보할 가능성이 높아진다. 이러한 인프라가 없으면, 모든 직업에서 공통의 지식을 구축하고 축적하는 것이 매우 어려울 수 있다. 전문가는 즉석에서 각자 고유한 지식과 실천을 생성할 수 있지만, 일관된 인프라가 없으면 임무가 크게 달라질 수 있으며, 누군가가 시작할 때마다 핵심 요소를 다시 고안해야 한다.

두 번째 사회적 자원은 향상을 위한 상호 간의 약속과 헌신(mutual commitment)이다. 어려운 상황에도 불구하고 전문가와 고객이 스스로 참여할 때 일이 잘 진행될 수 있다는 것은 너무나 당연하다. 예를 들어, 환경이 열악한 학교에서 훌륭한 가르침이 있고, 주립 정신 병원에서 도움이 되는 심리치료를 하는 것이다. 이러한 경우 우리가 임무의 일부라고 생각하는 것에 동원된 사회적 자원은 우리가 임무의 외부라고 생각하는 사회적 조건의 부정적인 영향을 무효화시킨다. 물론 향상에 대한 상호 간의 약속과 헌신은 전문가와 고객이 임무에 대한 태도와 고객을 참여시키려는 전문가의 노력에 의해 영향을 받는다. 그러나 임무의 조직화(예를 들어, 실행 결과에 대해 동의하는 정도, 결과 산출에 대한 책임을 전문가와 고객이 공유하는 정도, 상호 선택이 임무에 영향을 주는 정도)도 향상을 위한 상호 간의 약속과 헌신에 영향을 미친다.

세 번째 사회적 자원은 전문가와 고객이 함께 만드는 임무이다. 예를 들어, 앞에서 언급한 바와 같이 지식 확장, 담화의 조직, 그리고 교사의 학생에 대한 지식 파악이 교육에서 구성한 자원이 된다.

이러한 세 가지 종류의 사회적 자원은 상호 의존적이다. 향상을 위한 상호 간의 약속과 헌신이 없으면 전문가와 고객은 인프라가 있더라도 성공은 고사하고 업무를 시작하기조차 어렵다. 마찬가지로 인프라와 상호 간의 약속과 헌신이 있더라도 교사와 학생이 지식 확장, 수업 담화 및 학생 지식의 파악을 통한 수업에서 사회적 자원을 얼마나 잘 창출할 수 있는지에 따라 가르침의 실행이 다를 수 있다.

이 세 가지 요소를 자원이라 할 수 있다. 전문가와 고객이 이러한 자원을 이용하여 인간 향상을 위한 실행을 일으킬 수 있기 때문이다. 자원이 실행을 가능하게 하거나 억제하는 방법은 교사와 학생이 지식을 확장하거나 접근할 때, 담화를 만들어 낼 때, 교사가 학생의 지식을 파악할 때 자원을 사용하는 방법에 달려 있다. 교사와 학생은 더 열심히 노력하고 능력을 발휘하여 불리한 조건을 극복하는 사회적 힘의 슈퍼 히어로나 일꾼이 아니다. 그들의 일은 이용하는 자원과 작업을 통해 생성하는 사회적 자원의 공동 결과이다.

이제 위에서 스케치한 세 가지 사회적 자원 중 인프라와 상호 간의 약속과 헌신에 대해 논의하고자 한다. 이 장에 이어지는 세 개의 장에서는 교사와 학생이 교실에서 함께 만드는 사회적 자원과 여기서 논의된 사회적 자원과의 상호 작용에 대해 논의한다.

인프라

숙련직은 임무를 가능하게 하는 전문적 지원 및 광범위한 역량 없이 잘될 수 없다. 여기에는 적절한 임무 영역에 대하여 사회적으로 인정되는 견해를 포함한다. 구체적으로, 전문가가 해결할 수 있다고 주장하는 문제의 종류와 예상되어야 하는 결과, 이러한 문제를 해결하는 데 필요한 전문 지식과 역량, 임무를 논의, 계획, 수행 및 평가하는 데 필요한 전문 용어, 임무에 임할 수 있도록 사람들을 준비시키는 교육, 임무의 질에 대한 판단을 알려주는 규범과 규준, 새로운 도구와 테크놀로지의 발명에 영향을 미치는 조직화된 지성, 허용되지 않는 업무를 처리하는 절차 등이다. 이러한 것들은 숙련직을 뒷받침하는 사회적으로 조직된 인프라를 구성한다. 말 그대로 작업을 가능하게 하고 유지하기 때문에 '인프라'라고 부른다.

일부 직업에는 재료 및 절차에 대한 규준을 설정하는 매뉴얼에 인프라의 일부가 포함되어 있다. 예를 들어, 전기 기사와 배관공은 그러한 참고 자료를 가지고 있으며, 의사는 책상이나 온라인에 진단 및 치료에 대한 최신 의학적 지식이 포함되어 있는 참고 자료를 가지고 있다. 또한 의사에게 다양하고 지속적인 교육을 제공할 뿐만 아니라, 연구기관, 전문기관 및 규제기관은 약물 및 의료 절차의 질에 대한 규준에 대하여 조언을 지속적으로 제공한다. 일부 다른 숙련직에는 명시적인 규준이나 임무에 대한 참고가 부족하기도 하다. 예를 들어, 최고 실력의 요리사는 견습 과정을 제공하기도 하고, 일부 요리 견습생은 고급 요리의 역량, 규범, 지식 및 업무 습관을 배울 수 있는 학교에 다니지만, 공통적이며 명시적 규준은 없는 것 같다.

인프라는 일반적으로 직업의 산물이다. 예를 들어, 배관공과 전기공은 규준을 고안하고, 견습생을 후원하며, 업무 및 재료의 규준을 설정하는 데 큰 역할을 한다. 의료 및 법률 조직은 실무 규준을 정하고, 직업과 관련된 시험을 감독하며, 전문 교육에 영향력을 행사한다. 주 정부는 이러한 활동을 어느 정도 후원하지만, 각 직업 대표가 중심적인 역할을 한다.

미국의 학교에서 가르치는 직업은 좀 다르다. 인간의 향상과 관련된 각 직업의 전문가가 각각의 인프라를 이용하는 반면에, 교사는 인프라를 사용할 수 없다. 게다가 교사는 직업의 질에 대한 규준을 설정하는 데 중심 역할을 하지 않는다. 미국 이외의 대부분의 선진국은 공통 교육과정 또는 교육과정 구조, 교육과정에 기반한 공통 시험, 교육과정에 기반한 공통 교육 관행, 학생들이 학습할 교육과정의 내용을 가르치는 것을 학습에 중점을 둔 교사교육, 학생으로서 그러한 교육과정과 시험에서 성공한 구성원을 교사 인력으로 가지고 있다. 이러한 사회적 자원은 다른 숙련직을 지원하는 인프라의 요소와 대략 유사하다. 인프라의 이러한 요소는 그 자체로는 아무 역할이 없으며, 전형적으로 설계 및 사용에 매우 의존한다. 즉, 잘 설계되면 사용할 기회가 생긴다. 좋은 사회적 자원을 이용하는 교사는 이를 공통 체계로 간주하면서 교육과정 및 평가와 연결된 수업 과제를 설정하고, 학생의 활동에서 공통의 유효한 증거를 정의하며, 가르침과 배움의 문제를 명시하고, 분석하고, 논의한다. 이러한 인프라 요소가 잘 설계되고 적절하게 사용된다면, 인프라 요소는 양질의 업무를 지원하고, 교사가 이러한 업무를 개별적으로 수행하는 데 필요한 자료를 만들거나 조정할 필요성을 줄일 수 있다.

미국에도 가르치는 일과 관련된 인프라가 있기는 하지만, 위에서 설명한 속성은 거의 없다. 이는 미국에서 대부분의 직업의 발생과 다르다. 건축, 법률 또는 기타 많은 직업과 달리 가르침에 대한 지침은 이 직업의 외부에 있는 기관이 만들었다. 이러한 외부 기관으로 교사를 교육하는 대학, 주 교육 기관, 교사가 사용하는 자료를 만드는 출판사, 교재와 평가를 채택하는 주 및 지방 기관 등이 가르침의 내용과 질을 규제하고, 가르침의 결과를 정의한다. 교사의 근무 조건을 설정하는 주와 연방 정책, 진화론, 종교적 신념, 숙제, 부모와의 관계, 성, 건강, 영양 등을 포함하여 학교 교육의 내용에 관심이 있는 사설 기관 등도 있다. 이 목록은 눈에 띄는 조직의 이름을 언급한 것뿐이고, 미국 교사에게 가해지는 지침과 규제의 맛보기에 불과하다.

다른 숙련직과 매우 다르게, 가르침이라는 임무는 이렇게 취약한 인프라를 가지고 있다. 우선, 수업 질에 대한 개념은 일관성이 없다. 학생의 시험 점수에 초점을 맞춘 연방 및 주 정부의 정책에서 수업 질에 대한 개념이 분명하게 나타나기도 하고, 전문조직이나 학부모 그룹이 내놓는 조언에도 수업의 질이 등장하기도 한다. 더욱이, 문학, 예술, 장애아, 영재아 등 여러 분야에 대한 관심을 옹호하면서 수업의 질이 언급되기도 한다. 양질의 수업에 대한 개념은 서로 다르고 게다가 종종 충돌한다. 너무나 많은 다양한 출처의 조언으로 인하여 뒤죽박죽인 개념이 되었다. 몇 가지 예외를 제외하고, 가르침의 질에 대한 개념을 뒷받침할 수 있는 지침과 규정이 미약하게 개발되어 있고, 게다가 정교하지도 않다. 조언을 제공하는 사람들은 수행 방법, 잘 수행하기 위해 필요한 사항, 잘 수행되었는지 여부를 설명하는 것보다 수행해야 할 임무를 설명하곤 한다. 전문적 가르침에 대한 규준을 위한 국가 위원회(National Board for Professional Teaching Standards, NBPTS)를 제외하고는 어떤 교사 조직도 가르침의 질에 대한 규준을 설정하고, 이러한 규준이 충족되었는지 평가하는 수단을 고안하거나, 평가를 이용하여 가르침의 질을 규제하지 않는다.

결과적으로, 단일 교과에 대해서도 학업의 질이나 진척에 대한 일관된 개념이 없고, 따라서 학생과 교사를 위한 지침이 없다. 배움은 누적되는 것으로 믿어지지만, 어느 교과를 배우기 위한 주요 학습 요소나 더 난해한 내용을 학습하게 하는 방법에 대한 공통적인 지침은 없다. 배움이 무엇인지, 배움에는 어떤 요소가 있어야 하는지, 그리고 각 교과에서 배워야 할 중요한 것에 대한 설명 간에 상충되는 개념이 있다. 결과적으로, 수업을 위한 공통적이고 유효한 일련의 방법과 절차가 없다. 대신 다양한 방법과 절차가 존재한다. 세대를 거쳐 교사가 자신을 가르쳤던 교사로부터 일부를 배우고, 다른 일부는 교사 교육에서 배운다. 구성주의, 전통적인 수업, 몬테소리, 영재교육 등 다양한 종류의 그룹이 다양한 방법을 제공하기도 한다. 그러나, 수업 방법 및 절차에 대한 대부분의 조언에 대한 타당성은 알려져 있지 않다.

몇 가지 예외가 있다. 읽기에 관한 연구자들은 초기 읽기에서 학생들에게 도움이 될 수 있는 교수법을 찾아냈다. 이는 가르침을 위한 인프라의 일부가 될 수 있지만, 실제로 사용되는 범위는 알 수 없다.[2] 고등학교의 고급 교육과정(Advanced Placement Program, AP)은 교육과정 및 이와 관련된 시험과 같은 인프라의 일부 요소가 있는 일종의 하위 제도라 할 수 있는데, 수십 년 동안 미국 교육의 일관된 인프라에 가장 가깝다. 그러나 AP는 인프라의 다른 요소로서, 교육과정 및 시험과 연결된 교사 교육이 부족하다. 1990년대에 NBPTS는 교사와 교과 전문가로 구성된 위원회에서 설정한 가르침을 위한 규준을 고안했으며, 6천 명 이상의 교사가 국가 위원회 시험에 합격했다. 이는 매우 인상적이지만, 각 NBPTS 교사는 혼자 또는 소수의 동료와 함께 일하기 때문에 규준은 NBPTS에만 중요하며, 학교에 광범위한 영향을 미치지 못했다. 이러한 예외를 제외하고, 교사는 일관된 규준을 설정하며, 필수

실무 지식을 정의하고, 가르침의 질에 대한 규범을 설정하기 위한 통일된 노력을 기울이지 않았다.

최근 연방 및 주 정부 정책은 이러한 패턴을 깨기 위해 몇 가지를 시도했다. 규준을 설정했으나, 세부 사항 설정에 과부하가 걸렸다. 시험에 가장 큰 중점을 두었고, 가르침의 질을 설명하는 데에는 거의 관심을 두지 않았다. 아동 낙오 방지법(No Child Left Behind, NCLB)은 가르침의 질을 증진시키는 것에 미약한 규준을 제시하였고, 가르침의 향상에 대해서도 형식적인 관심만 있었다. 그러나 지난 몇 년 동안 주립 학교 최고 책임자 위원회(Council of State School Officers)와 전국 주지사 협회(National Governors Association)는 초등학교 및 중학교의 읽기 및 수학에 대한 공통 규준을 작성하기 위한 공통 핵심 발의(Common Core Initiative, CCI)을 시작했다. 대부분의 이전 노력과 다르게, 유식한 평론가들이 이 공통 규준을 긍정적으로 검토하였고, 일관된 인프라 구축에 도움이 될 수 있다. 그러나 규준이 잘 만들어졌다고 해도 인프라의 한 요소일 뿐이다. 대부분의 일은 규준이 설정되고 채택된 후에 있다.

주 정부들은 개발된 규준만으로는 필요한 제도의 변화를 추진할 수 없다는 것을 알고 있다. 주 정부가 공통 핵심 국가 규준(Common Core State Standards, CCSS)을 채택하면 다음 사항이 용이해진다:

- ✔ 학생에 대한 학부모, 교사 및 일반 대중의 기대를 명확히 한다.
- ✔ 교과서, 디지털 미디어 및 교육과정을 국제적인 규준에 맞춘다.
- ✔ 확인된 필요와 모범적인 실행을 기초로 교사를 위한 연수를 보장한다.
- ✔ CCSS를 기초로 학생의 성과를 측정하기 위한 평가 제도를 개발하고 구현한다.

✔ 학생과 교사가 대학 입학과 취업 준비에 필요한 규준을 충족하도록 정책 변경 사항을 평가한다.[3]

이러한 단계는 거의 모든 중요한 업무를 주에 위임하지만, 주와 지역사회는 그러한 업무를 거의 수행하지 않으며, 능력도 미미하다. 최근 연구에 따르면 "CCSS를 채택한 대부분의 주 정부는 교육청이 CCSS를 구현하도록 요구하지만, 그러한 주 정부는 교육청이 교육과정 및 교사 프로그램을 보완하도록 요구하지 않는다. 이러한 주 대부분은 교육청에 다음을 수행하도록 요구하는 것이 아니라 기대하고 있다: 새로운 교육과정 자료 및 수업 관행 개발; 교사 및 교장에게 연수 제공; CCSS와 관련된 교사 프로그램 및 평가의 설계 및 구현"[4] 이러한 신중한 접근 방식은 재정 및 정치 문제로 인해 강화될 것으로 보인다. 2011년 초 현재, 많은 주에서 심각한 재정적자가 발생했고, 최근 총선과 주 선거에서 지역 통제를 강력히 지지하는 많은 공화당원들이 집권했다. 이러한 상황은 CCSS의 구현을 방해할 가능성이 매우 높다.

CCSS는 유망한 시작점이지만, 미국에서 공교육이 일관되고 강력한 인프라를 갖추기에는 아직 멀었다. 많은 교실에서 공통적으로 관찰되는 것은 안목 있는 동료와 선도적인 전문가가 고안한 공통 규준, 가르침과 관련된 질에 대한 기준 및 수업 개념이 아니라 교사가 학생시절 자신의 교사로부터 배운 관행, 습관 및 지식의 반영이다.

이렇게 미약한 역량의 근원은 가르침의 사회적, 정치적 조직에 일부 있다. 왜냐하면 미국의 공립학교는 일종의 주와 지방 정부의 전액 출자 자회사이기 때문이다. 교사의 근무 조건, 급여, 근무에 대한 질 규준은 독립적인 전문 조직이 아닌 국가와 지방자치단체에서 정한다. 전문조직이 있지만 자문 정도의 역할만 가지고 있기 때문에, 다른 숙련직과 다르게 교사는 자신의 근무

조건에 영향을 미치지 않는다. 동시에 50개 주 정부와 14,000개 이상의 지방 교육청이 있다. 각 주와 대부분의 교육청은 교사의 근무 조건, 급여 및 근무에 대한 질 규준을 설정한다. 관할 구역의 파편화와 예산, 교육 자원, 인적 및 사회적 자본의 큰 차이로 인해 같은 주 내에서 또한 주 사이에도 이러한 사안에 상당한 차이가 있다. 일관성을 만들기 위한 연방 및 주 정부의 노력은 역량이 매우 다른 이러한 세분화된 관할 구역을 통해 걸러지기 때문에 구현에 일관성이 없는 경우가 많다.

또한 교육 기관의 미약한 역량은 제퍼슨(Jefferson)의 정치 사상(최소한으로 통치하는 정부가 가장 좋은 정부다)과 역사적으로 주 정부 및 지방 정부의 개략적인 특성에서 비롯된다. 주 정부는 19세기와 20세기 내내 약했고, 교육 기관은 더 약했다. 1960년대 중반까지만 해도 많은 국가 기관에는 소수의 전문 직원만 있었고, 그 중 파격적인 관리자는 거의 없었다. 주 정부는 인프라의 핵심 요소를 아웃소싱했다. 출판과 평가는 민간 기업에 맡겼고, 교사 교육은 감독 없이 고등 교육 기관에 위임되었다. 주 정부는 가르침의 질에 대한 개념은 교사의 교육 연한, 학위 및 교사 경력과 관련이 있다고 간주하였으나, 이들 중 어느 것도 가르침의 질과 밀접한 관련이 없다.

이러한 상황은 가르침과 배움에 대한 많은 조언을 제공하고 있지만, 너무 다양하다. 그 중 일부는 교사가 의지와 기회만 있다면 사용할 수 있는 자원을 포함하고 있지만, 야심찬 가르침(ambitious teaching)은 고사하고 가르침에 대한 일관된 지침과는 거리가 멀다. 잘 개발된 교육과정, 학생의 활동에 대한 적절한 증거 수집 방법, 교육과정 및 평가에 참조되는 각 교과의 과제 목록을 가지고 일하는 교사는 이러한 자원을 만들어야 하는 교사보다 가르침에 대한 어려움이 적다. 높은 수준의 임무 수행을 열망하는 사람들은 다른 숙련직에서 눈에 띄는 정도까지 스스로 업무를 고안해야 한다.

CCSS가 의도한 인프라를 제공했다면 다행이겠지만, 이는 이 인프라의 요소가 어떻게 설계되고, 얼마나 잘 사용되는지에 달려 있으며, 이는 교육자의 능력과 사회와 정부가 지원하는 방식에 달려 있다. 규준만으로는 불가능하다. 현재 상황은 학교 및 학교 제도의 약점을 보완하기 위해 열심히 하고자 하는 개별 교사를 지원해 주지 못하기 때문에, 인프라의 부족은 현재와 가까운 장래에 가르침의 관행을 배양하는 데 큰 장벽이 된다. 개별 교사는 이를 수행하더라도, 교사를 지원하는 일관된 제도가 없기 때문에 교사의 지식, 역량 및 기타 개인 자원에 엄청난 부담이 된다.

향상을 위한 상호 간의 약속과 헌신

향상을 위한 상호 간의 약속과 헌신은 어떤 상황에서는 강하지만, 또 다른 상황에서는 약하다. 예를 들어, 도심에 있는 일부 가톨릭 초등학교의 학생과 교사는 학업 성과에 열중하지만, 다른 초등학교는 그렇지 않다. 어떤 의사와 환자는 질환에 대해 함께 열심히 노력하지만, 다른 환경에서는 그렇지 않다. 이러한 차이에 대한 두 가지 영향으로 실행의 결과에 대한 사회적 관습과 그에 대한 갈등과 합의에 대해 논의하고자 한다.

결과에 대한 사회적 관습

인간의 향상에 대한 영역의 전문가는 다양한 결과를 위해 노력한다. 예를 들어, 많은 교사들이 학생의 학문적 배움을 촉진하려고 노력하지만, 적응,

직업 기술, 자아 개념 또는 민족 문화에 중점을 두는 교사들도 있다. 전통적인 심리치료사는 통찰력과 이해를 목표로 하지만, 요즘에는 행동 변화 치료가 보편화되고 있다.

그러한 차이가 마치 자연에서 주어지는 것처럼 당연하게 여겨지지만, 사회적 관습일 뿐이다. 즉, 법령, 전문 법규, 또는 관습이라는 것이다. 그 차이가 사회 전체의 지지를 받는가 하면, 일부 지역사회, 전문가 및 고객 또는 일부 기관의 지지를 받기도 한다. 그러나 모두 전문가, 고객, 전문조직, 이익단체 또는 정치인에 의해 형성된 사회적 창조물이다. 빠르게 만들고 쉽게 변경되는 쇼핑 목록과 다르게, 실행 결과에 대한 관습은 우리가 고안하고, 적용하고, 변경하는 행동과 신념의 기준이다. 물론, 사회적 관습은 심사숙고끝에 만들어질 수도 있고 짧은 생각으로 만들어질 수도 있다. 그러나 사회적 관습은 만들어지기도 하고 만들어지지 않기도 하며, 전문가들이 보는 문제, 그들이 즐기는 해결책, 문제 해결에 필요한 자원을 형성함으로써 인간의 진보에 영향을 미친다.

예를 들어, 싱가포르나 미국의 AP 교사와 학생은 각자의 활동 결과에 대한 사회적 동의 속에서 가르치고 배우는 반면, 미국의 고등학교 생물 수업의 교사와 학생은 종종 학생들이 진화에 대해 무엇을 배워야 하는지에 대한 격렬한 갈등 속에서 가르치고 배운다. 합의는 인프라 요소의 생성 또는 수용을 가능하게 하는 반면, 갈등은 이를 방해할 수 있다. 결과에 대해 심한 의견 불일치가 있는 경우 실행의 질에 대한 수용 가능한 기준과 평가를 어떻게 만들 수 있을까? 결과에 대한 갈등도 향상을 위한 상호 간의 약속과 헌신을 방해할 수 있다. 예를 들어, 심리치료에서 전문가와 내담자가 동의하지 않는 결과에 대해 어떤 약속을 할 수 있을까? 결과에 책임이 있는 사람에 대한 사회적 관습에도 상당한 차이가 있다. 예를 들어, 일부 교사는 '정보를 공개하는' 책임이 있다고 말하면서 학생 학습에 대한 책임을 부인하는 반면, 다른 교사는 학생 학습에 대한 광범위한 책임이 있다고 주장한다. 전문가가 결과에 대한 대부분의 책임을 져야 한다면, 그들은 고객이 쉽게 성취할 수 있는 방식으로 결과를 정의하고, 인센티브를 가질 가능성이 더 크다. 이것은 갈등을 줄일 수 있지만, 고객이 수행할 수 없다고 느끼거나 동의하지 않는 결과에 저항할 수 있기 때문에, 힘든 임무를 방해할 수도 있다.

갈등과 합의

실행의 결과에 대한 합의는 고객과 전문가에게 중요한 자원이지만, 인간의 향상에 대한 논쟁은 널리 퍼져 있다. 예를 들어, 심리치료는 학파 간의 심한 경쟁으로 갈가리 찢겨 있으며, 매사추세츠에서 주 정부 후원 학교가 생긴 이래로 미국에서의 가르침은 목적, 방법 및 성공 기준에 대하여 논쟁해 왔다. 그러나 갈등의 모든 경우에 대해 우리는 또 다른 합의를 찾을 수 있다. 예를 들어, 한국은 정치적 갈등이 있더라도 학교 교육의 결과와 그 중요성에 대해 거의 이견을 보이지 않는다. 싱가포르의 학교도 비슷하다. 일본은 학교와 관련한 갈등 요인이 더 많이 있지만, 미국에 비하면 온건하다 할 수 있다.[5]

많은 국가에서 합의한 한 가지 요소가 바로 국가 시험 제도이다. 시험은 학업 진도, 학교 입학 및 취업 자격의 기준이다. 많은 제도 내에서 학문적 보상을 놓고 학생들 사이에 경쟁이 발생하기도 하지만, 시험의 중요성에 대한 논쟁은 별로 없으며, 학교 교육의 검정이나 학생의 진도를 평가하는 방법에 대해 시험 이외의 대안적인 견해도 사실 거의 없다. 이러한 경우, 학교 교육은 학생과 교사가 노력하는 결과에 대한 암묵적인 동의에 크게 의존하는 것 같다.

그러나, 미국에서는 상황이 매우 달랐다. 미국은 18세기에 칼빈주의와 유니테리언주의가 학교 교육의 결과와 방법에 대하여 격렬하게 논쟁하고 갈등하였다. 그 이후 교사, 공무원, 학부모 및 지역사회 구성원은 학교 교육의 적절한 결과에 대해 매우 동의하지 않았다. 학생에게 애국심을 갖도록 가르쳐야 하는가? 신을 두려워하도록 가르쳐야 하는가? 아니면 그러한 문제를 학교에서 배제해야 하는가? 수업은 지식을 종이에 쓸 수 있는 능력에 초점을 맞추어야 하는가? 아니면 실용적이고 사용 가능한 지식에 초점을 맞추어야 하는가? 뿐만 아니라 예상하는 결과에 가장 잘 달성할 수 있는 방법에 대해서도 격렬하게 논쟁하였다. 학생에게 설명 중심의 전통적인 방법으로 파닉스와 '수학적 사실'을 가르쳐야 하는가?[c] 아니면 혁신적인 방법으로 문학과 수학을 이해하도록 가르쳐야 하는가? 아프리카계 미국인 학생은 인종차별주의의 참화를 피하기 위해 별도의 학교에 등교해야 하는가? 아니면 그러한 학교가 해결하려는 문제를 영속화해야 하는가? 또한 미국인들은 결과를 어떻게 평가해야 하는가에 대해 다양한 의견을 가지고 있다. 동일한 시험 세트를 사용하여 학생과 학교가 얼마나 잘하고 있는지 판단해야 하는가? 아니면 학교에서 학생들이 배우기를 원하는 것에 대한 자체 평가를 고안해야 할까? 이러한 갈등은 교실, 지역사회, 주 정부, 국회에서 발생한다.

일부 국가에서 평가를 학교 교육 결과로서 간주한다면, 미국에서는 논쟁거리가 된다. 어떤 시험을 언제, 어떤 목적으로 사용해야 하는지에 대한 합

---

c) 옮긴이 주석 파닉스 – 발음 중심 어학 학습법

의가 거의 없다. 전 세계 어느 곳보다 미국 학생은 더 많은 시험을 치르지만, 평가 간에 상당한 차이가 있기 때문에, 평가가 일치하지 않는 경우가 많다. 동일한 주제에 대한 다른 시험은 그 주제의 다른 측면을 평가하는 것으로 보인다. 시험에 대한 몇 안되는 세심한 연구 중 하나가 4학년 수학 시험이다. 이 시험의 저자들은 "우리의 결과는 … 표준화된 성취도 평가가 상호 교환적으로 사용될 수 있다는… 가정에 도전한다"라고 말한다.[6] 불일치의 또 다른 원인은 시험 사용에 대한 의사 결정이다. 시험에 대한 많은 결정은 여전히 각 지역에서 내려지는데, 1994년 이후부터 주에서 그러한 결정을 많이 내리고 있다. 몇몇 교육청은 수년간 동일한 시험을 사용하지만, 다른 교육청은 몇 해마다 시험을 변경한다. 또한 어떤 학교는 한 학년에서 하나의 시험을 사용하고 다른 학년에서 다른 시험을 사용하기 때문에, 같은 교육청 내에서도 평가에 많은 차이가 있을 수 있다. 시험을 요구하는 정책이 확산되면서 시험은 지난 20년 동안 훨씬 더 다양해졌다. 더 많은 주에서 더 많은 시험을 사용하고, 지역에서는 추가 시험을 고안하거나 구매한다.

결과에 대한 갈등은 전문가가 대처해야 하는 불확실성을 증가시킬 수 있다. 교사는 시험을 매우 협소한 학습으로 볼 수도 있고, 시험과 교육과정 간의 불일치에 대해 걱정할 수 있다. 이러한 경우뿐만 아니라 그 밖의 상황에서 교사는 무엇을 가르칠 것인지, 시험 결과를 어떻게 사용할 것인지에 대한 불확실성을 관리하는 방법을 찾아야 한다. 또한, 교사는 임무에서 서로 다른 성격의 상황에 대처해야만 한다. 다양한 방식과 목적으로 설립된 사립학교는 이러한 문제를 임무에 적용하기 위한 기준을 세울 수 있지만, 미국의 의무 공립학교는 교육의 목적과 수단에 대한 의견 불일치를 교사와 학생에게 암묵적으로 위임했다.[7]

결과에 대한 합의는 사회적 자원이 될 수 있다. 예를 들어, 싱가포르와 일본의 교사와 학생은 국가 교육과정에 제시하는 수학을 가르치고 배워야 한다. 이 교사들도 여전히 많은 결정을 내려야 하지만, 미국의 교사들과 달리, 수학의 어떤 주제를 가르치고 배울 것인지 또는 수학의 가르침과 배움에 어느 정도 시간을 할애해야 할 만큼 중요한 것인가에 대한 결정을 하지 않는다. 그러한 제도에서 교사가 교육과정에서 벗어난 내용을 가르치면, 학생이나 학부모가 반대할 수도 있다. 그러나 합의가 불확실성을 억제할 수 있다고 해서 불확실성이 제거되는 것은 아니다. 싱가포르의 수학 교사는 지정된 교육과정 내에서 가르치지만, 여전히 많은 불확실성에 직면한다. 예를 들어, 수학 문제가 잘 작성되어 있더라도 모호할 수 있는 데다가, 학생들은 종종 문제를 다르게 해석한다. 하나의 수학 문제가 담고 있는 일반적인 개념에 도달하기 위한 손쉬운 노력은 수업에서 상당한 불확실성을 생성할 수 있다. 프랑스나 싱가포르의 교사들은 결과에 대한 사회적 합의에도 불구하고 여전히 많은 불확실성에 직면한다.

미국 학교에서 가르침과 배움의 이러한 불확실성은 결과에 대한 사회적 불일치로 인해 증폭된다. 예를 들어, 수학 교육의 목적에 대한 합의가 부족하여, 일부 교사는 표준화된 시험에서 평가하는 수학을 가르친다. 또 다른 일부 교사는 국가 영재 선발 시험(National Merit Scholarship Exam), 고등학교의 AP 시험 또는 주에서 주최하는 시험같은 시험에서 평가하는 수학을 가르친다. 어떤 교사는 시험을 무시하고 자신이 선택하거나 학교에서 제공한 자료로 가르친다. 워크숍에서 배운 수학을 가르치는 교사도 있고, 자신이 학생 때 배운 수학을 가르치는 교사도 많다. 수학을 거의 가르치지 않는 초등 교사도 있다. 이러한 다양한 버전을 혼합하여 수학을 가르치는 교사도 있다. 그러나 미국의 교사와 학생들이 무엇을 하든, 다른 나라에서는 문제가 아닌 문제를 해결해야 한다. 결과에 대한 다양한 견해와 교육과정과 시험 간의 연결 부족은 수학이 무엇인지, 어떤 수학을 가르칠 수 있는지, 어떻게 가장 잘 가르치고 배울 수 있는지에 대한 불확실성을 심화시킨다.

이러한 상황에서 결과에 대한 갈등과 불확실성은 교사의 임무가 되기 쉽다.[8] 교사가 수업 결과를 학생과 협상해야 하는 경우, 학생의 의존도가 높아질 수 있다. 학교 교육의 결과에 대한 사회적 합의는 교사의 의존도를 낮추는데, 이는 교사가 학생들의 높은 학업 성취를 추구하는 경우 대부분의 학생들에게 시험과 교육과정에 대하여 설명하거나 동의를 요구할 필요가 없기 때문이다.

결과에 대한 갈등이나 불확실성은 야심찬 가르침(ambitious teaching)의 위험과 어려움을 증가시키는 반면, 결과에 대한 동의는 그 위험과 어려움을 줄인다. 외부 시험이 중심이 되는 제도에서는, 시험에서 좋은 결과를 성취하기 위해 학생과 교사가 함께 일종의 위험을 분담한다. 여기서 목표는 모든 학생이 가능한 잘 하는 것이며, 교사는 시험에서 성취도가 낮은 학생의 도우미로서 역할을 한다.[9] 이와 대조적으로, 미국 교사가 도전적이고 어려운 과제를 제안하면 위험이 증가할 수 있다. 예를 들어, 학생들은 그런 어려운 과제를 다루지 않는 다른 교사, 그러한 과제를 수행하는 것에 의문을 제기하거나 반대하는 학부모나 공인, 또는 이전에는 그런 과제를 수행하지 않았던 학생에게 이렇게 어려운 과제를 한다고 알릴 수 있다. 그러한 갈등은 야심찬 가르침의 어려움, 저항 및 불확실성을 증가시킨다. 따라서 대부분의 학생들이 비교적 쉽게 완수할 수 있는 간단하고 짧은 프로그램의 장점을 피력할 수 있다. 물론 프로그램의 목적과 방법은 상황에 따라 재설계되어야 한다.

그러나 결과에 대한 갈등을 임무의 일부로 관리해야 하는 경우, 교사가 학생에 대한 의존도는 더 심해지고, 교사의 위험과 어려움이 커진다.

미국 교육에 결과에 대한 합의가 약간 있기는 하다. 많은 사립학교는 결과에 대한 합의에 의존한다. 예를 들어, 이 학교들은 AP 시험이나 대학 입학을 위해 '인격'을 교육한다. 이러한 목표는 교사가 설정한 교과와 과제에 반영된다. 일부 종교학교와 사립학교는 교과의 제한된 범위에서 협동 학습을 위해 학생들의 활동에 초점을 두기도 한다.[10] 또한 결과에 대한 합의는 공교육의 몇몇 하위 제도에서 핵심적인 역할을 하는데, 가장 좋은 예가 AP이다. AP 학생과 교사는 함께 협력하여, AP 교육과정과 AP와 관련된 시험을 준비한다. 시험은 학교마다 똑같고, 미국에서 매우 드물게 학업의 목표에 대한 합의가 있다.[11] 이러한 상황에서 교사들은 가르치는 일이 더 만족스럽다고 보고하는데, 이는 교사의 일이 덜 불확실하면서 덜 위험하기 때문이다.[12] 그러나 이러한 지역은 상대적으로 드물다. 게다가, 각 지역마다 목적이 뚜렷하게 정의되어서 결국에는 전체적인 다양성이 더해지기 때문에, 합의된 지역들은 교육의 목적과 수단에서 더 큰 차이점을 드러내기도 한다.

결과에 대한 합의를 도출하기 위한 여러 노력이 있기는 했다. 1970년대 후반부터 1980년 초기의 연구자들과 개혁가들은 공통 목표의 형성에 중점을 둔 '효과적인 학교(effective school)'를 장려했다.[13] 대부분의 지지자들은 목표 합의를 시험에 대한 합의로 보았고, 다소 보수적인 수업을 진보시키기 위해 종종 개혁을 시도하였다. 그들은 교육에 대한 관리적 관점을 촉구하고 교사와 학생을 위한 공통 목표를 설정하는 데 있어 학교장의 역할을 강조했다. 일부는 학교를 복잡한 조직이나 학문적 공동체로서 간주하기도 했다.[14]

결과에 대한 합의를 도출하기 위한 광범위한 노력으로 1980년대 후반부터 '체계적' 또는 '규준에 입각한(standards-based)' 개혁이 실시되었다. 이 개혁의 옹호자들은 보다 야심차지만 노력이 필요한 수업을 주창했다: 학교는 학문적인 분야에 뿌리를 둔 도전적인 과제를 제공할 것이고, 학생들은 독립적으로 생각하는 사람과 진취적인 문제 해결사가 될 것이다; 수업의 내용에 대한 합의를 만들고, 수업 지침의 또 다른 요소가 될 수 있는 시험에 대한 합의로 확대한다.[15] 시험과 규준이 '정렬'되면서, 모든 사람이 수업에 대해 동일한 메세지를 받게 된다.

상황은 다르게 나타났다. 평가(examination)는 줄었고, 시험(test)은 많았다. 주 정부의 주장에도 불구하고, 시험이 교육과정에 맞춰져 있는 경우는 거의 없었는데, 교육과정과 맞는 시험이 거의 없었기 때문이다. 많은 학교와 학교 제도는 일반적으로 취약한 역량을 가지고 있었기 때문에, NCLB가 법으로 제정되자, 시험은 종종 일종의 합의된 교육과정으로 간주되었다. 많은 교사는 이 시험이 평가하는 기본적이고 매우 낮은 수준의 역량을 가르치려고 했다. 이로 인하여 기초 역량을 잘 가르치기 위해 노력하지 않았던 많은 빈곤층 학교들이 향상되었으나, 이는 제도 개혁의 지지자들이 주장했던 합의는 아니였다. 보다 야심찬 가르침을 지원하는 사회적 자원을 만드는 대신, 제도 개혁은 종종 낮은 수준의 가르침과 배움에 중점을 두었다.

하지만 이러한 개혁은 다른 유망한 정책 체계와 정치적 분위기를 만드는 데 도움이 되었다. Success for All, Core Knowledge, 그리고 America's Choice는 종합 학교 개혁 설계(Comprehensive School Reform Designs, CSRD)의 성공 사례로서, 수천 개의 극빈 공립 초등학교가 이 개혁에 참여했다. 각 CSRD는 학생 성과에 초점을 둔 리더십 및 학교 조직을 위한 교육과정, 교사 교육을 포함한다. 이러한 사항에 동의하지 않는 교사에 대한 거부 조항도 만들어졌고 합의되었다. 한 가지 결과는 보다 일관성 있는 학교 제도를 만든 것이다. 또 다른 결과는 더 나아진 학생 성과였다. KIPP(Knowledge Is Power Program), Achievement First, Aspire를 비롯한 몇몇 차터 스쿨 네트워크는 빈곤율이 높은 중학교 및 초등학교에 일관성 있는 소규모 제도를 만들었다. 이 학교들은 주 정부 시험에서 학생들의 성과가 향상되는 결과를 얻게 되었는데, 이는 교사들이 원하는 목표에 도달할 수 있도록 일관적이면서도 제도적으로 수업을 지원한 결과이다.

이러한 CSRD와 차터 스쿨 네트워크가 수행하는 임무에서 결과에 대한 합의는 중요한 부분이었다. 이와 더불어, 이 학교 제도는 교육과정, 교사 교육, 평가, 리더십 및 조직을 포함하는 인프라를 구축했다. 또한 이 네트워크는 어떻게 교육 목표에 도달하는가를 배우기 위해 지속적으로 막대한 투자를 했다. 그들은 가르침과 배움을 향상시키기 위해 교사와 학교 지도자들 간의 정기적인 회의를 개최하였으며, 지향하는 목표의 성취 여부를 파악하기 위하여 가르침과 배움을 추적 관찰하였다.[16]

수업의 목적과 내용에 대한 합의는 특히 야심차지만 노력이 필요한 가르침을 구현하고자 하는 교사에게 중요한 사회적 자원이 될 수 있다. 왜냐하면 그러한 일에 수반되는 불확실성, 불확실성이 초래하는 위험, 수업의 목적과 수단에 대한 논쟁, 그리고 학생들의 저항으로부터 교사를 보호하기 때문이다. CCSS가 미국 학교 교육을 방해하는 분쟁을 극복하고 야심찬 목표를 유지할 수 있다면, 주 정부와 교육청이 필요한 인프라를 구축할 수 있다면, 그리고 학교가 이를 실천할 수 있다면, 학교에서 제공하는 교육의 내용과 그 결과에 대한 합의가 성장할 수 있는 인프라가 될 수 있다. 더욱이 CSRD와 차터 스쿨 네트워크는 결과에 대한 합의를 향상된 결과로 전환할 수 있는 수업에 대한 제도를 어떻게 구축하는가에 대한 유용한 예이다. 그 동안 대부분의 교사, 학생 및 수업을 향상시키려는 사람들은 학교의 목적과 수단에 대한 분쟁에 대처해야 한다.

결과에 대한 책임

결과에 대한 책임은 인간 향상의 실행에 따라 다양하다. 예를 들어, 고전적 심리치료는 환자에게 많은 책임을 부여하는데, 이는 신경증 환자가 자신의 문제에 결부되어 있으므로 향상을 위해서 환자가 그 문제를 해결하는 책임을 져야 한다는 견해에 뿌리를 두고 있다. 환자가 성공한다면, 주로 자신의 문제에 직면하고 이해하고 실행 가능한 해결책을 찾았기 때문이다. 여기에서 치료사는 중요한 질문을 하고, 환자의 통찰력을 확인하고, 지원을 제공하여 도움을 줄 수 있지만, 환자가 문제를 인식하고 이를 해결하기 위해 열심히 노력해야 한다. 마찬가지로, 조직 자문위원은 조직이 불량한 의사소통, 약한 리더십 및 비효율성을 만들었으나, 조직이 이러한 실행의 결과를 바꿀 수 있다고 간주한다. 자문위원은 문제를 진단하고 해결책을 설계하는 데 도움을 줄 수 있지만, 고객이 문제와 해결책에 대한 책임을 지지 않는다면 기관은 변화하기 어렵다.

대조적으로, 교사는 결과에 대한 책임이 광범위한 데다가, 더 커지고 있다. 주 정부 및 연방 정부 정책은 교사가 학생의 배움에 대해 '책임감'을 갖도록 했다. 주 정부 및 지역사회 학교 제도는 학생 성과의 최소 수준을 명시하고, 학교 또는 학교 제도의 성공 및 실패 비율을 식별하고, 학교가 규정된 배움을 만들어 내도록 요구하는 시험 프로그램을 채택했다. 이 제도하에서 실패하면, 교사는 재배치되거나 해임될 수 있으며, 학교는 '재편성'되거나 폐쇄될 수 있다. 교사들이 어떤 압박을 가할 수 있는가를 제외하고는, 이러한 제도에서 학생들을 위해 수행할 직접적인 인센티브가 없다. 학생들의 성과가 좋지 않은 것은 교사들의 노력이 부족하기 때문이며, 교사들이 학생들의 배움에 더 많은 책임을 지고 더 열심히 공부하도록 한다면, 학생들은 더 잘 할 수 있을 것이라는 가정이다. 또한 최근의 정책은 배움이 쉽고, 학생들이 가르침을 받으면 배울 것이라는 미국인들의 오래된 생각에 힘입은 바가 있다. 대부분의 미국 교육 이론가들은 배움을 당연한 것으로 묘사했고 제대로 가르치면 모든 어린이가 배울 수 있다고 주장했다. 제롬 브루너(Jerome Bruner)는 '교육의 과정'에서 "우리는 발달 단계에 관계없이 모든 어린이에게 지적으로 정직한 형태로 모든 과목을 효과적으로 가르칠 수 있다"는 가설로 시작한다.[17] 배움의 주요 장벽은 형편없이 설계된 교육과정, 부적절한 가르침, 또는 무관심한 교사라고 일컬어졌다. 특수 교육을 제외하고, 배움이 종종 위험하고 어렵다고 주장하는 미국 이론가는 찾기 어렵고, 배움의 위험이나 어려움에 대해 진지하게 탐구하는 전통도 없다.[18] 이러한 생각은 배움이 주로 교사의 책임이며, 교사가 자신의 일을 하면 학생들이 배울 것이라고 쉽게 믿도록 한다.

공립학교 교사는 이 점에서 다른 교육자들과 차별화된다. 사립학교 교사는 학생의 시험 성적에 대한 공식적인 책임은 없지만, 학생의 배움에 대해 상당한 책임을 질 수 있다. 물론, 학생도 자신의 배움에 대해 책임을 진다. 학생의 그러한 책임은 어려운 과제를 제공하고 가르치는 교사의 위험을 줄여주는 한편, 학생의 교사에 대한 의존도를 줄여준다. 대학에서 많은 교수들은 수업 결과에 대해 아무런 책임을 지지 않는다. 학습을 학생의 일로 취급하고, 일부 기관만이 교수가 다르게 생각하고 행동하도록 장려한다. 학생들이 무엇을 배우는가를 정기적으로 확인하는 교수도 매우 적다. 많은 경우, 교수는 도움을 받지 않아도 잘 배우는 학생들만을 남기고, 그 외 다른 학생들을 배제하며 수업을 설계한다. 즉, 대부분의 학생들의 배울 기회를 확대시키려는 것이 아니라 가장 적합한 학생들이 살아남도록 보장하는 것을 목표로 한다. 교수들은 심지어 자기주관적으로 강의를 평가하기도 하는데, 설명을 잘 하면 잘 가르쳤다는 결론을 내린다. 학생의 배움에 대해 대학이나 교수에게 책임을 지도록 하려는 노력에 대한 논의가 있었지만, 현재로서는 대화만 있을 뿐이다.

결과에 대한 책임과 관련된 관습은 인간 향상의 실행에 영향을 미친다. 예를 들어, 치료사, 교수 등은 고객이 각 상황에서 실행의 결과에 대해 무거운 책임을 진다는 견해에 의해 어느 정도 보호받고 있다. 면담에서 치료가 잘 안되면 내담자의 신경증적 저항 혹은 이와 관련한 문제 때문에 그렇게 된다는 것이 일반적인 가정이다. 치료사가 야심찬 결과를 강요하는 위험도 완화되는데, 이는 고전적 심리치료법이 진보가 어렵고 위험하며, 많은 내담자가 향상되지 않을 수 있다고 가정하기 때문이다.[19]

여기서 고등교육이나 고전심리치료의 관습을 옹호하거나, 학생의 배움에 대해 교사에게 더 많은 책임을 부여하는 것이 현명하지 못하다고 주장하는 것이 아니다. 결과에 대한 책임은 다른 사회적 자원처럼 고립되어 운영되지 않는다는 것이다. 학생의 배움에 상응하는 인센티브, 실행의 목적에 대한 합의, 교사가 보다 효과적으로 일하는 방법을 배울 수 있는 준비처럼 실행에 대한 사회적 자원이 존재한다면, 교사가 학생의 배움에 대해 더 많은 책임을 지도록 촉구하는 것이 건설적이라 할 수 있다. 이것이 바로 앞서 논의한 차터 스쿨 네트워크와 CSRD가 하는 일이다. 그러나 최근의 공교육 개혁처럼 이러한 자원들이 존재하지 않는다면, 단순히 교사에게 학생들의 성과에 대한 더 많은 책임을 부여하는 것은 왜곡된 결과가 도출될 가능성이 높다. 최근 주 정부 및 연방 정부 정책에서, 교육 향상에 실질적인 도움을 학생들에게 제공하지 않는 학교에게는 과락 점수를 낮추거나, 평가 내용을 단순화하거나, 성취도가 낮은 학생들을 시험에서 배제하여 학교 스스로를 보호하려고 했다. 학생의 배움에 대한 교사의 책임을 높이려고만 했지, 교사와 학생의 성공 기회를 증가시키는 실행에 필요한 다른 사회적 자원을 제공하지 않았다.[20]

인간의 향상과 관련된 직업은 물건이나 아이디어를 유행시키는 직업과 다르다. 예를 들어, 목수의 전문 지식과 역량은 그의 독특한 자원이다. 여기에 좋은 재료와 작업 조건이 더해지면, 좋은 결과물을 만들어 낼 수 있다. 결과에 대한 책임을 목수에게 묻는 것은 이치에 맞을 수 있다. 하지만 교사는 교사로서 좋은 일을 하기 위해 자신의 지식과 역량보다 훨씬 더 많은 것을 필요로 한다. 교사는 학생들의 역량, 지식, 약속과 헌신, 그리고 배움을 뒷받침하는 환경을 필요로 한다. 이러한 것들은 결코 교사의 독점적 통제 하에 있지 않다. 종종 교사의 지식, 역량, 그리고 약속과 헌신이 좋은 결과를 얻기 위해 필요한 자원 중 일부에 불과하기 때문에, 결과에 대한 책임만 증가시키는 것은 역효과를 낳을 가능성이 높다.

함께 일하기에 대한 승인

향상을 위한 상호 간의 약속과 헌신에서 발생하는 정도의 차이는 전문가와 고객이 함께 일하는 것을 승인하는 특성에서도 발생한다. 고객과 전문가의 태도는 승인에 영향을 주며, 이들을 하나로 모으는 두 가지 사회적 협정이 승인에 영향을 주기도 한다. 이러한 협정 중 하나는 수용에 관한 것으로, 전문가 또는 기관이 어떤 고객과 어떤 조건에서 일할 것인지를 결정하는 수단이다. 일부 전문가와 기관은 매우 선별적으로 고객을 수용하며, 유별나게 능력이 있거나, 도움이 필요하거나, 헌신적인 사람들만 고객으로 인정한다. 다른 전문가나 기관은 고객에 대해 덜 까다롭기도 하다. 어떤 서비스를 선택하든, 연령이나 다른 조건에 따라 자격이 있는 모든 사람을 고객으로 인정하기도 하고, 고객은 의무적으로 서비스를 받을 수도 있다. 다른 보완적인 협정은 등록에 관한 것으로, 고객이 전문가와 함께 일하는 방법을 찾아 고객이 참여하는 방식에 영향을 미친다.

수용과 등록은 향상을 위한 고객과 전문가 상호 간의 약속과 헌신을 동원하거나 방해할 수 있으므로 중요하다. 만약 기관이나 전문가가 매우 선별적으로 고객을 받아들이고 능력 있고 열성적인 고객만 등록한다면, 고객과 전문가들의 협력은 상호 선택과 선별되었다는 특별함에서 나오는 자원에 의해 구성될 가능성이 높다. 고객과 전문가는 서로에 대한 선택뿐만 아니라 공유된 목적과 강력한 참여로 인해 구분되며, 이로 인하여 전문가와 고객에게 특별한 사회적 자원을 제공할 수 있다. 하지만 나이 때문에 자격을 갖춘 모든 사람을 기관이 받아들이거나, 의뢰인이 강제로 수용을 요청하면, 실행은 강요와 평범함으로 구성될 가능성이 높다. 왜냐하면, 이런 상황에서 기관과 전문가가 등록하는 사람을 선택하지 않고, 많은 고객들은 선택권이 있었다면 등록하지 않았을 수도 있기 때문이다. 인간 향상을 위한 일은 종종 특별한 목적이나 약속과 헌신과는 아무 상관없이 수행되기도 하며, 전문가와 고객은 종종 어려운 업무를 방해하는 사회적 자원에 대처하기도 해야 한다. 두 경우 모두 전문가가 자원을 만드는 것이 아니지만, 전자의 경우에는 자원이 실행이 잘 구현되고 바람직한 결과가 나올 가능성을 증가시키는 반면, 후자의 경우에는 자원이 그러한 기회를 감소시킨다.

수용

향상을 위해 고객은 철저히 다른 방식으로 수용된다. 표 4.1은 수용의 몇 가지 주요 조건을 보여준다. 첫 번째 칸의 선별적 조건은 경우에 따라 전문가 또는 그 기관에서는 특수 자격을 갖춘 자로 수용을 제한하는 것이다. 예를 들어, 개인 심리치료사들은 대개 약속과 헌신, 능력, 관심에 따라 내담자, 즉 고객을 받아들인다. 명문 사립학교, 대학 및 대학원도 마찬가지다. 그러나 일부 마그넷 스쿨(magnet school)[d]은 관심, 약속과 헌신만으로 고객을 수용한다. 고객이 비정상적으로 심각한 문제를 가지고 있거나 일상적인 문제이지만 해결에 특별한 제약이 있다면, 고객은 필요에 따라 수용될 수 있다. 약물 치료 프로그램 및 장애인 프로그램처럼, 어려움에 처한 청소년들을 위한 특수학교도 필요에 따라 고객을 수용할 수 있다. 선별적 수용은 한 번에 모든 수준 또는 다양한 수준에서 일어날 수 있다. 예를 들어, 개인 심리치료는 전체 진료 또는 진료의 일부를 선택할 수 있다. 정신 분석이 오랫동안 정신의학 내에 있었기 때문에 어떤 선별적 진료는 매우 까다롭게 선별될 수 있다. 대학원생이나 전문직 학생을 가르치는 것은 상대적으로 비선별적인 대학 내에서도 종종 선별적 수용을 하며, 일부 유명 대학에서는 매우 선별적 수용을 취한다.

---

d) 옮긴이 주석 마그넷 스쿨(magnet school) – 다른 지역 학생들을 유치하기 위해 일부 교과목에 대해 특수반을 운영하는 대도시에 위치한 공립학교. 미국의 대도시에 위치한 공립학교는 일반적으로 교육 환경이 열악한 것으로 간주된다.

표 4.1 수용의 조건

선별적	보편적
기관과 전문가는 몇몇의 경우로 수용을 제한한다. 예를 들어, 사립학교, 대학교, 마그넷 스쿨, 개인 심리치료, 약물 치료 프로그램, 장애인 프로그램이다.	기관과 전문가는 수용에 제한이 없다. 두 가지 유형이 있는데, 첫 번째는 자발성이다. 향상은 모두에게 제공되지만, 고객의 선택에 달려있다. 예를 들어, 대부분의 커뮤니티 칼리지(community college)[e] 및 방문 진료소[f]이다. 또 다른 유형은 강제성이다. 모든 지원 대상자에게 향상은 필요하다. 예를 들어, 공립 초등학교와 고등학교이다.

표 4.1의 두 번째 칸에서 보이는 바와 같이, 많은 경우에서 수용은 특별한 조건없이 보편적이다. 보편적 수용에는 두 가지 유형이 있다. 첫 번째 유형은 모두에게 강요되고, 고객은 향상을 원하든 원하지 않든 상관없이 수용에 대한 선택권이 없다. 미국에서 이러한 경우의 대표적인 예가 공립학교이다. 왜냐하면 특정 연령의 모든 어린이는 학교에 재학하는 것이 의무이기 때문이다. 비선별적 수용의 또 다른 유형은 보편성 내에서의 자발적 선택이다. 모든 사람이 자격이 있지만 자신을 드러내는 사람들만 진보할 수 있다. 예를 들어, 많은 커뮤니티 칼리지는 선행 교육과 상관없이 지원하는 거의 모든 사

---

e) 옮긴이 주석 커뮤니티 칼리지(community college) – 고등학교를 졸업한 사람들을 대상으로 공개 입학 제도를 운영하는 고등교육으로서, 인근 지역 시민들에게 실용적 기술 위주의 교육을 하는 2년제 대학.

f) 옮긴이 주석 방문 진료소 – 의료보험이 보편적이지 않은 미국에서 예약 없이 치료를 제공하는 모든 의료 제공자를 지칭한다. 원래 보험이 없는 사람들에게 의료 옵션을 제공하도록 설계되었으며, 응급실 비용의 극히 일부만으로 기본적인 의료 서비스를 제공한다. 이 의료 서비스는 긴급한 치료가 필요한 모든 사람을 위한 실행 가능한 의료 옵션으로 발전해 왔다.

람에게 개방되어 있다.

각 수용의 조건을 비교하는 것은 수용의 의미를 정의하는 데 도움이 된다. 예를 들어 장애학생이나 학습장애학생을 필요에 따라 특별 대상으로 선정하면, 그러한 교정 치료가 필요 없는 '정상학생'과 비교된다. 이 경우 특별 대상 선정도 시술 대상자의 오명을 피하기 어렵게 된다. 비범한 능력에 근거하여 특별 대우를 받을 학생을 선정할 때, 이 학생들은 덜 능력이 있는 대부분의 모든 학생들과 비교가 된다. 이 경우 그러한 특별 대우를 받지 못한 사람들에 대한 오명이나 불공평에 대한 의심을 피하기 어렵다. 더 일반적으로, 미국 공교육의 한 가지 책임은 그것이 강요하는 '비교'이다. 왜냐하면 거의 모든 사람들이 자격 없이 공교육에 참여하기 때문에 공교육은 특별하지 않다고 생각하고, 이러한 특성으로 인해 공교육의 질에 대한 인식을 잠식하기 때문이다. 의무적이고 보편적인 참석은 교육에 대한 미국인의 태도와 상호작용하여 공립학교의 매력을 감소시킨다. 초등학교(그리고 나중에는 중등학교까지)가 등장한 초기의 '보통' 학교 교육은 한 때 특출함을 의미하는 증표와 같은 것이었다. 당시에는 학교가 아직 보편적이지 않았기 때문에, 그 당시 많은 미국인들은 공립학교에 재학 중이라는 것을 특별하다고 생각했다. 그러나 학교의 포용성이 커지는 한편 학교 문제가 발생하고 가중됨에 따라, 공립학교는 단지 평범하고 보통인 것으로 보이게 되었다.[21] 사립학교가 매력적으로 보이는 이유는 거대하고 낡은 공립학교 제도와의 비교에서 비롯한다. 심지어 사립학교 교육의 질이 일부 공립학교보다 좋지도 나쁘지도 않은데도 불구하고 종종 특별하다고 간주된다.

수용은 동일한 조직 내에서 상반되는 방식으로 이루어질 수 있다. 명문 사립 고등학교에 입학하는 것처럼, 매우 선별적인 기관 중 어느 정도는 상당히 선택적이지 않을 수 있다. 반대로, 공립 고등학교의 AP 프로그램, 영재 교실, 또는 대개의 보통 학교에서 성적 우수자들만 모아서 만든 단일 학급처럼 매우 선별적인 프로그램이 선택성이 없는 기관들 내에서 종종 존속한다.

그러나 선별적 수용은 인재의 집중, 관심에 대한 집중, 약속과 헌신의 집중 및 동원, 상호의무 생성 등 여러 가지 면에서 실행의 사회적 자원을 창출할 수 있다.[22] 이러한 다양한 수용은 실제로 중복되는 경우가 많지만 구별이 어려운 것은 아니다. 인재의 집중이 가장 흔하다. 예를 들어, AP 프로그램은 많은 미국 고등학생들 중에서 유망한 후보자들을 살펴본다. 명문 대학과 사립학교들은 뛰어난 재능을 가진 많은 지원자중에서 최고의 지원자들을 뽑는다. 할렘 스트리트 아카데미(Harlem Street Academy)[g]는 잠재적인 학생들 중에서 최고의 지원자들을 뽑는다. 이러한 경우에 전문가는 진보할 수 있는 소수의 우수한 사람들과 함께 일한다. 이러한 사례에서 학생 선발을 위하여 재능이 없는 것으로 추정되는 다수의 지원자 집단과 재능이 있지만 불합격된 소규모 지원자 집단이 비교된다. 인재에 관한 파격적인 지표가 적용되지 않는 한, 소수만이 특별할 수 있다.[23]

관심의 집중이 더 포괄적일 수 있다. 예를 들어, 마그넷 스쿨은 도시의 학교 제도로서, 수학, 음악, 외국어, 미술 및 기타 다양한 교육 특기에 대한 학생들의 관심을 충족시키는 것을 지향한다. 따라서, 장소가 확보되면 이 학교는 프로그램에 관심을 가질만한 학생들을 입학시킨다. 만약 그러한 학교가 충분하고 모든 학생이 적극적인 학업적 관심을 가지고 있다면, 특정 유형의

---

g) 옮긴이 주석 할렘 스트리트 아카데미(Harlem Street Academy) – 비영리 사립학교로서, 높은 수준의 학문 중심 교육과정을 운영하여, 학생들의 명문학교 입학을 목적으로 한다. 실력 위주로 학생들을 선발하고, 학교 행사에 가족의 참여를 강조한다.

학교 프로그램을 원하는 각 학생은, 해당 학생을 원하는 학교에서 선택할 수 있다.[24] 그 경우, 선발을 위한 비교는 모든 학생들의 다양한 관심만큼 범위가 넓을 것이고, 이런 가상의 경우 대부분의 학교와 학생들은 특별할 수 있다.

한편, 어떤 종류의 선별도 약속과 헌신의 집중과 동원으로 보완될 수 있다. 예를 들어, 심리치료사들은 종종 자신이 문제가 있다고 인식하고, 도움이 필요하다고 느끼고, 치료비를 지불할 수 있으며, 치료 과정에 잘 참여할 것 같은 환자를 찾는다. 선발제 학교와 대학은 해당 기관이 무엇을 제공해야 하는지 알고, 잘 활용할 것으로 보이는 학생을 찾는다. 선별된 그룹에 가입하도록 고객을 초대하여, 고객의 약속과 헌신을 동원할 수도 있다. 필립스 아카데미 앤도버(Phillips Academy Andover) 또는 하버드 대학에 입학한 학생들은 이러한 특별한 기관에 의해 선택되었고, 게다가 자신처럼 특별하다는 표식을 받은 사람들과 함께 공부하기 때문에 더 나은 일을 할 수 있도록 자극을 받을 수 있다.[25] 이러한 경우, 선별이 좋은 일, 즉 열심히 공부하고자 하는 열망을 동원하여 고객의 성과를 높일 수 있으며, 이를 통해 그러한 일을 할 수 있는 역량을 높일 수 있다. 그렇다면, 이러한 선별적 수용이 재능을 창출하는 것과 향상시키는 것을 구별할 수 있을까?

또한 선별적 수용은 일반적으로 선택 취소 가능성을 포함하기 때문에 효과가 있다. 예를 들어, 심리치료에서 고객인 내담자가 제대로 임무를 수행하지 못할 경우 경고를 받을 수 있다. 정신과 의사들은 때때로 자신의 문제를 인식하지 못하고 치료에 무관심한 환자들의 치료를 중단한다. 선발제 학교와 대학들은 규칙을 지키지 않거나 성적이 좋지 않은 학생을 제적시킨다.[26] 그러한 상황에서 약속과 헌신을 고려할 수 있지만, 다른 고려 사항으로 제한될 수 있다. 경제적인 이유도 있다. 예를 들어, 보험회사가 지난 20년 동안

"대화 요법"의 비용을 변제하는 것을 점점 거부하면서, 정신의학은 선택의 폭을 크게 줄였다. 뉴욕 타임즈의 최근 보고에 따르면 보험회사가 고전적인 대화가 아닌 진단 및 약물 치료에 대해서만 보상하기 때문에, 정신과 의사는 더 많은 환자들을 데리고 간단한 인터뷰와 약물 처방을 하기 위해 진료를 15분에서 20분으로 제한한다고 밝혔다.[27]

마지막으로, 선별적 수용은 기관과 고객이 상호의무의식을 함양할 수 있다. 즉, 선발이 기관이나 전문가가 고객과 약속을 하는 기회로 간주하는 것이다. "당신이 약속을 지키면 향상의 가능성이 높지만, 이를 지키지 않으면 계약을 파기할 수 있는 근거가 될 수 있다. 그러므로 당신이 성공을 위해 최선을 다할 것이라고 기대한다." 기관이 모든 고객을 향상시키겠다고 약속하면, 이렇게 진술하기가 매우 어렵다. 이 기관들은 '모두를 위한 진보'처럼, 매우 무조건적인 약속을 하는 경향이 있다. 그런데, 모든 고객을 구제할 능력이 있다고 주장하는 것은 놀라운 일이 아니다. 왜냐하면 이러한 주장없이, 모든 고객을 수용하는 것을 어떻게 정당화할 수 있겠는가? 하지만, 이 약속을 어떻게 지킬 수 있을까? 이미 언급했듯이 한 가지 문제는 모두를 위한 향상을 약속하거나 강요하는 기관에서는 선별의 해지가 더 어렵다는 것이다. 고객을 해고한다는 것은 그 기관이 약속을 지키지 못했다는 것이며, 그 약속을 한 기관이 실패했다는 것을 암시하는 것이다. 만약 기관들이 모두를 향상시킬 수 있다고 주장한다면, 고객의 실패나 해지를 어떻게 변명할 수 있을까? 보편적인 향상을 약속하는 것은 기관과 전문가가 고객에 대한 의무를 규정할 수 있는 근거를 줄이는 것이다. 이를 통해 전문가는 어느 정도 성공을 거두기 위한 방법으로 시도하는 개선 사항을 줄이고, 따라서 약속을 지키지 못할 가능성을 줄일 수 있다.

이런 현상이 공교육에서 발생했다. 보편적이면서 강제적인 수용은 학생들의 능력을 과소평가하고 학교와 교사의 능률을 과대평가하면서, 향상에 대한 무조건적인 약속을 초래했다. 미국의 공립학교는 19세기 후반에서 20세기 중반 사이에 보편적인 수용으로 바뀌면서, 학생들이 교육적으로 성공하지 않고도 학교에서 '성공'할 수 있도록 학생 능력 그룹화하는 제도 및 다양한 교육과정과 사회적 진급 제도를 만들었다.[28] 보편적인 등록으로 평등을 약속하는 학교가 많아질수록, 학교가 제공하는 교육에는 더 많은 불평등이 발생했다. 20세기 후반부터 21세기 초에 이러한 불평등에 대응하고자, 주 정부들이 교사 및 학생의 성과에 대한 요구와 더불어 더 많은 선택권, 더 많은 교육의 다양화 및 학교 교육 시장의 창출을 압박하면서, 공교육에 대한 강제를 확대하고 강화하였다.

등록

수용만으로 충분하지 않다. 고객의 등록은 상호 간의 약속과 헌신의 구성에서 필수적이다. 향상해야 하는 존재는 등록한 고객이기 때문이다. 기관이나 전문가는 자발적 또는 강제적인 제도를 설계하여 고객을 받아들이는 등록 조건을 만들지만, 고객의 참여는 절대 자동적으로 이루어지지 않고, 참여가 향상을 거부하는 것은 흔하다. 예를 들어, 많은 미국인들은 교육을 받거나 정신 건강을 향상시키기 위한 강제적인 노력에 저항한다. 수학을 잘하는 학생은 종종 문학을 배우는 것을 거부하지만, 문학을 좋아하는 학생들은 그것을 호의로 받아들인다. 의욕적인 심리치료 환자들은 민감한 문제에 대한 관심을 특히 거부한다. 고객은 전문가 또는 기관에 의해 선택되더라도 그들의 개선안에 등록해야 한다.

표 4.2 등록 방법

요청	학생들은 사립학교, 대학 또는 학교의 특정 교사들에게 지원한다. 예비 환자는 개인 심리치료사에게 신청한다. 기관은 자문위원의 도움을 받는다.
배정	고객은 기관이나 전문가와 함께 일해야 한다. 학생들은 특정 과목을 수강해야 한다. 환자가 정신병원에 수용된다.

표 4.2는 두 가지 등록 방법을 보여준다. 첫 번째 줄에 있는 요청은 고객이 향상 프로그램을 수행하기로 결정하고, 적극적으로 기관이나 전문가를 찾아보고 도움을 요청한다. 만약 요청이 받아들여지면, 향상을 위한 임무가 시작된다. 개인 심리치료를 시작하는 것도 예이다. 또한, 자문위원에게 문제점을 진단하고 해결책을 제시해 달라는 조직의 요청도 또 다른 예가 된다. 요청은 인간의 향상에서 가장 전형적인 등록 형태이다.[29] 심리치료 외에도 대학원 및 전문교육, 사립학교, 일부 공립학교에서 흔히 볼 수 있다.

배정은 또 다른 방법이다. 고객은 특정 기관이나 전문가와 함께 향상을 위한 임무를 수행해야 한다. 향상을 원하면, 과제를 받아들여야 한다. 법률 또는 당국이 요구하기 때문에 또는 향상이 가족, 회사 또는 사회를 위해 최선의 이익이 될 것이라고 주장되기 때문에 고객이 이를 준수해야 한다. 고객이 이의를 제기할 경우, 불이익이 생길 수 있다. 학교에는 배정과 관련된 사례가 많다. 학생들은 연령과 거주지를 기준으로 공립학교에 배정되고, 학교 내 교사들에게 배정된다. 대학의 학생들은 배정된 필수 과목을 수강해야 한다. 기업의 중하급 직원은 최고 경영진이 조직을 향상시키기 위해 고용한 자문위원과 함께 일하는 경우가 많다. 또한, 어떤 사람들은 법원, 민사소송, 고용주, 또는 가족들의 요구때문에 심리치료를 받기도 한다.

위에서는 요청과 배정의 극단적인 경우를 제시하고 있는데, 요청과 배정이 엇갈리는 경우도 많이 있다. 예를 들어, 일부 주립 정신병원은 환자들이 정신치료를 받은 후 심리치료에 참여할지 여부를 선택할 수 있도록 한다. 공교육은 의무 출석 내에서 학생들에게 요청을 많이 할 수 있다. 주 정부에서 학교 교육을 요구하지만, 일부 가정에 가정 학습을 허용한다. 이런 경우 의무 학교는 의무 교육을 의미한다. 학생들은 비공립학교에서 수강하지만, 이러한 학교의 공급이 적고 비용이 많이 든다. 또한 미국 고등학교는 학생들에게 수업의 선택권으로서, 다양한 필요와 욕구를 가진 학생들을 위한 특별 프로그램들 제공하기도 한다. 학교에 다녀야 하는 법적, 경제적, 사회적 압력이 증가하면서 학생들이 받을 수 있는 학교에 대한 선택권도 많아졌고, 따라서 의무 교육 내에서 요청할 수 있는 기회도 많아졌다. 현재 미국 공교육의 매력 중 하나는 성과에 대한 강박관념과 처벌이 공존하면서, 다른 한편으로는 선택의 폭이 커진다는 점이다. 이 두 가지는 논리적으로 서로 배타적으로 보일 수 있지만 상당히 호환이 되는데, 이는 더 많은 강박관념이 선택 압력을 생성하거나 증폭시켰기 때문이다.

등록의 역학 관계는 다양하다. 고객이 요청할 때, 항상은 약속과 헌신에 대한 맹세에서 시작된다. 고객들은 규칙을 따르고, 자신에게 적용하고, 아마도 비용을 지불하고, 최선을 다할 것을 약속한다. 이러한 약속은 종종 학교와 대학에 지원, 입학사정관 또는 치료사와의 인터뷰, 임원 및 조직 자문위원 간의 논의에서 문제가 된다. 이러한 약속은 종종 업무 수행에 필요하고, 전문가가 자신의 일을 수행할 기회를 제공한다. 반면, 배정된 고객은 등록할 때 이러한 서약을 할 필요가 없다. 환자나 학생이 특정 전문가 또는 기관과 협력해야 할 경우, 입학 또는 참여의 조건으로서 지원하거나, 인터뷰를 수행하거나, 논의에 참여할 필요가 없다. 그들에게는 약속과 헌신에 대해 맹세할 기회가 주어지지 않는다.

이러한 경우 명시적으로 또는 암묵적으로 고객을 향상시키겠다고 서약하는 것은 기관 또는 전문가이다. 그럼에도 불구하고 배정된 고객이 요청하지 않는 한 향상은 있을 수 없다. 예를 들어, 미국의 공립학교, 특히 중등학교 교사가 무관심한 듯 보이는 학생들에게 '동기부여(즉, 학습에 참여하도록 권장하는 것)'를 주기 위해 노력하는 것이다. 이런 경우 교사는 모든 학생들을 향상시키겠다는 학교 제도의 약속과, 학생들에게서 종종 발생하는 강박과 선택의 부족이 야기하는 저항 사이에 끼이게 된다.

이와 관련된 어려움은 의무 등록의 미준수에 대한 처벌과 더 많은 의무로 이어질 수 있다는 것이다. 미국 공립학교에서 이러한 처벌은 처음에는 무단결석에만 해당이 되었으나, 최근에는 학교가 모든 학생들의 향상에 대한 약속을 이행하라는 압력을 받고 있다. 무단결석자들은 운전면허 취소나 가족들의 복지혜택 상실이라는 위협을 받고 있다. 출석부터 학업 성과에 이르기까지 시행과 처벌의 범위가 넓어졌다. 연방법 및 주법 때문에 현재 모든 주와 지역에서는 학생들이 지정된 수준에서 학습하도록 요구하고 있으며, 일부는 학생들이 졸업 시험을 통과하도록 요구하고 있다. 강요가 강화되어서, 이제는 향상 부족에 대한 처벌까지 나온 것이다. 그러나 강요와 시행이 더욱 엄격해짐에 따라, 향상과 관련된 기관은 고객과의 상호 약속과 헌신을 창출하는 데 도움이 될 수 있는 방식으로 약속을 이행할 여지가 점점 줄어들고 있다. 이에 따라 고객의 약속과 헌신을 동원할 기회가 줄어들면서 진보의 가능성도 많이 줄어든다. 모두가 향상되면 상호주의는 문제가 되지 않지만, 자발성에 기초하는 경우에는 후원자만 설득한다. 예를 들어, 후원자인 정치 및 기업 당국은 커뮤니티 칼리지에 등록하도록 권장하며, 이러한 추가적인 교육의 가치를 주장하고, 낮은 등록금과 쉬운 프로그램 설계 등의 형태로 인센티브를 제공한다. 이러한 후원자들은 향상을 제안하지만 요구하지는 않으며, 고객이 이러한 교육을 자유롭게 피하거나 참여할 수 있도록 한다. 즉, 고객에게 등록하지 않는 방법을 제공함으로써, 기관과 전문가들은 고객에게 자신의 약속을 지킬 수 있는 공간을 마련한다. 기관과 전문가들이 자신의 향상을 위해 약속과 헌신을 실행하는 모든 사람을 도울 것이다.

등록에는 항상 양면성이 있다. 전문가와 기관이 고안하는 수용 조건은 고객의 요청 또는 배정 기회에 영향을 미치지만, 고객이 참여하지 않는 한 향상이 이루어질 수 없다. 배정된 학생들로 가득 찬 교실에서 수업을 하는 교사들은 학생들이 수업에 참여하도록 설득하기 전에는 향상이 없는 경우가 많다. 미국 공립학교에 이런 상황이 많이 있는데, 교사는 학생들의 의무 출석의 효과와 더불어 많은 학생들이 학업에 낮은 자부심을 갖고 있는 것과 합쳐져서 어려움을 겪는 경우가 많다. 그런데 기관들이 대안을 제시하지 않거나 노력을 단념하는 경우에도, 학생들은 때때로 향상을 위해 노력한다. 몇몇 대학생들은 수천 명의 동급생이 수강하는 필수 강의나 TV 강의에도 배우고자 한다. 일부 고등학생들은 자신이 수강하고 싶은 수업에 등록하지만, 이 수업에 관심이 많은 학생이나 교사가 거의 없는 경우도 있다. 학생들은 때때로 냉소적인 교사들과 적대적인 학생들이 있는 학교에서 배운다. 기관이 고객에게 기회를 제공하든 말든, 고객은 꼭두각시가 아니다. 기관이나 전문가들은 기회를 제공하는 것으로 향상에 기여할 수 있지만, 오직 고객만이 그러한 기회를 갖거나 포기할 수 있다. 무엇이 제공되는지에 달려 있지만, 기관과 전문가의 배정에 대한 참여의 강도만 아니라면, 고객은 요청에 대한 선택권을 항상 가지고 있다.

상호 작용

수용과 등록은 상호 작용한다. 표 4.3은 몇 가지 주요 조합을 보여준다. 전문가 또는 기관이 참여를 희망하는 고객을 선별적으로 받아들일 때, 상호 선택이 된다(표 4.3에서 a). 강제적 향상은 전문가가 선택하지 않은 고객, 그리고 그 전문가를 선택하지 않은 고객이 함께 임무를 수행해야 하는 경우이다(표 4.3에서 d). 다른 상황은 더 복잡하다. 고객이 보편적으로 이용 가능한 프로그램에 가입하는 경우도 있고(표 4.3에서 b), 선택적인 프로그램에 배정되는 경우도 있으며(표 4.3에서 c), 여전히 필수적인 향상 프로그램에 가입하는 경우(표 4.3에서 e)도 있다.

표 4.3 수용 및 등록

등록 조건	수용 조건	
	선별적	보편적
요청	(a) 상호 선택. 기관과 전문가는 참여를 희망하는 고객을 받아들인다. 예를 들어, 대학 등록과 사설 심리치료가 있다.	(b) 일방적 선택. 누구에게나 진보의 기회가 열려 있지만, 고객은 반드시 참여를 요청해야 한다. 예를 들어 많은 국가의 커뮤니티 칼리지, 보건소, 고등학교가 있다.
배정	(c) 기관 수준에서 상호 선택이지만, 고객이 기관 내에 배정되는 것이다. 예를 들어, 대학에서 필수 과목과 사설 심리치료실에서 심리치료사에게 환자를 배정하는 것이다.	(d) 기관이나 전문가의 선택이 없는 강제적인 향상. 예를 들어, 미국의 초등학교 출석과 주립 정신병원에서의 필수 심리치료가 있다.
혼합	(e) 고객은 강제적인 향상이라는 범위 내에서 선택 프로그램에 참여한다. 미국 고등학교의 AP 프로그램, 주립 정신병원에서의 자발적인 심리치료, 의무교육 내에서 학교 선택 등이 그 예이다.	

수용 및 등록은 전문가와 고객이 고려할 수 있는 사회적 자원을 형성함으로써 그들의 실행에 영향을 미친다. 상호 선택 상황(표 4.3에서 a)에서 함께 일하고자 하는 고객과 유능한 전문가가 모이면, 까다로운 실행의 어려움이 줄어든다. 재능뿐만 아니라 약속과 헌신의 집중은 어려운 임무의 위험을 덜어주고, 전문가는 실패하지 않을 것이라는 상대적인 확신을 가지고 열심히 노력할 수 있다. 이는 상호 선택이 고객에 대한 전문가의 의존도를 제한하기 때문이다. 왜냐하면 상호 선택은 일반적으로 고객이 열심히 하고 최선을 다할 것이라는 이해를 명시적으로 또는 불분명하게 포함하기 때문이다. 전문가와 고객은 환경과 관계없이 공동의 노력에 대해 지속적으로 협상하는데, 특히 상호 선택은 양측의 참여에 대한 강력한 약속과 헌신을 가지고 이러한 협상을 하는 경향이 있다. 이러한 상황에서 전문가는 종종 유능한 고객을 만나지만, 비범한 재능이 필요한 것은 아니다. 예를 들어, 사회 제도로 인하여 미국 사립학교에는 열심히 공부하는 평범한 학생들이 많다.[30] 이러한 상황에서, 전문가의 고객에 대한 의존도는 입학시 정해진 약속과 헌신에 의해 줄어들고 학교 문화에 의해 유지된다.

상호 선택이 열심히 일할 수 있도록 뒷받침하는 또 다른 이유는 공동체를 만들어 불확실성을 억제하기 때문이다. 이러한 공동체는 일의 목표에 초점을 맞추고, 향상되어야 할 목표를 선택한 사람들로 제한한다. 예를 들어, 미국 도심에 있는 가톨릭 학교는 매우 다양한 학생들을 받아들이지만, 전형적으로 학업 성취에 대한 전통적인 개념에 초점을 맞추고, 이러한 학교의 지향점에 동의하는 가족의 학생들을 수용한다. 따라서 이 학교에는 학업에 무관심하거나, 교사의 수업 방식에 이의를 제기하거나, 취업에 관심이 많거나, 친구들과 어울리는 것을 선호하는 학생들이 적다.[31] 명문 사립학교 또는 대학원이 지원자 선정 과정을 통한 입학, 그리고 정신 분석 등도 이러한 과정과 거의 유사하다. 수용 및 등록에 대한 사회적 합의는 불확실한 목적과 어려운 임무의 문제를 완화한다.

그러므로 상호 선택은 실행을 위한 사회적 자원을 강력하게 동원할 수 있다. 또한, 전문가와 함께 기꺼이 임무를 수행할 수 있는 고객을 전문가에게 소개할 수 있고, 고객의 향상을 위해 노력하는 전문가를 고객에게 소개할 수 있다. 상호 선택은 고객과 전문가가 관심, 의지 및 능력을 창출하고 모을 수 있는 기회를 만든다. 상호 선택을 통해 전문가와 고객은 특별한 사람과 함께 특별한 프로젝트를 수행하며 그 전망이 긍정적이라는 것을 확신하게 만든다. 우리를 향상시킬 수 있는 능력을 가지고 있으면서, 많은 사람들 중에서 우리와 함께 일하기를 선택한 사람들에게 선택받았다는 것은 희망과 장래성을 동원할 수 있다. 열광적이고 재능 있는 고객에게 선택받는 것도 마찬가지로 전문가를 격려할 수 있다. 이러한 사회적 자원은 전문가를 인간 향상의 가장 고통스러운 어려움으로부터 다소 보호한다.

그러나, 상호 선택만으로는 충분하지 않다. 전문가와 고객은 자신의 지식, 역량 및 의지를 임무에 추가로 적용해야 한다. 왜냐하면 사회적 자원이 있다고 하여 그것이 잘 사용될 수 있는 것은 아니기 때문이다. 예를 들어, 차터스쿨 옹호자들은 상호 선택만으로 교육의 진보나 향상이 보장되지 않는다는 사실을 알고 실망했다.[32] 또한, 입학을 상호 선택에 기초하기 때문에 명문 사립학교와 대학에서 뛰어난 가르침이 제공될 것으로 기대되지만, 실제로는 매우 평범하고 선발제 학교가 아닌 학교에서의 가르침과 매우 유사하다. 교과 내용의 수준은 높고 재학생들은 공부를 더 잘 할 수 있지만, 이는 종종 수업 방법과 관련이 없을 수도 있다. 이러한 학교의 교사들은 재능 있는 학생들이 공부를 잘하게 하기 위해 전형적인 방식을 고수하지 않을 필요가 없다. 학교에서 구현되는 비범한 결과는 교사들에게 특별한 요구를 수반하는 것은 아니다. 사회적 자원이 개인적 자원을 대체할 수 있기 때문에, 전문가들은 대단한 노력을 하지 않고도 성공할 수 있다.[33]

공립학교는 의무이고 등록이 보편적이기 때문에, 많은 공립학교 교사들은 이러한 사회적 자원이 없다(표 4.3에서 d). 또한, 공립학교에서 향상을 위해 서로에 대한 신뢰 또는 상호 간의 약속과 헌신이 있는 경우가 거의 없다. 그러한 학교들은 사회적 자원을 동원하기 위해 등록과 입학을 이용하지 않는다. 교사 입장에서는 향상의 협력자가 아닌 학생들과 일하며, 학생 입장에서는 그들과 함께 일하고자 하는 교사가 없다. 이러한 조건 때문에 교사가 열정적으로 자신의 업무를 수행하고자 할 때 감수해야 하는 위험이 커진다. 이와 대조적으로, 함께 하기로 선택한 학생들을 가르치는 교사는 수업을 하거나 과제를 제시할 때 위험이 적다. 즉, 서로 다른 두 종류의 학교에서 능력이 동등한 두 교사들은 이끌어낼 수 있는 사회적 자원이 서로 다르기 때문에 매우 다른 위험에 직면한다.

강제적인 향상은 불확실성을 가중시킬 수도 있다. 고객의 수용과 등록이 실행의 수단과 목적에 대한 상호 간의 약속과 헌신에 의존하지 않을 때, 교사와 학생은 스스로 이러한 문제를 해결해야 한다. 이는 전문가의 의존도를 높일 수 있다. 교사가 학생들에게 어려운 내용의 배움에 적극적으로 참여해야 하는 방식을 제안한다면, 학생들이 열심히 하고 노력을 지속하도록 설득해야 하고, 이러한 과정과 방식의 가치를 설득하고 확신시켜야 한다. 이런 상황에서 가르치는 것은 인간의 향상을 위해 일하는 전문가의 짝사랑 버전일 수 있다. 성공의 전망은 흥미롭지만, 학생들과 교사가 함께 열심히 한다는 것을 계약으로 구성하지 않은 경우, 그 비용은 엄청날 수 있다. 진보와 향상에 대한 책임은 일방적이다.

공립학교의 의무와 보편적 등록의 결합으로 상호 간의 약속과 헌신을 유지하기 위한 조직적인 수단이 부재하는 상황이 되고, 이러한 상황은 교사를 가장 어려운 곤경에 빠지게 만든다. 학교는 모두를 위한 향상을 거창하게 주장하지만, 학생들의 책임을 동원하는 수단으로 약속을 이행하는 교사들의 책임을 보완하지는 않는다. 그 결과, 자신의 임무를 지원할 사회적 자원이 적은 교사들에게 큰 책임을 부여하게 된다. 이와 대조적으로, 상호 선택을 수용하는 학교는 학생과 교사가 부담을 분담한다면 입학 허가를 받은 학생들을 향상시킬 것이라고 약속한다. KIPP(Knowledge Is Power Program) 학교가 좋은 예이다. 차터 스쿨처럼 학생들과 가족들은 입학 시 열심히 공부하고 학교가 요구하는 것을 수행하겠다는 약속을 해야 한다. 하지 않거나 할 수 없는 사람은 학교를 떠나야 한다. 이러한 종류의 학교들은 더 많이 배움에 전념하는 학생들을 등록시키고, 학생들의 책임으로 교사들의 책임을 보완한다.

상호 선택은 신청자와 전문가 모두가 임무의 많은 부분에 참여하는 것을 동의하는 계약을 체결할 수 있는 기회를 만든다. 상호 선택에는 이러한 계약이 필요하지 않지만 가능하게 한다. 이러한 계약에도 불구하고 전문가와 고객은 작업이 진행됨에 따라 약속과 헌신을 협상하고 또 재협상하지만, 상호 선택은 상호 책임의 미시적 부분에서 이러한 협상을 구성한다. 이와 다르게, 상호 간의 약속을 맺고 이를 지속할 수단도 없이 모든 방문자가 등록할 수 있는 기관들은 거창한 약속을 하지만, 전문가와 고객이 이를 이행할 수 있는 사회적 자원을 동원하지 못한다. 교육에서 보편적인 대우를 알리는 이상(理

想)은 모든 사람을 향상시킬 수 있는 학교의 권력에 대한 광범위한 주장을 학교가 하게 되었으나, 정작 학교는 인간의 향상을 위한 핵심 요소를 제거하였다. 학교는 기관의 만능에 가까운 역량에 대한 미시적 정책을 만드는 동시에, 그들 자신의 향상에 중요한 역할을 해야 할 고객의 책임을 축소시킨다. 이러한 불행한 상황을 잘 보여주는 것이 최근 주 정부 및 연방 정부 정책이다. 즉, 학교는 학생의 성취를 만들어 내야하고, 교사의 미수행에 대해서 엄격한 처벌을 설정해야 하지만, 학생에 대한 인센티브나 제지책을 부여하지 않는 정책이다.

미국의 공교육은 역설적이다. 공교육은 부분적으로 더 큰 평등을 이루기 위한 노력의 일환으로 시작되었고, 학교 출석의 의무에 대한 호소력있는 비전을 통해 알려졌다. 그러나 이러한 희망적인 비전은 많은 학생들과 교사들이 선택할 수도 선택될 수도 없고, 향상에 대한 상호 간의 약속과 헌신을 동원할 수 있는 기회가 약화되거나 완전히 상실되는 제도를 만들었다. 그 결과, 모두를 대우하기 때문에 특별히 대우받는 경우가 거의 없는 단조로운 제도가 되었다.

사회적 영향

사회적 합의가 중요하지만 통제하고 있지 않다. 다른 조건은 합의의 효과를 강화하거나 약화시킬 수 있다. 그러한 조건 중 하나는 정규 학교 제도의 가치에 대한 믿음이다. 학업 성과에 대한 사회적 압박도 한 가지 조건이다. 또 다른 조건은 초중등학교의 학업 성과에 대한 민간 기업과 고등 교육의 요구이다. 이러한 조건들은 미국보다 일부 다른 국가에서 더 강하다. 그러나 미국의 상황이 완전히 암울한 것은 아니다. 한 가지 고무적인 점은 TFA (Teach For America)[h]에서 교육받고 참여도가 높은 젊은 교사들을 취약한 학교에서 고용하여, 이 학교들의 성과를 향상시키려는 최근의 노력이다. 또 다른 점은 큰 제도에서 자주 취약했던 차터 스쿨 네트워크와 CSRD의 개발이다.

성과에 대한 사회적 신념과 압력

어떤 사회는 지적인 임무와 학문적 성취를 높이 평가한다. 예를 들어, 일본인과 중국인 학부모는 교육을 매우 중요하게 생각하고 교사를 높이 평가한다. 일본 학부모는 아이들의 공부를 장려하고, 긴밀히 협력하며 과제를 수행하며, 배움에 도움이 되는 가정 환경을 만들기 위해 많은 노력을 한다. 중국 부모들도 비슷한 관행을 가지고 있다. 또한 일본과 중국 학부모는 미국 학부모보다 자녀에 대한 높은 기준을 가지고 있으며, 자녀의 성취도에 대해 현실적인 평가를 한다.[34]

이와는 대조적으로 미국인은 오랫동안 학문에 대해 양면적인 태도를 보여 왔고, 반지성주의(anti-intellectualism)가 보편적이다. 미국인들은 정규 교육보다 경험을, 그리고 정규 교육에서도 지적인 내용보다는 실용성을 중시하는 경향이 있다.[35] 과제 때문에 자녀와 긴밀하게 협력하거나, 자녀가 학교에서 성공하도록 지원한다는 학부모는 상대적으로 적다.[36] 학생들은 자유롭게

---

h) 옮긴이 주석 TFA(Teach For America) – 미국의 비영리 단체. 교육 형평성을 학교에서 구현하는 것을 목표로 미국 전역에서 명문 대학 졸업생을 모집하고 선발하여 교사 교육을 시킨다. 지역마다 차이가 있지만 이 프로그램의 참여자는 여름에 7~10주 집중 교육을 받고, 미국의 52개의 저소득 지역 사회 중 하나의 공립학교에서 최소 2년 동안 근무해야 한다.

책으로 배우는 것에 큰 의미를 두지 않으며, 교사를 낮게 평가한다. 또한, 많은 교사가 교육을 심각하게 생각하지 않는다. 교사는 종종 교육을 제대로 하지 못하고, 지적인 흥미를 추구하지 않으며, 학업에는 거의 관심을 두지 않고, 학생과 관계를 맺거나 과외 활동에 더 집중한다.[37]

따라서 대만과 일본 같은 국가의 가족 생활과 문화는 학업에 대한 노력을 지원하지만, 미국에서는 이를 방해한다. 문화적 신념은 어려운 과제를 수행하려는 학생의 의지에 부분적으로 영향을 줌으로써 교사들에게 영향을 미친다. 미국 교사가 학생들에게 그런 과제를 강요한다면, 교사는 학부모, 공동체, 그리고 학생들의 여론에 역행하는 셈이다.[38] 교사의 요구가 학생들의 경험과 학부모들의 기대와 상충되기 때문에 그러한 강요는 수업에서 불확실성과 위험성을 증가시킨다. 또한 교사의 요구가 외부의 지지를 거의 받지 못하기 때문에 교사의 학생 의존도가 높아진다. 교사들이 열정적으로 가르치는 일에 성공한다면, 그러한 힘든 일을 도울 수 있는 사회적 자원이 없으므로, 이를 보충하기 위해 개인적인 자원을 이용했기 때문이라고 볼 수 있다. 일본 교사가 학생들에게 어려운 과제를 제공할 경우 학부모들의 지원을 받을 가능성이 높다. 따라서, 교사의 학생 의존도가 제한되고 까다로운 과제의 부담이 줄어든다. 만약 이 교사가 성공한다면, 부분적으로는 풍부한 사회적 자원을 활용할 수 있기 때문이라고 볼 수 있다.

고용 및 고등 교육

또한 중등 이후 교육과 기업도 그들이 제공한 성과에 대한 인센티브로 학업에 영향을 미친다. 기업과 고등 교육 기관은 교육받은 노동자들의 가장 큰 소비층이며 그들이 바람직하다고 생각하는 학생 특성을 나타낸다. 대학은 하위권 고등학교에서 학업 성과의 중요성에 대해 엇갈린 신호를 보낸다. 몇몇 명문 대학은 엄격한 입학 기준을 가지고 있는 반면, 대부분 대학은 중간 수준의 자격 요건을 요구한다. 많은 대학에 입학하기 위해 학생은 고등학교에서 C나 B−정도의 학업 성취도만 있으면 된다. 많은 기관들은 고등학교 졸업만을 요구하며, 대부분 커뮤니티 칼리지는 그것조차 요구하지 않는다. 이러한 기준의 긍정적인 측면은 많은 학생들에게 좋은 결과를 얻을 수 있는 두 번째 또는 세 번째 기회를 제공하지만, 또한 많은 고등학생들이 열심히 공부하지 않는 대학에 들어가기 위해 학교에서 열심히 공부하지 않아도 된다는 뜻이기도 하다.[39] 고등 교육을 원하는 학생들이 명문 대학을 목표로 하지 않는다면, 고등학교에서 열심히 공부하는 것은 불합리해 보일 수 있다.[40]

미국 기업의 고용에도 비슷한 상황이 지속되고 있다. 학생들이 취업을 준비할 때 성적표나 교사 추천서를 요구하는 회사는 거의 없다. 기업이 성적표를 요구하더라도 소수의 학교만이 제공한다. 고용주의 관심 부족은 학교에서 학생들의 성적, 노력, 또는 행동이 직업에 중요하다고 생각하지 못하게 하고, 교사들이 학생에 대한 자신의 판단이 차이를 만든다고 생각하지 못하게 한다.[41] 따라서 학생들이 취업을 위해 학교에서 최선을 다하는 것은 불합리하게 보일 수 있다. 학교에서의 성적, 행동, 교사 평가에 대한 증거를 제시하지 않고 취업할 수 있다면, 왜 학생은 학교에서 열심히 해야 하는가?

교사는 학생의 협력과 참여에 의존하기 때문에, 학업에 대한 강력한 인센티브가 부족하다는 것은 교사와 학생들에게 영향을 미친다. 대부분의 학생들이 취업이나 대학 진학을 위해 자신을 밀어붙일 필요가 없다는 것을 안다면, 교사가 학생들에게 최선을 다하라고 강요하기는 어렵다. 그렇게 강요하는 교사가 학생들에게 옆 반 학생들은 하지 않을지도 모르는 과제를 하도록 요구한다면 문제가 생길 수 있다. 그러면 학생들이 불평하거나, 수동적으로 따르거나, 저항할 가능성이 높아진다. 이런 상황에서 성공하기 위해서 교사는 학생들이 과제를 수행할 수 있도록 도울 뿐만 아니라 그것이 할 가치가 있다고 지속적으로 설득해야 한다.

다른 국가에서는 이러한 패턴이 드물다. 예를 들어 일본과 프랑스에서는 학생들의 고등학교 성적과 퇴학 여부 등이 대학 입시에 큰 비중을 차지한다. 학생들이 대학에 입학하고 싶다면, 그들은 학교에서 열심히 공부해서 좋은 성적을 얻거나, 입학 시험을 준비하거나, 또는 둘 다 해야 한다. 많은 나라에서 고용주들은 지원자들의 고등학교 성적을 참고한다. 어떤 경우에는 학교와 고용주가 학생들에게 적절한 실습 경험을 제공하기 위해 함께 협력하기도 한다. 학생들이 구직 또는 고등 교육을 원하든, 학업에 대한 노력과 바람직한 행동에는 적절한 보상이 있다. 이러한 제도에는 교육이나 직업에 대한 조기 결정과 시험 성적이 좋지 않은 학생들에게 미치는 영향 등 난감한 특징이 있다. 그러나 좋은 학업 성취의 중요성에 대해서는 의심의 여지가 없다.[42]

학업에 기울인 노력에 대한 강력한 인센티브는 교사의 학생 의존도를 낮추고, 어려운 과제를 수행할 때 일어날 수 있는 어려움을 줄이는 데다가, 그러한 수행이 이루어질 가능성을 높인다. 교사나 학생들이 뛰어난 성과를 요구할 때, 학교 수업에서 다루는 것보다 높은 수준의 성과를 기대하거나 딱히 수준이 높거나 낮지 않은 성과를 요구할 수도 있다. 이 두 가지 경우 모두 교사와 학생에게 잠재적인 사회적 자원이 될 수 있다. 교사와 학생은 어떤 상황에서도 좋은 일을 하기 위해 노력해야 하지만, 어떤 상황에서는 그 일이 할 만한 가치가 있다고 서로를 설득하기 위해 애쓸 필요가 없다.

비록 사회적 지원과 인센티브가 교사와 학생들 상호 간의 약속과 헌신의 이행 가능성을 증가시키지만, 그 가능성이 이러한 자원에만 의존하는 것은 아니다. 앞서 언급한 바와 같이, 교사와 학생들의 학교에서 행동도 진보를 위한 상호 간 약속과 헌신을 포함한 사회적 자원을 창출한다. 부유한 지역에서 재정적으로 여유로운 학교가 학업과 관련하여 상호 간의 약속과 헌신이 거의 없는 장소가 될 수 있고, 소외된 지역에 있는 학교가 참여적이며 효과적인 학습 공동체가 될 수 있다. TFA를 보면 이러한 효과는 교직에 대한 강한 헌신을 가지고 있는 유능한 대졸자의 채용, 학생들의 참여를 도울 수 있는 개인적 자질, 가르침에 대한 초기의 집중적인 교육, 그리고 교직에 있는 동안 지속적인 지도와 지원에 좌우된다. TFA 출신 교사는 철저한 직업윤리를 가지고 있고, 학생들에 대한 약속과 헌신도 남다르다. TFA 교사의 교실은 배움에 대한 상호 간의 약속과 헌신이 관찰된다. 그러나 이는 매우 어려운 일이다. 이를 위하여 대부분의 TFA 교사는 혼자 일하고, 매우 어려운 학교에서 근무하며, 가르침에 대한 교육 기회는 상당히 제한적이고, 이 교사들이 근무하는 학교는 학교를 재건하고 교사의 참여를 강화하기 위해 TFA의 도움을 받지 않는 경우도 많다. 그래서 TFA 교사들이 첫 해에 그만두는 경우가 때때로 생긴다. 이런 상황에도 불구하고, TFA 교사의 학생들의 성취도는 다른 교사의 학생들의 성취도와 유사하거나 더 우수하다.[43]

역량을 갖춘 교사가 자신과 같은 교사들과 함께 학생들의 배움을 위해 서로 헌신하는 학교 문화를 만들고, 서로의 임무를 향상시킬 수 있는 여력이 있다면, 더 큰 향상을 기대할 수 있다. 이것이 바로 몇몇 차터 스쿨이 하는 일이다. 이 학교들은 공립이지만, 선발제 학교들이다. 학생들은 대학 입학을 위해 열심히 공부하고, 출석하고, 학교의 규칙을 지켜야 한다. 이 차터 스쿨들은 TFA 교사들을 많이 고용하며, 이 교사들은 학교의 강도 높은 임무에 전념하고, 가르침과 배움을 향상시키기 위해 학교에서 그리고 여러 학교에서 조직을 구축한다. 이는 인상적인 결과를 만들었다. 여전히 교사의 일은 힘들고 교사의 이직율도 여전히 낮지 않으나, 학교는 향상에 대한 상호 간의 약속과 헌신의 견고한 문화를 만들고, 그 헌신으로 교육을 바꾸기 위한 인프라를 만든다.

앞서 논의한 CSRD도 비슷하다. CSRD는 극빈 지역 공립학교를 대상으로 하면서도, 교사 채용이나 학생 입학을 통제하지 못하고, 전학율도 높았다. 그럼에도 불구하고, CSRD는 향상을 위하여 상호 간의 약속과 헌신을 강화시키고, 가르침과 배움을 향상시키기 위한 인프라를 구축하였고, 학생들의 성과를 향상시켰다.[44]

일부 국가에서는 사회적 압박과 신념이 학업의 중요성에 대한 합의를 강화한다. 이러한 강화는 수업에 대한 불확실성을 줄이고 까다로운 임무의 위험을 완화하기 때문에 중요한 사회적 자원이다. 그러나, 미국에서 이러한 자원은 약화되어왔다. 좋은 학업 성과에 대한 미약한 인센티브와 학문적으로 까다로운 교육에 대한 양면성은 갈등을 강화했다. 이러한 요소들 때문에 학생들에게 어려운 과제를 제공하고 수행하도록 하는 것이 어렵게 되었고, 교사들은 작은 인센티브에 안주했다. 그러나 사회적 압박의 취약점과 극심한 빈곤의 피해에도 불구하고, 일부 학교의 제도는 상호 간의 약속과 헌신을 강화하고 가르침과 배움을 진보하는 데 필요한 사회적 자원을 만들어냈다.

특정 사회적 자원은 어떤 곳에서는 어려운 문제를 비교적 쉽게 해결할 수 있는 반면, 그 자원의 부재로 인해 다른 곳에서는 쉬워 보이는 문제를 상대적으로 해결하기 어렵게 만들 수 있다. 인간의 향상을 위한 사회적 자원이 전문가와 고객이 해결해야 하는 문제에 한계를 설정한다고 할 수 있다. 모든 교사는 배움에 대한 학생들의 약속과 의지를 동원하거나 유지하기 위해 학생들과 협상한다. 하지만 열심히 하고 잘 하라는 강력한 인센티브가 있고, 결과에 대한 합의가 있으며, 가르침을 지원하는 인프라가 있는 학교와 사회에서 일하는 교사들은 상대적으로 한정된 문제를 다룬다. 똑같은 역량을 가지고 있는 교사가 열심히 하고 잘 하라는 인센티브가 미약하고, 학교 교육에 대한 풍토적인 갈등이 있으며, 가르침을 지원하는 인프라가 부족하거나 없는 학교나 사회에서 근무한다면, 더 광범위하고 경계가 불분명한 문제에 직면한다. 첫 번째 경우에는 교사의 문제 해결이 비교적 좁은 범위이지만, 두 번째 경우에는 더 광범위하다. 두 가지 경우 모두에서 교사는 지속적이고 중요한 문제를 해결해야 하지만, 어떤 경우에는 긍정적인 사회적 자원으로 인해 임무가 쉬워지는 반면, 다른 경우에는 그러한 자원의 부재로 인해 더 어려워진다.

그러한 사회적 자원이 중요하지만, 별도로 운영되는 것은 아니다. 교사와 학생이 이를 잘 활용할 수 있는 여력이 있어야만, 그러한 자원이 있는 곳에서 가르침과 배움이 번창할 수 있다. 이런 조건만 충족되면, 어려운 상황에서도 교사와 학생들은 힘든 일을 할 수 있다. 그렇다고 교육 성과에 대한 강한 인센티브가 그 자체로 어려운 가르침과 배움을 도출하는 것이 아니다. 이런 인센티브는 교사와 학생이 관심을 가지고 열심히 하는 확률을 높일 수 있고, 어려운 과제를 강요할 때 교사의 학생 의존도를 낮출 수 있으며, 혁신적인 가르침과 배움이 요구되면 교사와 학생이 시도할 확률을 높일 수 있다. 그러나 교사가 적절하게 대응할 수 있는 지식, 역량, 용기가 없고, 다른 사회적 자원이 약하거나 부재할 경우, 결과에 대한 강한 인센티브는 별 소용이 없다. 다음 세 장에서 이 문제와 사회적 자원과의 상호 작용에 대해 다룰 것이다.

5

지식과 가르침

배움은 평범한 인간의 노력이다. 누구나 옷 입는 방법, 국어로 말하는 방법, 차를 운전하는 방법, 요리하는 방법 등 많을 것을 배운다. 몇몇은 외국어나 해석학과 같은 특이한 것들을 배운다. 아마 이 사람들은 문장을 이해하는 방법도 배울 것이다. 그러나 이런 배움이 완전히 보편적이거나 또는 일상적인 것이라 한다면, 이거야 말로 꽤 놀랍다 할 수 있다. 정의에 따르면, 배움이란 어떻게 해야 할지 모르는 것들을 하도록 요구하기 때문이다. 물에 들어가 수영을 시도하지 않으면 수영을 배울 수 없다. 시도하고 실패하지 않으면, 수영을 시작할 수 없을 뿐만 아니라 무엇을 배워야 하는지 파악할 수도 없다. 필자는 수영을 할 수 없는데, 이는 도움이 없었기 때문이다. 물에 들어가서 웅크리고, 숨이 차고, 가라앉기만 했고, 빨리 물밖으로 나가고 싶어했고, 수영을 배우기로 결정한 것을 후회했다. 배울 수 있는 다른 방법이 없었다.

배움은 역설적이다. 예를 들어, 배를 항해해야만 배를 항해하는 법을 배울 수 있다. 초보자는 항해를 잘 할 수 없지만, 항해를 시도해야만 배를 항해하는 법을 배울 수 있다. 이것은 때로는 기쁨같기도 하고, 때로는 퍼즐같기도 하고, 때로는 걱정거리이다. 처음 수영이나 운전을 배울 때, 막막했던 경험이 있을 것이다. 누군가는 이어지는 기쁨을 기억하고, 누구는 걱정으로 기억한다. 그러나 지구에 있는 인간은 수백만 번 배운다.

교사는 다른 문제에 직면한다. 항해법에 비유하면, 교사는 배를 항해하는 최소한 몇 가지 방법을 알고 있다. 그러나 교사의 임무는 익숙한 코스를 순향하는 것부터 생경한 코스를 항해하는 것까지 학생에게 확장하는 것이다. 대부분의 교사는 지식을 확장하는 방식으로 학생에게 다가간다. 교사는 강의하고, 쓰고, 연습 문제를 숙제로 제시하는 등 여러 방법으로 학생들에게 지식을 제공한다. 교사가 더 많이 알수록 학생을 도울 수 있는 교사의 자원이 더 많아지기 때문에, 교사의 배움은 가르침에서 필수적인 자산이다. 그런데 똑같이 배웠다 해도, 교사마다 매우 다른 방식으로 지식을 확장한다. 어떤 교사는 지식의 확장을 탐구의 결과로 여기고, 그러한 경험을 학생이 더 많이 할 수 있도록 노력한다. 이런 교사는 수학을 가르칠 때 은유, 유추, 문제 만들기, 그림이나 도표 그리기 등 지적인 도구를 사용하여 학생이 지식을 구성해 내도록 한다. 학생은 예비 수학 전문가가 되어서 지식을 자신의 것으로 만들 수 있도록 고안된 수학 과제를 수행하면서 그러한 지적인 도구를 사용하게 된다. 이러한 과정을 통해, 교사의 학문적 지식은 수업을 위한 사회적 자원으로 바뀐다. 이러한 방식으로 수업을 준비하고 실행하는 교사는 학생들의 이해 향상을 목적으로 고안된 방식으로 지식을 확장함으로써, 자신의 가르침의 관행에 대한 요소를 발전시킨다.

이와 달리, 많은 교사들은 지식을 완성된 형태로 제시한다. 어떤 수학 교사들은 칠판에서 복잡한 문제를 풀면서, 세련된 풀이 방법이나 증명을 제시하고, 가장 우수한 풀이를 보여준다. 그리고 나서 학생들을 '연습'시킨다. 완성된 지식은 학습자가 최종적으로 성취해야 하는 일종의 성과이기 때문에 교사의 임무에서 필수적인 자산이다. 완성된 지식은 어느 한 학문 분야의 지적 성취를 훌륭하게 나타내며, 교사가 완성된 지식을 더 많이 가지고 있을수록 교사의 지식은 더 완성된다. 그러나 세련되고 고도로 압축된 형식으로 지식을 확장하는 것은 매우 어렵다. 왜냐하면 이러한 방식의 지식 확장은 대부분 학습자의 노력과 상당히 거리가 있기 때문이다. 따라서, 완성된 지식을 이용하여 가르치는 교사는 학문적 교과 지식을 수업을 위한 사회적 자원, 즉 학습자가 수학이나 역사의 견습생이 될 수 있게 하는 학업 과제 및 다른 도구로 전환하는 데 자주 효과적으로 대처하지 못한다. 이렇게 완성된 형태의 지식을 제시하는 방식은 학생들이 지식으로 다가가는 것을 제한하기 때문에 이런 방식을 취하는 교사는 가르침의 관행을 개선시키기 어렵다.

다른 비유를 생각해 보자. 교사와 학습자는 같은 무지의 간극에 직면하지만, 서로 다른 측면에 있다. 학습자는 어떻게든 이 간극을 가로질러 다리를 건설해야 하지만, 이 다리는 학습자가 상대적으로 무지인 상태에서 활동하기 때문에 종종 부서지기 쉽다. 이 때, 교사의 일은 학습자가 다리를 구축하도록 돕는 것이지만, 교사는 더 많은 지식을 바탕으로 임무를 수행한다. 교사가 그렇게 하는 것은 교사가 가지고 있는 중요한 자격을 반영하는 것이다. 왜냐하면 무지한 교사는 도움이 되지 않기 때문이다. 그러나 교사의 지식은 종종 학습자의 시도와 활동을 깨지기 쉽고 아무렇게나 만든 것으로 자주 평가하게 만든다. 많은 교사들이 종종 학습자에게 완성된 공식을 상기시키는 것으로 대응한다. 즉, 교사는 학습자가 스스로 다리를 건설하고 재건하도록 돕는 것이 아니라 교사가 학생에게 학습의 완성된 결과를 제시한다.[1] 이는 교사가 학습자의 이해를 제한시킬 수 있기 때문에 가르침의 관행을 개선시킬 가능성을 감소시킨다.

교사가 이렇게 일하는 것은 놀랍지 않다. 왜냐하면 잘 배운다는 것은 지식을 견고하게 하는 것이며, 일단 그렇게 하면 초기에 형성된 지식은 서투른 것처럼 보일 수 있기 때문이다. 완성된 임무는 훨씬 더 우아하고 기분이 좋고, 궁극적으로 학습자가 완성된 지식을 성취해야 하기 때문에, 학습자에게 완성된 지식을 전달하는 것이 옳은 것으로 보인다. 어느 정도의 지적 역량의 성취는 가르침에서 필수 조건이면서도 가르침의 질에 한계가 된다.

지식 확장

일반적으로 교사는 완성된 형태로 지식을 확장한다. 수학에서 친숙한 예를 찾을 수 있다. 초등학교 1학년부터 대학원까지 교사들은 최대한 효율적으로 문제를 풀이한다. 교사는 칠판이나 오버헤드 프로젝터 앞에 서서 학생들에게 수학이 어떻게 이루어지는지를 '보여'준다. 교사의 예제 풀이가 끝나면, 학생들은 '연습', 즉 교사가 한 것처럼 문제를 풀이하도록 교사는 학생들에게 지시한다. 학생이 예제 풀이를 따라하면 배울 것이라는 가정하에 이러한 교사의 시연은 수학 문제 해결의 압축된 버전을 제시한다. 초등학교 교실에서 이러한 종류의 가르침은 종종 기계화된 산수 버전으로 구성되지만, 대학에서는 종종 완성된 작업의 우아한 예를 제공한다. 두 경우 모두에서 교사는 수학자 및 학생이 실제로 수학적으로 일을 시작하는 방식과 상당히 동떨어진 배움의 최종 상태의 사례를 제시하는 것이다. 또한, 이 최종 상태는 교사가 원하는 상태이다. 쓰기 수업도 비슷하다. 교사는 좋은 글을 소리 내어 읽어주고, 학습자에게 할당하거나, 칠판에 똑같이 쓴 다음, 종이를 나누어 주고 학생들에게 비슷한 주제로 이야기나 에세이를 쓰도록 한다. 그러나 교사가 자주 읽는 것을 글쓰기의 잘못된 시작이라는 점을 간과하는 것이다. 이러한 교사는 글을 잘 쓰기 위해서 좋은 사례를 따르고 연습해야만 한다고 생각하는 것 같다.

그러한 가르침을 비웃는 것은 오래된 일이다. 대표적으로, 존 듀이(John Dewey)는 그러한 논객들 중에서 가장 저명한 사람이다. 요한 하인리히 페스탈로치(Johann Heinrich Pestalozzi)를 포함하여 19세기 유럽과 미국의 평론가들처럼, 존 듀이는 완성된 '성인' 형태로 지식을 제시하는 것은 살아있는 마음에 죽은 것들을 쑤셔 넣는 어리석은 노력이라고 주장했다. 존 듀이를 포함하여 많은 사람들은 지식이 어린이의 구체적이고 생기있는 사고 방식에 맞도록 제시되어야 한다고 주장했다.[2] 장 피아제(Jean Piaget)는 어린이의 인지 발달 연구에서 이러한 아이디어를 과학적으로 설명했다. 지식이 학습자의 인지 발달 단계에 부합하도록 표현되어야 한다는 생각은, 특히 초등 교육에서 '구체적 조작'을 강조하면서 일종의 정통이 되었다.

이러한 생각은 가르치는 것에 대한 중요한 직관을 포착했지만, 완성된 형태의 지식을 학생들에게 확장하는 것이 어리석은 일이라면, 그 어리석음은 어디서나 볼 수 있다. 가르침의 관행을 구성하는 데 무엇이 필요한지 이해하려면, 왜 이런 어리석음이 그렇게 많은 사람들에게 좋은 이치가 되는지 이해하는 것이 도움이 된다.

처음 운전을 시작할 때 클러치 사용법을 어떻게 배우는지 생각해 보자. 이 경우 강사가 종종 "부드럽게 가속하면서 클러치를 천천히 떼세요."라고 말하는 것이 가르치는 것이다. 이 설명은 어떻게 해야 하는가를 올바르게 설명하고 있지만, 전체 절차의 개괄적인 개요로서, 매우 압축되어 있다. 부드럽게 가속하면서 클러치를 천천히 빼내는 데 필요한 많은 하위 과정에 대한 언급은 없다. 이 순간 교사는 운전 초보자가 무엇을 해야 하는지에 대한 정확한 요약을 확장했지만, 각 수행에 무엇이 수반되는가에 대해서는 거의 제공하지 않는다. 교사가 그러한 개괄적인 설명을 합리적이라고 생각하는 한 가지 이유는 매우 명확해 보이기 때문이다. 숙련된 운전자는 클러치 및 가속기 조정에 포함된 많은 하위 과정을 철저하게 규칙적으로 하는 일의 통상적인 순서와 방법으로 만들고 통합하여, 개괄적 설명이 세련된 수행을 정확하게 묘사한다. 이러한 상황에서 교사가 학생들에게 확장시키는 지식은 교사가 어떻게 해야 하는지를 알고 있는 것이므로, 학생이 반복적으로 차를 멈추거나 이해할 수 없다고 말할 때 교사의 조바심이 커지는 것은 당연하다. 이런 교사가 "이건 너무 뻔해. 부드럽게 가속하면서 클러치를 천천히 빼내."라고 다시 말하는 것으로 학생들에게 대응하는 것은 놀랍지도 않다.

교사가 설명하거나 시범을 보여야 한다고 말하기는 쉽지만, 이런 반복은 교사에게 짜증스럽게 느껴지기도 하는 한편, 어려움을 감추고 있다. 숙련된 운전자가 되려면 부드러운 클러치와 가속기 작동에서 모든 하위 과정을 재발견하기 위해 열심히 노력해야 한다. 이러한 재발견은 하위 과정을 분명하게 하여, 클러치 사용법을 배우는 교육과정으로 바꾸는 데 필요하다. 자동차가 다가오거나 트럭이 추월하는 것에 주의를 흐트리지 않으면서도 많은 동작을 배우고 자동화하는 문제가 운전을 배우는 것이므로, '재발견'이라는 용어는 적절하다 할 수 있다. 그러나 운전 초보자가 배워야 하는 것은 개별 하위 과정과 그 조정뿐이며, 운전 초보자에게 교사의 압축된 문장은 신비롭기만 하다. 이 또한 놀라운 일이 아니다. 왜냐하면 초보자는 이렇게 요약된 작동에 대해 아무것도 모르고 운전자 역할을 거의 수행할 수 없기 때문에 "한 번만 더 설명해 주세요."라고 당황스럽게 호소하기 때문이다. 교사의 참을성 없이 반복되는 개괄적 설명과 더 많은 설명을 위한 학습자의 간청 사이에는 다양한 종류의 교사와 학습자를 구분하는 간극이 있다.[3]

그럼에도 불구하고 초보자는 그러한 가르침 근처에서 배운다. 초보자는 일련의 경련과 질식 발작을 일으켜서 자동차를 괴롭힌다. 그럴 때마다 교사는 이를 악물거나, "클러치를 밟아요.", "가속 페달을 덜 밟으라구요." 또는 "그만!"이라고 외친다. 자동차와 사람의 마모는 상당할 수 있지만, 대부분의 초보자는 클러치, 휘발유 및 경련의 시행착오를 통해 속도를 높이면서 클러치를 해제하는 방법을 알아낸다.

대안을 생각해 볼 수 있다. 교사는 학생에게 클러치를 통해 운전자가 엔진과 구동 바퀴 사이의 연결을 만들거나 끊을 수 있고, 이를 통해 운전자가 기어를 멈추거나 빼지 않고 시동, 정지 및 변속할 수 있다고 말하면서 시작할 수 있다. 그런 다음 교사는 구동렬의 도면을 보여주면서, 도면에서 클러치를 찾아서 클러치의 작동 모델을 표시하고, 작동을 추적할 수 있다. 교사는 핵심 장치인 두 개의 플레이트를 지목하고, 서로 미끄러지거나 빠지면서 어떻게 결합되고 분리되는지를 보여주고, 이 마찰 배열이 단순한 켜기/끄기 동작이 아닌 점진적인 결합 및 분리를 허용한다고 설명하고, 시동을 걸거나 변속할 때 플레이트의 미끄러짐이 어떻게 도움이 되는지 보여준다. 학생이 문제를 이해하는 것처럼 보일 때까지 교사는 학생에게 이러한 하위 과정의 모델을 생각해 보고 모델에 대해 질문하라고 말한다.

그런 다음 교사는 예행 운전을 한다. 교사는 비상 브레이크를 걸고, 중립으로 변속하고, 차에 시동을 걸자마자 1단으로 변속하고, 클러치를 천천히 밟는다. 이렇게 되면, 교사는 시동을 꺼트리지 않기 위해 클러치를 빠르게 밟는다. 교사는 학생에게 구두로 단계를 반복하게 하고 앞서 작동을 보여주는 모델에서 각 과정을 추적해 보도록 한다. 그런 다음 교사는 학생에게 운전석에 앉게 하고, 시동을 끈 상태에서 여러 번 작동을 연습하게 한다. 교사는 학생의 각 동작을 모델의 하위 과정에 따라 살펴보고 서로 관련시킨다.

학생이 이러한 작동을 이해하는 것 같으면, 시동을 켜고 변속기를 중립으로 둔 상태에서 시도해 보도록 한다. 잘 되면, 교사는 학생에게 시동이 켜진 상태에서 천천히 클러치를 풀어보도록 한다. 그러나, 학생이 클러치에 대한 느낌을 가질 수 있도록 교사는 비상브레이크를 걸어둔다. 그런 다음 교사는 빈 터로 차를 운전하여 가서 멈추고, 학생에게 시동을 걸고 1단 기어로 변속해 보도록 하여 차에 시동을 걸고 멈추는 연습을 시킨다. 학생이 이 과정을 어느 정도 조절할 수 있는 것으로 보이면, 교사는 주차장에서 운전하는 동안 기어를 바꾸는 것을 가르칠 수 있다. 그 다음은 한적한 거리에서 가르칠 수 있다.

이렇게 지식을 풀어내어 분석하는 접근은 초보자에게 어떻게 부드럽게 가속을 하면서 천천히 클러치를 밟는지를 배울 수 있는 기회를 제공한다. 이렇게 함으로써 교사가 자신의 지식과 노하우를 학습자가 이용할 수 있는 도구, 하위 과정을 풀어내어 분석할 수 있는 과제, 실행 가능한 부분에서 연습할 수 있는 기회처럼 수업의 사회적 자원으로 전환시키는 것이다. 이러한 사회적 자원을 통해 학습자는 단순히 시행착오를 반복하는 학습자가 되는 것이 아니라 초보전문가가 될 수 있다. 모든 것을 풀어내어 분석할 수 있는 에너지와 시간이 부족하거나 학습자가 교사가 모르는 영역을 배우는 경우에는 시행착오가 학습에 필수적이다.

이 예가 보여주는 접근 방식은 고안하기가 불가능할 정도로 어렵지 않다. 그렇다면 개괄적인 설명을 하는 가르침이 왜 그렇게 보편적인 것일까? 비평가들의 말처럼 나쁜 습관을 고수하는 것이 항상 어리석은 일은 아니다. 개괄적으로 설명하는 방식의 가르침은 우리가 지식을 배우고 보유하는 방식에 깊은 뿌리를 두고 있다. 다른 예를 살펴보자. "어떻게 수영을 배웠어요?"라는 질문을 받으면, 일반적으로 각 과정에서 배운 것을 리허설하기보다 결과를 설명한다. 수영장에 가면 할 수 있는 만큼 수영을 한다. 이 질문을 한 사람이 수영을 배우고 있다면, 수영을 어떻게 하는지 잘 보여주려고 더 열심히 수영을 한다. 교사의 수학 문제 풀이처럼, 모든 수영장의 강사는 수영에 관한 문제를 고민한다. 뛰어난 수행자에게 중요한 것은 완성된 수행이지 어떻게 배웠는가가 아니다. 직관적으로 가르침은 그러한 완성된 수행을 보여주는 것이라고 여겨진다.

대개 이렇게 하는 이유가 대안이 부족해서는 아니다. "어떻게 수영을 배웠어요?"라는 질문에 대해, 처음에 수영장에서 허둥지둥하고, 숨쉬기 어렵고, 다른 사람의 팔이나 다리를 치고, 물속으로 가라앉는 모습을 보여준다. 그리고 나서, 어설프레 헤엄치다가 멈추고 헐떡거리다가, 어렵게 헤엄쳐서 수영장 끝에 서서 헐떡거릴 수 있다. 이렇게 뜸들이다가 조금씩 괜찮아지는 모습으로 수영을 한다. 이런 식으로 진행하면, 질문자에게 '어떻게 수영을 배웠는지'를 보여줄 수 있다. 이 질문을 한 사람이 수영을 배우려고 한다면, 이러한 시연은 배움의 과정에 대한 감각을 제공하는 것 같은 교육적 가치를 가질 수 있다.

이러한 시연이 흔하지 않은 한 가지 이유는 우리가 일반적으로 배운 대로 가르치기 때문이다. 배움은 종종 띄엄띄엄 나아가지만, 대개의 교사는 띄엄띄엄 진보하는 것을 근절해야 하는 실수 또는 바로잡아야 하는 오개념으로 간주한다. 대개의 교사는 학습자의 실험, 실수 및 획기적인 아이디어를 활용하는 방식으로 학생에게 지식을 확장시키지 않는다. 지식을 어떻게 풀어내어 분석해야 하는지 아는 교사가 별로 없는데, 학교, 대학 또는 연수에서 이를 배운 경험이 거의 없기 때문이다. 나중에 학습자가 가르침에 눈을 돌리면, 지식을 풀어내어 분석하는 데 도움이 되는 경험을 활용할 수 있는 경우는 거의 없다.

앞서 제시한 시연의 사례가 흔하지 않은 더 중요한 두 번째 이유는 일단 완성도 있는 수행을 할 수 있도록 성장하면, 초보적인 수행을 다시 만들어내거나 인식하는 것이 더 어려워지기 때문이다. 어설픈 수영 자세나 수영을 할 수 없는 것처럼 발장구를 재현하고 나서, 더 나은 자세로 진보하는 과정을 즉각적으로 보여줄 수 있는 훌륭한 수영 선수는 거의 없다. 수영을 잘 하는 법을 배우는 것은 초보자와 서투른 수영자가 나쁜 습관, 나쁜 태도, 어색함을 없애는 것이다. 이런 '배우지 않기(unlearning)'는 배움에서 중요한 부분이다. 많은 '배우지 않기' 없이 수영을 잘 배울 수 없고, 이것은 수영에만 해당되는 것이 아니다. 어느 영역에서든 어떤 수행이 더 세련되고 정교해질수록, 이전에는 얼마나 일을 덜 유능하게 했었는지를 기억하지 못한다. 초보자의 수행은 때때로 기발하기는 하지만, 자주 비효율적이고 서툴다. 초보자였을 때 가지고 있었던 아이디어나 했었던 연습을 잊지 않는다면, 모든 새로운 수행에서 매번 다시 배워야 하는 고군분투가 발생한다. 대개의 사람들처럼 심리학자는 배움을 무언가를 더하는 과정으로 생각하는데, 더 나아가 빼는 것도 마찬가지로 중요하게 여긴다. 초보일 때의 수행을 잊지 않는다면, 인생과 배움은 끝없는 반복이 된다. 잊혀지는 것이 없으면, 확실하게 성취되는 것은 거의 없다.[4]

그러한 망각이 배움을 발전시킨다면, 이 망각은 가르침을 방해할 수 있다. 보통의 사람들처럼 대부분의 교사는 학습자에게 다리를 놓는 데 도움이 될 만한 많은 경험을 잊어버렸다. 교사도 세련된 수행 역량으로 그러한 미숙한 경험을 잊어버리도록 권장된다. 박식하고 능숙하다는 것은 그러한 일을 하는 것이다. 숙련도가 높을수록 더 능률적이다. 역사 에세이를 쓰거나 물리 문제를 푸는 것만큼, 숙달은 구불구불한 길을 부드럽게 가는 데 소중히 여겨야 할 것이다. 수학 교사가 문제를 최대한 깔끔하게 푸는 한 가지 이유는 우아함이 좋은 수행의 표시이기 때문이다. 수학자가 문제를 조금씩 더듬으면서 헤쳐나가는 것이 서툴러 보일 수 있으나, 이것이 보통 수학자들이 하는 일이다. 영어 교사는 지저분한 초고보다는 트웨인(Twain)이나 헤밍웨이(Hemingway)의 이야기를 수업에서 이용한다. 왜냐하면 이 이야기는 아름다운 산문이고, 교사가 학생들이 감상하고 만들기를 바라는 우아한 글이기 때문이다. 학습자를 위해 이러한 예를 가지고 시작하는 것보다 더 나은 방법은 어디 있을까?

교사가 지식을 압축되지 않은 형태로 확장하기가 어려운 또 다른 이유는 세련되고 정교한 수행이 훌륭한 성취의 표현이며 뛰어난 수행자 간의 필수적인 의사소통 수단이기 때문이다. 개괄적으로 설명하는 방식의 가르침은 물리학이나 바이올린 연구같은 높은 문화의 중요한 요소뿐만 아니라 실천의 포부를 구현한다. 물론 완성된 지식은 훌륭한 가르침에서 절대적으로 필수적이다. 교사가 세련된 수행이 어떤 것인지 모른다면, 교사는 성취하고 싶은 것이 무엇인지 알 수 없고, 배움이 무엇을 지향하는지에 대한 예를 제시할 수 없다. 그러한 수행이 구현하는 지식과 역량이 없으면 교사는 유능한 수행, 창의성, 통찰력 또는 오해의 징후를 인식할 수 없다.[5] 그러나 세련된 수행은 가르침의 관행을 형성하는 것을 방해할 수도 있다. 왜냐하면 세련된 수행의 매력적인 면모는 학습자가 초보적인 수행을 통해 지식에 접근하는 방식을 교사가 사용하는 것을 방해하기 때문이다.

따라서, 지식을 풀어서 분석하여 초보자가 지식과 수행을 진정으로 배울 수 있게 하는 것은 매우 드물다. 왜냐하면 지식을 풀어서 분석하는 것은 시간이 많이 걸리고 쉽지 않아서 교사에게 부담이 되기 때문이다. 또한, 교사가 학생들에게 진정한 수행을 통해 지식을 배우는 길을 제공하면, 수업의 복잡성이 증가한다. 이렇게 지식을 분석하고 진정한 수행의 경험을 제공하는 것은 수업의 불확실성이 증가되는 반면, 가르침과 배움은 풍부해진다. 더욱이, 이러한 수업은 교사의 지식, 역량과 관심에 대한 요구가 커지기 때문에 더 어려워진다. 이와 대조적으로, 교사가 학교의 교과 수업에서 압축된 형태로 지식을 확장하면, 지식의 복잡성 그 자체뿐만 아니라 지식 확장의 복잡성을 줄이고, 수업의 불확실성을 제한하고, 가르치는 데 필요한 관심을 제한한다.

이런 논의를 고려하면, 학습자가 지적 탐구심을 기르는 방법을 배울 수 있도록 지식을 풀어서 분석된 형태로 확장하는 것은 당연하지 않은 행위라고 할 수 있다. 이는 그러한 가르침이 불가능하다는 것은 아니다. 왜냐하면 우리 문명의 많은 부분이 그러한 행위로 구성되어 있기 때문이다. 그러나 이러한 방식으로 가르치는 것은 배움과 가르침의 뿌리깊은 전통적인 특징과 대치되므로, 교사가 이러한 방식으로 가르침을 수행하기 위해서 익숙하지 않은 관행을 배우고 익숙한 관행을 배우지 않아야 한다.

지식

교사는 다양한 방법으로 지식을 확장하는데, 교사가 확장하는 지식은 중립적이지 않다. 가르치고 배우려면 지식은 어떻게든 해석되어야 하며, 매우 다르게 해석될 수 있다. 지식은 확립된 사실과 절차의 집합체로 취급되기도 하지만, 발전시키고 논쟁하고 구성되는 것으로 간주되기도 한다. 예를 들어, 많은 역사 교사와 학생은 역사 지식이 무슨 일이 일어났는지 객관적인 기록인 것처럼 생각한다. 이는 역사학자들과 철학자들에게 익숙한 견해이다. 역사가는 과거의 흔적을 파헤치고, 먼지를 털고, 기록을 한다. 역사를 쓰는 것은 객관적인 재구성이며, 역사가는 왜곡을 최소화하면서 역사를 쓴다. 역사가의 연구가 더 잘 될수록, 진실에 더 가까이 다가간다. 그러나 과거에 대한 지식은 해석과 분리될 수 없다. 역사가는 유물과 문서에 대한 역사가의 해석, 동시대 사람들의 관점에서 추론, 그리고 다른 관찰자들의 설명에 대한 분석으로부터 지식을 엮어낸다. 지식은 밖에서 발견되는 것이 아니라, 마음이 애매모호한 경험을 이해함으로써 지식이 창조된다. 역사가는 과거에 대한 설명을 이치에 맞고 우아하고 유용한 것으로 구성한다. 이것은 일종의 진실이지만, 부분적이고 논쟁적이며 바뀔 수 있다. 누군가는 발견을 보고, 누군가는 해석을 본다.[6] 이러한 차이는 교사가 학습자에게 확장하는 지식을 형성한다.

교사가 확장하는 지식의 구성도 다르다. 대부분의 분야에서 지식은 그 분야만의 탐구 및 연구 방법, 특수 용어, 문제 설정에 대한 접근 방식 및 결과 방어 수단 등 몇 가지 요소로 구성된다. 역사 탐구의 특별한 방법에는 기록 기술과 원문 분석의 문학 비평 방법이 포함된다. 수학에서 특수 용어로 기호, 부호 및 '덧셈' 및 '인수분해' 같은 용어가 포함된다. 문학에서는 '등장인물', '줄거리' 같은 용어를 포함한다. 물리학의 전문 용어로는 '질량', '가속도', '전자' 등이 포한된다. 이러한 관점에서 문학을 가르치는 것은 줄거리를 정의하거나 설명하는 것을 의미한다. 연산을 가르치는 것은 '+'의 의미를 정의하고, 이에 관한 예를 제시하거나 '–'와 같은 다른 용어와 비교하는 것이다.

문제 설정은 각 분야에서 생산적으로 다룰 수 있는 방식으로 질문을 정의하는 것을 포함한다. 고전 역학에서 물리학자는 특별한 종류의 추상화로 문제를 설정한다. 움직이는 물체의 많은 속성에서 가속도, 힘, 질량을 계산할 수 있는 몇 가지를 구성한다. 따라서 물리학의 하위 분야를 가르치는 것은 어떻게 문제가 설정되는지를 설명하거나 문제를 설정하는 대안적이지만 비생산적인 방법을 제시하는 것을 포함할 수 있다. 또한 역사가는 문제를 설정하고, 역사를 가르치는 것은 연구를 위한 문제를 설정하기 위하여 기록 자료를 가지고 일하는 방법과 다른 학자의 연구를 분석하는 방법을 설명하는 것을 포함할 수 있다.

자신이 알고 있다고 생각하는 것을 방어하는 것도 대부분 분야의 중요 요소이다. 각 영역은 연구자가 결과에 대한 자신의 의심을 확인하거나, 난제에 대응할 수 있는 일련의 방법이 존재한다. 예를 들어, 한 학생이 곱셈 문제에 대한 자신의 답이 맞는지 교사에게 물었다고 하자. 이 경우 연산을 가르치는 것은 학생에게 자신의 답을 확인하는 방법으로 곱한 숫자 중 하나로 답으로 나온 숫자를 나누고 그 몫이 곱한 다른 숫자와 동일한지 확인하는 것을 포함할 수 있다. 또는 교사가 학생에게 교과서 끝에 있는 정답과 비교해 보라고 지시할 수 있다. 마찬가지로, 많은 교사들은 학생들에게 참고 문헌을 이용하여 사실과 결론을 확인하는 등 확립된 권위를 언급하여 역사적 지식을 옹호하는 방법을 보여준다. 반면에, 증거와 논거 사이의 일관성 또는 논거 내에서의 일관성을 평가하는 방법의 예를 학생들에게 제시하는 교사들도 있다.

어떤 분야를 안다는 것은 다음 네 가지 요소를 모두 안다는 것을 의미한다. 예를 들어, 기호나 부호를 알고 있지만 연산을 할 수 없고, 연산 문제를 설정하거나 적어도 인식할 수 없고, 찾은 답을 방어할 수 없다면, 연산을 안다고 주장할 수 없다. 그러나 이 모든 요소가 분야를 아는 데 어느 정도 역할을 하더라도, 교사는 각각 다른 역할과 가중치를 부여한다. 전문 용어와 탐구 방법에 자부심을 두는 교사가 있는 반면, 결과를 옹호하는 데 초점을 두는 교사가 있다. 한두 가지 요소에만 중점을 두는 교사가 있는 반면, 네 가지 요소를 모두 통합하려는 교사도 있다. 이러한 차이는 어느 분야를 안다는 것이 무엇을 의미하는가에 대한 다양한 관점이 되고, 따라서 교사가 학습자에게 확장시키는 지식의 다양한 형태가 된다.

4장에서 언급했듯이, 이용 가능한 사회적 자원은 교사의 행동에 영향을 미친다. 이제 미국에서 전통적인 수업의 사회적 조직에서 지식의 확장을 주로 논의한다. 이 수업의 사회적 조직에는 일관적인 교육 인프라가 부재하고 가르침에 대한 공통의 지식이 많이 부족하다. 이 장의 말미에 전통적인 수업의 사회적 조직에서의 지식 확장과 일관적인 인프라와 가르침에 대한 공통의 지식을 구축하는 수업의 사회적 조직에서의 지식 확장을 대조한다.

많은 초등학교 교사들은 수학 수업의 많은 부분에서 특별한 용어와 독특한 방법 및 연산을 가르친다. 예를 들어, 많은 교사들은 더하기 부호가 요구하는 연산을 식별하고 연습하는 데 중점을 둔다. 이 교사들은 연산 결과의 옹호에 관심이 없고, 자주 교과서나 학습지의 문제를 그대로 이용한다. 이와 대조적으로, 문제를 설정하고 풀이를 옹호하는 데 많은 관심을 기울이는 교사들도 있다. 이 교사들은 양적 요소가 있는 이야기나 퍼즐을 제시하고, 학생들이 이를 수학적 문제로 변형하도록 격려하고, 해결책이 수학적으로 이치에 맞는지를 논의한다. 이 교사들의 접근 방식에는 특별한 용어와 방법이 중요한 역할을 하는데, 이는 문제 설정과 결과를 옹호하는 방법에 내재되어 있다.

지식 구성은 요소의 특징 및 포함된 요소의 수에 따라 달라진다. 교사가 확장하는 지식이 얼마나 다양해질 수 있는가에 대한 이해는 지식의 구성적 차이가 교사가 지식을 구성하는 방식의 차이와 어떻게 상호 작용하는지를 파악함으로써 향상될 수 있다. 많은 수학 교사들은 결과에 대한 옹호뿐만 아니라 독특한 용어와 특별한 방법에 주의를 기울이지만, 매우 절차적으로 다룬다. 예를 들어, 증명은 권위에 의한 확인 문제로 다룬다. 교사는 학생들에게 교과서 마지막에 있는 정답과 자신의 답을 비교하도록 한다. 논쟁이 있으면, 교사는 학생들에게 교과서, 답안지 또는 다른 수학 책을 참고하도록 한다. 그러나 결과에 대한 방어를 수학을 이해하는 데 있어서 중요한 부분으로 취급하는 몇몇 교사들도 있다. 이 교사들은 학생들이 자신의 답을 옹호하려는 노력을 하도록 만드는 과제를 제시하고, 학생들이 수학적으로 이해할 수 있는 방식으로 자신의 답을 정당화하는 방법을 배우도록 돕는다. 이 교사들은 설득력 있는 수학적인 논쟁을 할 수 있는 학생들의 능력을 기르고, 수학적으로 방어할 수 있는 정당화와 방어할 수 없는 정당화 사이의 차이를 방법이나 결과만큼 중요하게 다룬다. 이러한 방식으로 수업을 진행하면서, 교사들은 초보 수학자가 될 수 있는 기회를 학생들에게 제공하는 사회적 자원을 이용한다.

그러한 차이는 가르치는 관행을 발전시키는 교사의 역량과 관련이 있다. 수학 교사가 학생들에게 알고리즘의 절차적 수행을 연습시키면, 이 교사는 복잡한 수학적 관행을 발전시킬 필요가 없다. 왜냐하면 이 수학 교사가 확장하는 수학 지식에는 문제 설정, 증명, 또는 결과의 정당화가 포함되지 않기 때문이다. 이 교사들이 증명을 권위에 의한 확인으로 간주하면, 교사는 학습자의 배움에서 복잡성을 제한하고 주의를 기울이지 않는다. 이러한 가르침과 배움도 수학자들이 창조한 지식을 전달하지만, 이는 듀이(Dewey)가 '관성'이라고 지칭했던 것이다. 즉, 수학이 생산되고, 비판되고, 수정되는 관행과 분리되어 버린 탐구의 결과뿐인 지식이다. 그러한 지식을 확장하는 교사는 수학에 대해 깊이 생각할 필요가 없으며 학습자를 위해 수학을 어떻게 다룰 것인가에 대해서도 고려할 필요가 없다.

대조적으로, 교사가 학생들에게 어떤 이야기에서 수학적 요소를 파악하도록 하거나 학생들이 수학적 정당화를 발전시키도록 수업을 구성할 때, 교사는 확장하는 지식의 복잡성, 가르침에 필요한 주의, 그리고 학생들이 초보 수학자가 될 수 있는 기회를 증가시킨다. 이러한 접근 방식에는 가르침의 복잡한 관행이 필요하고, 교사의 지식, 역량 및 용기가 더 많이 필요하다.

이러한 차이는 교사가 자신의 일을 관리하는 방식에 영향을 미친다. 결과에 대한 옹호가 기계적으로 다루어지면, 교사와 학생은 이미 주어진 지식과 자신의 풀이를 대조하기만 하면 된다. 이 접근 방식은 불확실성을 제한하고 가르침과 배움의 어려움을 완화시킨다. 그러나 결과를 옹호하는 것이 좋은 논쟁을 할 수 있는 것으로 간주되면, 교사와 학생은 자신의 풀이나 아이디어의 일부로 지식을 재구성한다. 그러한 접근 방식은 불확실성을 배가시키고 어려움을 증가시킨다.

상호 작용

교사가 지식을 어떻게 확장하는지와 교사가 지식을 어떻게 보유하는지 구분할 수 있지만, 가르칠 때 이 두 가지가 함께 얽혀있을 수 있다. 예를 들어, 학습자가 사물이나 현상에 대한 자신만의 이치를 만드는 것이라고 생각하는 대학교수가 강의 내용을 개괄적으로 제시하면서, 학생들을 위하여 지식을 구성할 수 있을 것이라고 생각하기도 한다. 또한, 지식을 고정된 것으로 여기는 교사는 학생들에게 지식을 다소 풀어내어 제시하기도 한다. 이렇게 불일치로 보이는 모순을 고려해야만 가르침에서 지식이 어떤 역할을 하며 교사들이 가르침과 관련된 일들을 어떻게 관리하는지 이해할 수 있다.

표 5.1 지식의 관점과 지식 확장 방식 간의 상호 작용

지식 확장 방식	지식의 관점	
	고정	진정한 지적 관행
개괄	(1) 교사는 사실과 절차를 압축된 형태로 확장한다. 교사는 많지 않은 사례, 표현 등을 사용한다.	(2) 교사는 압축된 형태의 탐구의 결과로서 지식을 확장한다. 교사는 많지 않은 사례, 표현 등을 사용한다.
풀어서 분석	(3) 교사는 사실과 절차를 확장된 형태로 확장한다. 교사는 사례, 표현 등을 사용한다.	(4) 교사는 확장된 형태의 탐구 결과로서 지식을 확장한다. 교사는 많은 표현, 삽화 등을 사용한다.

참고 이 표에 요약된 내용은 6장에서 다룰 담화가 조직되는 방식같은 중요한 요인을 고려하지 않은 것이므로, 여기에 제시된 내용이 모든 가르침의 방식을 포함하고 있는 것으로 보기 어렵다.

표 5.1은 교사가 지식에 대한 관점과 지식을 확장하는 방식이 결합된 네

가지 방식을 보여준다. 이 방식들이 유일한 것은 아니지만, 상대적으로 명확하다. 이 중 가장 친숙한 방식은 표의 (1)이 보여주는 것으로, 교사들이 지식을 고정된 형태로 간주하며, 이를 개괄적인 형식으로 확장하는 것이다.[7] 예를 들어, 대부분 초등학교 교사는 수학을 용어, 사실 및 절차의 조직으로 취급하고, 규칙과 절차의 완성된 패키지로 학생들에게 수학을 확장한다. 교사는 칠판 앞에 서서 12×12 같은 문제로 시작하여 두 자릿수 곱셈을 제시한다면, "우선 12×2를 곱하여 24라고 쓰세요. 그리고 12×1를 곱하여 그 결과를 쓰세요. 이 곱하기를 모르면, 곱셈구구표를 참고해 보세요. 이 때, 이 곱셈의 답은 오른쪽에서 한 칸 들여쓰기를 해야 해요. 많은 학생들이 틀리는 부분이에요. 그런 다음 이 둘을 합하면 답을 얻을 수 있어요."라고 말한다.

이 사례에서 곱셈은 문제 인식, 곱셈구구표, 부분 곱 정렬에 대한 규칙, 받아올림에 대한 규칙 등이 하나의 패키지로 압축되어서 확장되고 있다. 이러한 경우는 대학에서 자주 관찰된다. 수학은 더 발전되어 있지만, 종종 완성된 규칙과 절차로 제시된다. 이러한 수학 가르침은 단조로운 연습 문제나 빠르게 진행되는 발표로 포함될 수 있으나, 모두 개괄적이다. 또 다른 예로, 많은 역사 교사는 학습자에게 압축된 이야기로 수업을 시작한다. 역사를 배우는 것은 그런 이야기를 기억하는 것이고, 역사를 가르치는 것은 그것을 확장하는 것이다. 이런 종류의 역사라는 것이 종종 1차원적이기는 하지만, 눈에 띄는 예와 함께 생동감 있는 톤으로 전달될 수 있다. 하지만, 그렇다고 해서 역사 지식에 대한 관점이 바뀌는 것은 아니다.

위의 사례와 다른 극단에는 표의 (4)처럼 학생이 지적인 탐구의 결과로써 지식에 접근하도록 하며, 학생이 어떻게 그러한 탐구를 수행하는지를 배울 수 있는 기회를 만들어 지식을 학생에게 확장하는 교사가 있다. 예를 들어,

이런 교사는 두 자릿수 곱셈을 가르칠 때 연산의 개념적 구조를 명확히 하려고 노력한다. 12×12 같은 문제를 표현하기 위해서 교사는 칠판에 12개의 점으로 이루어진 12개의 그룹을 그리는 것으로 연산을 표현하거나, 학생들에게 바둑돌 같은 교구를 제공하고 이 연산을 표현해 보라고 하거나, 이 연산을 설명하고 논의해 보도록 한다. 이런 상황에서 학생들은 예를 제시하고, 유추하고, 은유를 사용하며, 대안적인 그림을 고안하는 등 지식은 다양한 형태로 확장된다. 각 표현은 곱셈을 이해하는 데 사용할 수 있는 다양한 재료가 되며, 다소 다른 관점에서 곱셈이라는 지형을 횡단할 수 있는 다양한 기회를 제공한다. 가장 중요한 것은 교사는 이러한 표현을 통해 학생들이 문제를 만들고 해결하며, 자신의 시도와 작업을 설명하고 논의하는 등 수학을 하는(do math) 초보 수학자로서 활동하는 기회를 제공하는 것이다.

역사는 수학과 다르지만, 이러한 관점을 가진 교사가 자료를 제시하는 방식에는 유사점이 있다. 예를 들어, 홀로코스트를 가르칠 때, 수감자의 일기, 그 당시의 뉴스 기사, 최종 판결 문서, 선전 영화, 나치 관리와의 인터뷰에서 발췌한 내용을 사용할 수 있다. 그러한 가르침에서 학생들은 증거를 이해하고 자신의 주장을 방어할 수 있는 해석을 내놓는 등 과거는 서로 다르게 때로는 반대되는 목소리로 말하게 되는데, 교사는 이를 이용하여 학생들에게 역사를 하도록(do history) 한다. 교사는 학생들이 역사 탐구를 하는 과제를 준비한다.

이러한 종류의 가르침은 가르침과 배움을 연결할 수 있는 많은 기회를 제공하지만, 지식, 역량 및 기타 자원에 대한 많은 요구가 필요하다. 앞의 역사 수업의 상황에서 교사는 출처와 주요 해석을 알지 못하면 그러한 수업 자료를 준비할 수 없기 때문에 역사학에 뛰어난 학생이어야 한다. 그렇지 않으면, 교사는 무엇을 찾아야 하는지, 어디에서 찾아야 하는지를 모를 것이며, 그렇게 되면 어떻게 과제를 구성하고, 자료를 논의하고, 학생들의 의견을 다루어야 할지도 알기 어렵다. 또한 이러한 방식으로 가르치는 것은 다양한 자료와 다양한 관점을 가진 상상력을 필요로 한다.

이러한 종류의 일은 교사의 역사 지식을 수업을 위한 사회적 자원으로 바꾸고, 학습자가 자료에 접근할 수 있는 기회를 증가시키며, 따라서 가르침의 관행이 발전된다. 하지만 이러한 일은 수업의 어려움과 위험을 증가시킨다. 예를 들어, 교사가 홀로코스트의 사례를 다양한 목소리로 확장하거나 다양한 방식으로 곱셈을 표현함에 따라, 교사는 숙달해야 하는 아이디어와 경험의 범위를 다양화하고, 따라서 교사와 학생들이 다루어야 할 문제가 복잡해진다. 더욱이, 교사가 어느 한 사건이나 대상에 대해 다양한 설명을 소개하면, 가르침과 배움은 더 복잡해진다. 아우슈비츠 근처에 살았던 독일 시민이 유대인 사형 집행에 대해 알지 못했다고 주장하는 것이 옳은 것인가? 즉, 과거가 여러 목소리를 낸다면 역사 교사와 학습자들은 역사적인 진실의 어려운 문제에 직면하게 된다. 즉, 그러한 질문에 직면하게 되면, 학생들은 역사학자처럼 실제로 무슨 일이 일어났고 무엇을 알 수 있는지에 대해 궁금해한다.

교사가 이러한 방식으로 지식을 확장하면, 자신과 학생들의 불확실성과 어려움이 증가된다. 따라서, 교사는 복잡한 과제를 준비하고 수행하는 인내와 불확실성을 관리하는 용기를 가져야 한다. 그러한 가르침이 실패나 저항의 위험을 증가시킬 수 있지만, 교사는 학생들의 어려움을 증가시키는 방식으로 지식을 확장시킬 만큼 충분히 대담해야 한다. 어느 종류의 가르침에도 전문성만으로는 충분하지 않으며, 이러한 방식으로 가르치려면 지식과 역량에 대한 더 많은 지원이 필요하다.

이는 왜 많은 교사들이 덜 부담스러운 방식으로 지식을 확장하는지를 설명하는 데 도움이 된다. 표 5.1 (1)에서 사실과 절차에 대한 완성된 지식을 사용하려면, 교사는 원인과 결과, 이름과 날짜, 절차와 사실만 제시하면 되고, 학생들을 이를 재현하기만 하면 된다. 지식이 명확하게 정의되어 있고 많은 학생들이 이를 선호하기 때문에 교사는 배움과 상대적으로 쉽게 연결할 수 있다.[8] 이런 방식으로 가르치는 교사는 자료를 깊이 알 필요가 없으며, 안다고 하더라도 이를 이용할 필요가 없다. 불확실성과 논쟁은 제한되고, 학생에 대한 교사의 의존도가 제한적이다.

이런 극단 사이에 대안이 있다. 표 5.1 (2)처럼, 지식을 탐구의 결과로 취급하지만 이를 개괄적으로 확장하는 것인데, 이는 대학 교육에서 흔히 사용되는 방식이다. 이런 방식을 이용하는 초등 교사도 있다. 예를 들어, 수학을 양과 모양에 대한 학문적 논쟁으로 보고, 결과에 대한 논의와 문제 설정을 특히 강조한다. 이런 교사는 학생들이 수학의 지적 구조에 대해 배우기를 기대하지만, 정교하고 압축된 형태로 지식을 확장한다. 교사는 앞에서 언급한 12×12 문제를 다음과 같이 말하면서 시작할 수 있다:

> 자연수의 곱셈 절차는 같은 숫자 그룹을 결합하는 방법에 불과합니다. 따라서 12×12를 다음과 같이 재구성할 수 있습니다. 12개가 한 그룹으로 구성된 12그룹을 결합하는 방법은 무엇일까요? 이런 종류의 문제는 동수누가(반복적인 덧셈)로 해결할 수 있지만, 그 숫자가 아주 작지 않는 한 상당히 비효율적입니다. 곱셈이 더 효율적입니다. 따라서, $x + x + x + x + x + x + x + x$(y 횟수만큼)은 x(y)로 압축되고 변환됩니다.

> 그러나 두 자릿수를 곱하려면, 자릿값 체계에서 숫자가 어떻게 조합되는지 이해해야 합니다. 이 문제에의 첫 번째 단계(12×2)를 할 때, 승수 2는 12의 일의 자리에 있는 수이고, 피승수 12는 두 자릿수입니다. 따라서, 12×2를 하는 것은 2×2와 10×2의 두 가지 곱셈을 결합합니다. 이 문제의 두 번째 단계는 12×1로 보이는 것을 하는 것인데, 실제로 10을 곱하는 것입니다. 이 연산의 결과는 120입니다. 두 번째 부분 곱을 쓸 때, 0을 쓰지 않지만, 0이 쓰여진 것처럼 결과를 쓰는 것으로 이를 인식합니다. 이 규칙은 두 자릿수 곱셈에서 두 번째 부분 곱이 항상 수백이라는 사실을 반영합니다. 마지막에 0을 쓸 필요는 없으나, 곱의 첫 번째 부분 곱의 왼쪽에 앞 자리에 두어야 합니다.

위와 같은 곱셈에 대한 예는 앞서 표 5.1 (1)에서 제시한 예처럼 개괄적이지만, 두 예는 서로 다른 버전의 수학적 지식을 포함하고 있다. 첫 번째 예는 절차를 수학의 핵심으로 제시하는 반면, 두 번째는 어떻게 절차가 작동하고 왜 그러한가에 대한 사려깊은 설명을 제공한다. 첫 번째 예는 소수의 탐구 결과만 제시하기 때문에 수학적 탐구의 관행과 거리가 멀다. 두 번째 예에서도 학습자가 정교한 추론을 하는 기회는 없지만 그러한 추론을 들을 수 있기 때문에, 상대적으로 수학적 탐구의 관행과 가깝다고 할 수 있다.

마찬가지로 역사 교사는 학생들이 증거를 따져보고 자신의 해석을 구성하고 방어하도록 하기보다는 완성된 해석으로 지식을 확장한다. 그러한 가르침은 앞서 언급했던 압축된 서사보다는 덜 개괄적이지만, 내용은 다르다. 예를 들어, 홀로코스트를 날짜, 장소 및 사건에 대한 몇 줄 정보를 제공하는 반면, 홀로코스트에서 무슨 일이 일어났으며 그것이 무엇을 의미하는지에 대한 밀도 있는 아이디어를 제시한다. 교사들은 일반적으로 두 가지 모두를 역사의 설명이라고 말하지만, 설명의 본질은 근본적으로 다르다. 첫 번째 경우는 압축된 연대기이고, 두 번째 경우는 완성된 논거이다.[9] 후자는 역사적 논거가 훨씬 풍부한 예이면서, 역사적 탐구의 관행(증거 수집 및 평가, 타당성에 대한 의미 및 판단에 대한 추론, 증거로부터 일반화, 결론 만들기 등)이 세련된 해석 뒤에 있는 것이다.

두 번째 접근 방식에는 교사가 사실이나 절차보다 더 많이 알아야 하는데, 즉, 더 많은 교사의 지식, 역량, 그리고 다른 자원을 요구한다. 이는 수업을 확장시키면서도 복잡하게 만든다. 지식이 논쟁과 해석의 문제로 간주될 때, 교사는 복잡한 아이디어와 씨름한다. 확장되는 지식이 더 불확실하기 때문에 가르침의 어려움이 커지지만, 학생들이 탐구할 수 있도록 지식이 제시되는 것은 아니기 때문이 그 어려움은 제한적이다.[10] 그러한 개괄적 설명은 사실이나 절차보다 더 복잡하지만, 간결하고 완성된 상태를 유지한다. 관찰자의 관점에서 이것이 비논리적이라는 인상을 줄 수 있지만, 이러한 개괄적 설명은 교사의 개인적 자원과 주의를 요구하는 차원에서는 확대하고 다른 차원에서는 제한하는 것이다.[11] 특히 미국의 대부분 교사들이 야심찬 가르침을 수행하기 위한 많은 사회적 자원이 부족하여 가르침에 관한 일을 홀로 수행하기 때문에 교사 개인의 자원에 대한 요구를 관리하는 것이 유용하다.

지식 확장에 대한 또 다른 접근 방식은 표 5.1의 (3)에서 보이는 바와 같이 지식을 고정된 것으로 간주하지만 압축되지 않은 형태로 지식을 확장하는 것이다. 앞서 논의한 12×12 문제를 가르칠 때, 이러한 교사는 빽빽한 절차적 설명과 다양한 표현을 결합한다. 이 교사는 바둑돌이나 막대를 이용하여 절차를 보여주고, 학생들에게 이 교구를 이용하도록 권유한다. 실제로 교사는 절차, 규칙 및 사실을 반복 연습과 밀접하게 관련된 적당히 분석된 지식에 대한 접근을 학생들에게 제공하면서, 그러한 표현으로 학생들을 훈련시킬 수 있다. 이 접근법은 연산 지식을 고정된 것으로 보는 시각에서 곱셈에 대한 다소 확장된 표현을 제공한다. 배움을 개선하려는 노력이 새로운 수업 자료와 방법의 개발을 자극함에 따라 이러한 종류의 가르침이 교육 환경에 좀 더 보편화되는 것 같다. 지식이 받아들여지는 것이 아니라 만들어지는 것이며 학생들이 다양한 표현을 탐구해야 한다는 관점에서 자료가 설계되지만, 이러한 자료를 막상 사용하는 교사는 지식을 고정적이고 절차적이라고 생각한다. 점점 더 많은 초등 교사들이 다양한 그래픽이나 구체물을 수학 수업에 사용하지만, 그 자료들이 교사의 수학에 대한 관점을 바꾸지는 않는 것 같다. 이 교사들은 학습지의 연산 문제를 다루는 것처럼 새로운 교구나 자료를 절차로 취급한다.[12] 자료 개발자는 이를 일관성이 없고 왜곡된 사용으로 간주하지만, 많은 교사들은 학생들을 수업에 참여시키기 때문에 그러한 자료의 사용이 도움이 된다고 보고한다.

이러한 방식으로 확장된 지식은 교사의 지식, 역량 및 다른 자원에 대한 요구를 다소 확장하며, 이 지식은 가르침의 관행을 교사의 수행으로 구현된다. 왜냐하면 교사는 과제를 고안하며 표현을 이용하고, 이는 지식을 사회적 자원으로 만들어 학습자들이 지식에 접근할 수 있는 더 많은 기회를 만들기 때문이다. 그러한 다양한 표현이 학생들이 질문을 하도록 자극할 가능성이 있지만, 이런 방식으로 자료를 사용하는 교사는 사실과 절차로만 대응할 수 있다. 그 자료는 연산의 더 풍부한 면모를 드러낼 수 있는 잠재력이 있지만, 교사는 자료가 제공할 수 있는 기회를 이용할 지식이 부족하다.

이 설명에서 첫 번째로 중요한 기저는 가르침과 지적 탐구의 관계에 대한 것이다. 교사가 지식을 얇고 기계적인 개괄적 설명으로 확장할 때, 이 교사는 지식이 생산되고, 비판되고 수정되는 방식에서 크게 벗어나서 가르치는 것이다. 그러한 가르침은 교사의 지식, 역량 그리고 개인적인 자원을 별반 요구하지 않는 데다가, 이 가르침은 학습자들에게 다른 사람들이 수행한 탐구의 결과를 제공한다. 결국, 학생들이 지식이 생산되는 탐구의 역량을 배울 수 있는 데 도움이 되지 않는다. 대조적으로 어떤 가르침은 학습자가 지식을 창조하고, 이의를 제기하고, 재구성하는 등 초보자로서 지식을 다루게 한다. 교사는 승계된 진실을 말하는 대신 학생들이 지식을 확립하는 역량을 함양하고 지식이 확립되는 방법, 지식이 논쟁의 대상이 될 수 있는 이유 및 그러한 논쟁이 결정되는 방법을 배우는 데 도움이 되는 방식으로 지식을 확장한다. 이렇게 풍부한 교육 식단은 학습자에게 더 많은 기회를 제공하지만, 또한 교사와 학습자의 지식, 역량 및 다른 자원에 대한 요구도 훨씬 커진다.

두 번째 중요한 기저는 지식을 사려깊게 분석하려는 교사의 노력 부족이 약간의 보충 수업으로 쉽게 해결될 수 있는 단순한 간과가 아니라는 점이다. 압축되지 않은 형태로 지식을 확장하는 것은 지식을 배우고 보유하는 방식뿐만 아니라 세련된 수행에 부여하는 가치에 반하는 것이다. 어느 분야에서 우수한 성과를 거둔 사람이 초보자의 일을 이해하려 하고 초보자가 유능한 수행을 할 수 있도록 발전하는 데 도움이 되는 경로를 파악하고 이용하는 방법을 배우려고 하는 것에는 신중한 재학습과 상당한 사회적 자원이 필요하다. 초보자가 진보하는 데 도움이 될 만한 초기 수행 및 비전문적인 수행의 요소를 파악하여 드러내는 것은 배움에 대한 많은 연구를 필요로 한다. 지식을 어떻게 풀어내어 분석하고 학습자에게 확장될 수 있는지를 이해하려면 지식과 가르침에 대한 많은 분석이 필요하다. 왜냐하면 그러한 임무는 당연하지 않기 때문이다. 또한 교사는 수업에서 불확실성을 증가시키고 어려움을 배가시키는 방식으로 지식을 확장하는 하는 방법을 배우기 위하여 지적인 용기와 모험심을 키울 수 있는 많은 기회를 가질 필요가 있다.

그러한 일을 하기 위해서 교사는 지식에 대한 일종의 이중 관점을 획득해야 한다. 자신이 알고 있는 것을 보다 다양하고 덜 완성된 방식으로 확장하기 위해 교사 자신의 완성된 지식과 거리를 두어야만 한다. 그러나, 그 가르침을 안내하고 알리기 위해서는 완성된 지식을 사용해야 한다. 지식을 이러한 다양한 방식으로 보유하고 동시에 사용하는 것을 배우는 것이 가르침의 정교한 관행을 배양하는 데 필수적이다. 그러나, 이는 결코 만만치 않다.

마지막 중요한 기저는 교사가 지식을 보유하고 확장하는 방식에 따라 교사가 학습자에게 어떻게 다리를 놓는가에 많은 차이가 있다는 것이다. 무엇을 지식, 표현 또는 아이디어 간의 연결로 간주하는가는 교사가 어떻게 지식을 해석하고 확장하느냐에 따라 매우 다르다. 또한 지식을 확장하기 위해 교사가 무엇을 알아야 하고 무엇을 해야 하는지도 다양하다. 그 변화의 한 가지 결과는 이 직업에서 전문 지식이나 역량의 단일 조직에 접근한 적이 없다는 것이다. 일부 평론가들이 교육의 '기술적 핵심'이라고 부르는 것은 무엇보다도 교사가 아이디어를 보유하고 이를 학습자에게 확장하는 방법에 따라 바뀐다. 따라서 수업에 있어서 획일적인 기술이나 가르침을 위한 '필수적인' 지식과 역량의 단일 체계가 없었다. 그 대신에, 교사가 지식을 어떻게 해석하고 확장하느냐에 따라, 지식과 역량의 가능한 체계가 다르고 그것들 사이에 겹치는 정도가 다르다. 지식의 본질에 대한 깊은 차이, 수업의 목적과 수단에 대한 계속되는 불확실성과 분쟁, 그리고 미국 학교 교육의 취약한 인프라와 현저하게 파편화된 특성을 감안할 때, 상황이 어떻게 될 수 있었는지 알기 어렵다.

이 상황은 돌에 새겨져 있는 것이 아니다. 4장은 잘 발달된 인프라뿐만 아니라 교사와 학습자들이 그것을 사용하는 방법에 대해 관심이 있다면, 학교의 제도에서 공통의 전문 지식과 역량을 개발하는 것이 가능하다고 주장했다. 공통 교육과정, 그 교육과정에 맞춘 공통 시험, 그리고 그 교육과정을 가르치는 배움에 초점을 맞춘 교사 교육과정이 있다면, 교사는 공통의 직업적 지식을 쌓을 수 있을 것이다. 그렇게 했다면 교사의 지식과 역량을 심화하고 풍부하게 할 수 있고, 일관성 있는 가르침의 관행을 지원하는 제도에서 교사들이 일하는 것을 가능하게 할 수 있었을 것이다.

이것이 4장에서 논의했던 몇몇 종합 학교 개혁 설계(Comprehensive School Reform Designs, CSRD)와 차터 스쿨 네트워크에서 시작한 것이다. 또한 4장은 이러한 제도에서 가르치는 것이 학습자에게 더 효과적이면서 학교에서보다 일관성 있다는 증거가 존재한다는 점에 주목했다. 이 장에서 논의된 변화들은 가르침에서 고유하지만, 그렇다고 개인의 지식, 역량 그리고 성향에서 불변의 차이를 나타내는 것은 아니다. 대신에, 가르침의 지속적인 어려움과 이 직업과 관련된 기존의 사회적 조직 사이의 상호 작용을 표현하는 것이다. 그 변화는 교사가 사용할 수 있는 사회적 자원뿐만 아니라 교사의 개인적 속성 둘 다를 반영한다. 가르침의 사회적 자원이 다르다면, 가르침은 다를 수 있다.

6

수업 담화

지식은 수업에 필수적이지만, 지식만으로 수업이 충분한 것은 아니다. 학생이 교사와 내용 지식을 만나는 담화에 참여하게 될 때 수업의 요소가 된다. 수업 담화는 지식을 교환하고 확장하기 위해 사회적으로 조직된 수단이며, 다양한 형태가 있다. 강의와 소집단 논의는 두 가지 예에 불과하다.[1] 직접적인 사회적 상호 작용도 있고(예를 들어, 전통적인 강의나 논의), 간접적인 상호 작용도 있다(예를 들어, 텔레비전 강의, 사이버대학 강의, 원격 학습, 컴퓨터 네트워크). 직접적인 상호 작용에서는 교사와 학생이 서로 대면하여 마주하지만, 간접적인 상호 작용에서는 학생이 화면에서 나오는 영상과 목소리, 노트에 적힌 의견, 컴퓨터 화면에 나오는 단어 등의 형태로 교사를 마주한다.

이 예에서 알 수 있듯이, 수업 담화는 사회적 조직뿐만 아니라 통신 기술에도 의존하며, 이들은 현저하게 다르다. 기존의 직접적인 담화에는 목소리, 책과 종이, 분필과 칠판이 있지만, 최근의 간접적인 담화에는 통신 기술에 의존하며, 목소리가 있을 수도 있고 없을 수도 있다. 과학 기술은 소크라테스의 가르침의 사회적 조직에서 그리 중요하지 않았지만, 컴퓨터 네트워크는 참가자들이 거리와 시간의 한계를 무시하도록 사회적 조직의 형태를 지원하기 위한 정교한 전자 기술이 필요하다. 예를 들어, 스카이프(Skype)[i] 같

i) 옮긴이 주석 스카이프(Skype)는 2003년에 개발된 인터넷 전화 프로그램으로, 이후 영상 통화가 가능하게 되었다.

은 방식은 직접 담화와 간접 담화의 경계를 모호하게 한다. 왜냐하면 먼 거리에서 실시간 비디오와 오디오의 상호 작용을 가능하게 하기 때문이다.

사회적 조직과 과학 기술은 수업에서 학생과 교사의 참여를 형성하기 때문에 중요하다. 논의는 학생의 참여를 향상시킬 수 있지만, 강의는 일반적으로 참여를 제한한다. 한때 원격 학습에 사용되었던 단파 라디오 네트워크는 학생의 참여 기회를 제한했지만, 최근의 컴퓨터 네트워크는 이를 향상시킬 수 있다. 학생의 참여는 여러 가지 이유로 중요하다. 첫째, 학생이 더 많이 참여할수록 교사와 다른 학생이 제공하는 것을 접하고, 조사하고, 응답할 기회가 더 많아지며, 참여가 잘 이루어지면 이해를 향상시킬 수 있는 기회가 더 많아진다는 것이다. 두 번째 이유는 학생이 더 많이 참여할 수록, 교사가 가르침을 배움과 연결할 수 있는 기회가 더 많아진다는 것이다. 학생의 참여 기회를 늘리는 방식으로 담화를 조직하는 교사는 가르침의 관행을 키울 수 있는 기회를 늘린다. 세 번째 이유는 학생의 참여가 증가함에 따라 가르침의 관행에 대한 사회적 자원을 생성할 수 있는 교사의 기회도 증가한다는 것이다. 왜냐하면 교사가 학생의 활동과 아이디어에 접근할 수 있게 되면, 수업을 풍부하게 하는 자료를 제공할 수 있기 때문이다. 그러나 참여에는 대가가 있다. 참여가 늘어나고 가르침과 배움의 연결이 증가하면서, 수업 담화의 복잡성과 불확실성뿐만 아니라 학생과 교사의 지식, 역량 및 기타 자원에 대한 요구도 증가한다.

수업 담화의 수행은 미국의 역사에서 뜨거운 논쟁을 불러일으켰다. 17~18세기에 많은 교사, 목사, 그리고 공무원은 교사가 수업을 지배해야 한다고 주장했다. 왜냐하면 교사는 확립된 지식의 보고, 신의 전령, 성인 사회의 대표자, 국가의 대리인이기 때문이다. 수업은 세속적인 권위나 신의 권능에 대한 복종, 장로의 지혜에 대한 존경의 모범이 되어야 한다. 이러한 주장을 하는 사람들은 담화가 내용만큼이나 형식에 따라 가르친다고 믿었고, 담화에서 교사의 지배력을 옹호했다. 그러한 지배력이 없다면, 학생은 권위, 사회 질서, 그리고 존재의 사슬에서 인간의 적절한 위치에 대한 감각을 약화시키는 것을 배우게 될 것이다. 러시아의 야망이나 일본 자동차에 대한 우려는 먼 미래의 일이었지만, 그 당시에도 교실 수업에서 정치는 매우 중요한 문제였다.

호레이스 만(Horace Mann), 브론슨 알코트(Bronson Alcott) 및 존 듀이(John Dewey)는 학생의 수업 참여가 중요하다는 데 동의했고, 수업 담화를 사회 관계의 모델이자 준비로 보았다. 그들은 전통적인 관행에 반대했고, 학생들이 적극적으로 참여하지 않으면 고통을 겪을 것이라고 주장했다. 듀이는 인간이 다른 사람들이 배웠던 완성된 결과를 암기하기보다는 지식을 재구성함으로써 가장 잘 배운다는 것에 근거를 둔다. 즉, 학생들이 학문적 과제에 서로 적극적으로 참여할 수 있도록 수업이 구성될 때 배움이 가장 잘 작동한다는 것이다.[2] 만, 알코트, 그리고 다른 사람들은 도덕적 근거하에 주장한다. 즉, 학생이 공동체의 책임 있는 구성원이 되려면, 협동적인 활동과 놀이를 통해 책임감을 일찍 배워야 한다. 교사가 배움을 담당한다면, 학생은 나중에 다른 사람이 배움을 담당할 것으로 기대할 것이고, 도덕적 독립성을 배우지 않을 것이다.[3] 호레이스 만은 두 가지 주장을 모두 사용했고, 다른 19세기 교육자들과 함께 참여에 대한 정치적 주장을 펼쳤다: 학생이 상호 존중을 함양하는 상황에서 비판적 지성을 함양하는 법을 배운다면, 중요한 민주적 미덕을 얻게 될 것이다. 19세기 중후반의 교육자들이 교실을 '작은 공화국'이라고 지칭하고 교실에서 민주적 참여의 중요성을 찬양하는 것은 흔한 일이 되었다. 마지막으로 일부 평론가는 철학적 근거로 수업 담화에 학생이 참여하는 것을 주장했다. 이스라엘 셰플러(Israel Scheffler)는 교육의 목적이 합리성을 장려하는 것이라면 학생들에게 모든 것을 말하는 교사는 교육을 실패시킬 것이라고 주장했다. 교사는 학생들에게 무엇을 생각하라고 말하는 것이 아니라 이성적인 담화에 참여시킴으로써 배움을 발전시킬 수 있다.[4]

이 논쟁은 왜 미국인들이 수업 담화에 그렇게 중요성을 부여하는지, 쟁점이 무엇인지, 그리고 어떻게 논쟁해왔는지를 보여준다. 그러나 무엇이 수업 담화의 참여에 영향을 미치는지, 그리고 교사와 학생들에게 어떤 담화가 수반되는지에 대해서 거의 알려주는 바가 없다.

수업 담화의 유형

수업 담화의 유형은 직접적 상호 작용과 간접적 상호 작용, 독백과 대화를 구별하는 것으로 분류가능하다. 표 6.1은 이러한 유형을 열에 표시하고, 가운데 행에는 사용되는 도구와 기술을, 아래 행에는 의사소통 및 참여에 미치는 영향을 표시한다. 사회적 조직과 테크놀로지는 모든 담화에서 수업을 중재하지만, 그 방식이 상이하다. 라디오, 텔레비전, 컴퓨터 네트워크, 우편 또는 기타 통신 수단과 방법은 간접적 담화((1)과 (2))를 활성화시키지만, 음성과 기타 전통적인 방법은 직접적 담화를 활성화시킨다.

담화 조직과 의사소통 도구는 모두 참여와 교사가 배움과 연계할 수 있는 기회를 형성하지만, 다소 광범위한 한계를 설정한다. 표의 맨 아래 행은 학

표 6.1 사회적 조직, 수업 담화, 과학 기술, 그리고 참여

	간접적 담화	
	(1) 독백(강의)	(2) 대화(순차적 또는 동시 논의)
과학 기술	음성, 책, 테이프, 컴퓨터 기반 수업, 라디오 또는 텔레비전 방송	원격 교육의 양방향 라디오, 양방향 텔레비전, 대화형 컴퓨터 네트워크, 방송 통신 강의
참여	학습자는 보고, 듣고, 읽는다. 학습자들은 수업에 직접적인 영향을 미치지 않는다.	학습자는 교사와 상호 작용을 한다. 기술이 더 상호 작용적일수록, 수업에 참여하는 기회가 더 많아지고 수업에 영향을 준다.

	직접적 담화	
	(3) 독백(강의)	(4) 대화(설명, 논의, 대화식 강의)
과학 기술	음성, 칠판, 종이	음성, 칠판, 종이
참여	학습자와 교사는 대면하며 상호 작용한다. 참여는 대개 제한적이며, 학습자는 수업에 직접적인 영향을 주지 않는다.	학습자와 교사는 대면하며 상호 작용한다. 학습자는 수업에 직접적인 영향을 미칠 수 있다.

참고 이 표는 명확한 사례를 제시하지만, 현실에서 수업 담화의 유형은 종종 모호하고 겹친다.

생의 참여 기회의 변화를 보여준다. 직접 및 간접 독백((1)과 (3))은 모두 참여의 기회를 제한하지만, 학생들은 간접 독백보다 직접 독백에 덜 제약을 받는다. 또한 학생들은 방송 통신 강의보다 쌍방향 컴퓨터 네트워크에 의한 간접 독백에 덜 제약을 받는다. 그러나 사회적 조직과 테크놀로지가 만능인 것은 아니다. 즉, 참여자들이 이를 어떻게 사용하는가가 중요하다. 대면 강의는 교사와 학생이 무엇을 하느냐에 따라 독백이 될 수도 있고 대화가 될 수도 있다. 과학 기술과 사회 조직은 담화를 위한 다양한 기회를 만들어 내지만, 교사와 학생들이 그 기회를 가지고 무엇을 하는지 통제하지 못한다.

게다가, 선생님 혼자 만드는 독백에 대해 학생들이 혼자 활동할 때조차 교육에 미치는 영향은 꽤 광범위하다. 그러나 교사가 신중하고 독립적으로 자료, 강의, 또는 컴퓨터를 이용한 수업을 구성하는데, 학생들은 자신이 이해하는 대로 그것들을 재구성한다. 많은 수업 자료들은 교과목에 대한 개요를 제공하고 주요 아이디어에 초점을 맞추지만, 몇몇 학생들은 수업 자료를 이해의 지침이라기보다는 상세한 복음서로 받아들인다. 즉, 저자의 설계에도 불구하고 학생들은 주요 아이디어를 깔끔하게 암기된 비트의 기계적인 모음으로 바꾼다. 부주의하게 읽거나 듣고선 수업 자료와 강의를 재구성하는 학생들도 있다. 이 학생들은 텔레비전을 보고, 라디오를 듣고, 문자 메시지를 보내거나, 친구와 이야기하거나, 공상을 하면서 무작위로 스캔한 단락이나 때때로 읽은 문장에서 무언가를 배운다. 또는 학습지의 아무 문장을 읽거나, 지루하다고 생각하는 주제는 생략해버리는 학생도 있다. 또한, 어떤 학생은 이성에 대한 호기심 때문에 역사 교과서에 대한 강의를 거부할 수도 있고, 가톨릭 신자인 어떤 학생은 역사 강의가 자신의 믿음과 일치하지 않기 때문에 무시할 수도 있다. 이러한 경우, 학생은 학습 자료의 내용을 그대로 다시 쓰지 않더라도, 학생은 교사의 독백을 재구성한다.

따라서 멀리 떨어진 무인도에 있는 은둔자의 독백에 반응하는 것처럼 보일지라도, 모든 수업 담화는 공동으로 사회적으로 구성된다. 어떤 학생도 교사가 의도한 모든 바를 학습지를 보거나 강의를 듣는다고 해서 파악하기는 어렵다. 마찬가지로 어떤 교사도 학생이 자신의 학습지나 강의에서 찾고 배울 수 있는 모든 것을 상상할 수는 없다. 왜냐하면 전지적인 능력이 필요하기 때문이다. 어떤 교사도 그런 능력을 가지고 있지 않기 때문에, 아무도 학생들이 교사의 학습지를 어떻게 읽고 생각하는지에 대한 모든 것을 예상할 수 없고, 이를 다루기 위한 가능한 모든 조치를 취할 수도 없다. 최소한 학생들은 자신이 파악하고 이해하는 다양한 방법으로 수업에 참여한다. 이것은 직접적인 상호 작용의 참여가 아니지만, 영향력 있는 참여라 할 수 있다.

간접적 담화

간접적 담화에서 학생이 수업에 미치는 영향에 대한 하한선이 다소 높다. 우선, 간접적으로 상호 작용하는 독백(표 6.1, (1))의 주요 요점은 학생이 그 한계를 초과할 수 없다는 것이다. 학생이 학습지, 영화, 텔레비전 강의 또는 컴퓨터 프로그램을 통한 수업에 적극 참여하더라도, 또는 개별 학생이 다양하게 자신의 배움을 구성한다 하더라도, 각 학생은 교사의 독백으로부터 홀로 배워야 한다. 학생은 교사의 독백에 대한 자신의 이해 이외에, 교사나 다른 학생들의 이해에는 영향을 줄 수 없다. 따라서 교사는 학생들의 반응에 비추어 수업을 설명하거나 수정할 기회가 없으며, 어떤 학생도 의견이나 질문에 대한 대답으로 교사나 다른 학생의 말이나 행동에 영향을 받을 수 없다. 그러한 교사의 독백에서 배우는 학생들은 간접적으로 수업을 구성한다. 교사는 알려지지 않고 보이지 않는 학생들에게 학습지, 촬영된 강의, 우편으로 보낸 카세트 테이프 등 다양한 일방향적인 기술을 이용하여 말하거나 글을 쓴다. 이러한 담화를 구사하는 교사들은 상대적으로 수업을 위한 자원에 대한 요구가 적다. 이 교사들은 수업에서 이용하는 학습지와 같은 자료에 대해서 알아야 하고, 지식 확장에 대한 지식과 역량이 필요하겠지만, 직접적인 사회적 상호 작용이 없기 때문에 상호 작용에 대한 전문 지식은 거의 필요하지 않다. 그러므로 이 교사들은 지식과 역량에 대한 지원이 별로 필요하지도 않고 절박하지도 않다. 이러한 교사들은 수업 담화에는 주의를 기울이지 않으면서, 지식 확장에 대한 가르침의 관행을 정교하게 구성할 수도 있다. 결과적으로, 이러한 교사는 독백 이외의 수업의 사회적 자원을 만들 수 없고, 학생들도 독백에 대한 자신의 이해 이상의 사회적 자원을 만들 수 없다.

과학 기술의 복잡성이 조금만 증가해도 학생의 참여 기회가 눈에 띄게 증가할 수 있다. 원격 학습 프로그램이나 통신 강좌에서 교사와 학생이 녹음된 수업이나 필기 내용을 교환할 때, 과학 기술은 교사와 학생만의 쌍방향 관계로 제한한다. 교사는 복잡하고 정교한 방법으로 학생들에게 지식을 확장할 수 있지만, 각 교사는 한 번에 한 학생과 상호 작용한다. 교사와 학생은 제시되거나 완성한 과제에 대한 응답을 받기 위해 종종 며칠, 때로는 몇 주를 기다린다. 상호 작용의 가능성은 다소 제한적이지만, 이러한 원거리 개인 지도조차도 독백보다 학생들의 참여에 더 많은 기회를 제공한다. 원격 학습 프로그램이나 통신 강좌를 통해 학생의 수행을 읽고 의견을 적는 교사는 독백을 하는 교사보다 배움에 대한 더 많은 연결을 만들 수 있다. 과제에 대해 메모를 하거나 궁금한 점을 교사에게 메세지를 남기는 학생은 교사의 설명을 단순히 읽거나 듣는 학생과는 다르게 수업에 영향을 줄 수 있는 기회를 갖게 된다. 약간의 대화식 담화를 하는 교사는 상호 작용의 기회가 제한적이지만, 독백을 주로하는 교사들보다는 학생과 상호 작용하는 기회가 더 많다고 할 수 있다.

그 밖의 과학 기술의 사소한 차이는 참여의 기회에서 비슷한 이득을 가져온다. 이전에는 원격 학습 프로그램에서 교사와 학생들은 라디오를 이용하여 서면 수업을 보충하고 의견을 적은 문서를 우편으로 보내기도 하였다. 통신 강좌와 마찬가지로 단파 무선 통신도 교사가 한 번에 한 학생에게만 말하고 한 번에 한 사람만 말할 수 있기 때문에 한계가 있다. 그럼에도 불구하고 이러한 음성 커뮤니케이션에서 학생들은 수업에 참여할 수 있는 더 많은 기회를 갖는다. 왜냐하면 학생들은 질문이 떠오를 때 메모를 작성하거나 테이프에 녹음하여 우편으로 보내고 기다릴 필요없이 교사에게 직접 질문을 할 수 있기 때문이다. 이러한 경우 교사는 배움과 연결할 수 있는 더 많은 기회를 갖게 된다. 그러나 통신 기술이 복잡해질수록 교사의 개인 자원에 대한 요구가 증가한다. 녹음된 수업을 교환하거나 단파 라디오를 사용하는 교사들은 독백으로 지식을 확장하는 교사들보다 더 많은 대화형 기술과 지식이 필요하다.

지금까지 음성이나 글을 한 채널로만 통신할 수 있는 기술에 대해 알아보았다. 그러나 통신 기술의 발전으로 이제 교사와 멀리 떨어져 있는 많은 학생들과 간접적인 상호 작용을 한 번에 연결할 수 있다. 컴퓨터 네트워크는 음성 및 영상 통신을 지원할 수 있으며, 다채널 통신은 학생들이 수업에 참여하고 수업에 영향을 줄 수 있는 능력을 크게 증가시킨다. 서로 다른 곳에 있는 20명의 학생들이 컴퓨터 네트워크에서 활동하는 경우, 그들의 질문과 의견은 단파 라디오에서 개별적으로 학습하는 경우보다 수업에 영향을 미칠 기회가 더 많다. 학생 개개인이 자신만의 교재와 강의를 이해하는 것 외에도, 모든 학생이 선생님이나 또는 다른 학생들과 자신의 견해와 이해를 공유할 수 있기 때문에 학생들의 집단적인 참여로 인하여 교사는 고려해야 할 것이 많아진다. 그러한 참여로 인하여 학생들의 지적 산출물이 증가하고, 단파 라디오 통신의 시대보다 컴퓨터 네트워크 시대의 사회적 압력이 커지면서, 그러한 복잡한 상호 작용의 능력은 대화의 속도, 방향, 내용에 대한 학생들의 잠재적인 영향력을 증가시킨다.[5] 또한 이러한 종류의 통신 기술은 배움과 연계할 수 있는 교사의 능력을 향상시킨다. 멀리서도 교사는 학생들이 쓴 것을 보거나 그들의 설명을 듣고, 서로의 의견을 말하고, 질문하고, 답을 얻을 수 있다. 이는 단파 라디오의 상황에서 교사가 학생들과 가질 수 있는 양자 관계에서는 불가능한 수업의 사회적 자원을 형성하고 이를 사용할 수 있다. 예를 들어, 한 학생의 질문을 학생들에게 제시하고, 의견을 묻는 것이다. 또 다른 예로, 본문에 대한 여러 학생들의 의견을 수집하고, 이를 이용하여 더 깊은 논의를 하는 것이다. 즉, 간접적인 상호 작용의 담화조차도 참여를 통해 수업의 사회적 자원을 구축하는 것이 가능하다.

최근의 기술 발전은 상대적으로 공간과 시간의 제약을 받지 않는 풍부한 간접 담화를 가능하게 한다. 기술이 더 복잡한 상호 작용을 지원함에 따라, 그러한 학습 공동체는 교육의 더 많은 특징을 보여줄 것이다.[6] 기술이 정교해짐에 따라 교사가 자신의 가르침을 학생의 배움과 연결할 수 있는 기회도 증가한다. 통신 강좌를 운영하는 교사는 원거리에 있는 학생들과 간헐적으로 교류하며 학생의 과제물에 응답할 기회가 제한되어 있지만, 컴퓨터 네트워크에서 학생과 교류하는 교사는 학생의 과제물을 보고 응답할 수 있는 기회가 더 많다. 교사는 학생들의 활동에 대해 더 많이 알 수 있고, 의사소통할 수 있는 더 많은 기회를 가질 수 있기 때문에, 학생들이 멀리 떨어져 있더라도 가르침의 관행을 구축할 수 있는 더 많은 자원을 가지게 된다.[7]

그러나 이러한 연결과 기회에는 대가가 따른다. 간접 담화가 복잡해질수록 교사의 전문성과 개인적 자원에 대한 요구가 많아진다. 새로운 기술은 주목할 만한 새로운 형태의 수업을 가능하게 할 수도 있지만, 교사가 더 많은 연결과 영향력을 추구할수록, 교사는 학생들과 더 많이 상호 작용해야 한다. 교사가 더 많이 상호 작용할수록, 학생들이 이에 대응하고 수업에 영향을 미칠 수 있는 기회는 더 많아진다. 독백의 한 가지 장점은 교사가 학생들의 영향력을 반영하지 않고 수업을 할 수 있다는 것이다. 즉, 독백은 교사가 학생과 연결할 수 있는 기회와 학생의 학습을 제한하고, 가르침을 단순화한다. 더 많은 상호 작용의 담화를 수업에서 갖는 교사는 학생들에게 영향을 미칠 기회를 증가시키지만, 이는 학생들이 교사의 호의에 보답할 기회를 증가시키는 것이다.

직접적 담화

과학 기술은 사회적 상호 작용의 본질과 범위를 정의함으로써 간접적 담화에서 참여와 영향력을 결정한다. 그러나 학생과 교사가 직접 대면할 때, 목소리, 시각, 책, 종이, 연필이 매개체가 되고, 사회적 조직은 의사소통과 상호 영향력에 주요 제약이 된다. 테크놀로지와 다르게, 사회적 조직은 교사와 학생이 형성할 수 있다. 논의는 교사와 학생의 참여와 상호 영향력의 기회를 열어주는 담화 조직이지만, 상당한 수업 지식과 역량이 필요하다. 예를 들어, 자습(학생들이 책상에서 개별적으로 그리고 평소에 조용히 활동할 때)처럼 담화 조직이 참여와 상호 영향력의 기회를 제한하기도 하고, 따라서 교사와 학생이 함양해야 하는 지식과 기술을 제한하게 된다.

표 6.2는 직접적 담화의 몇 가지 유형을 식별하고 주요 특징을 요약하여 제시한다. 자습은 교과와의 상호 작용뿐만 아니라 학생들의 참여와 영향력

표 6.2 직접적 담화 조직 유형과 담화의 영향

A. 조직의 유형	
(1) 자습	교사가 담화를 독점할 수 있다. 전체-학급 활동이 사실상 제거된다. 교사는 주로 개별 학생과 이야기하고, 대부분의 의사소통은 서면으로 이루어진다. 대부분의 수업은 개인적이다.
(2) 강의	교사가 담화를 독점할 수 있다. 교사가 모든 학생들에게 말하지만, 학생들은 답변할 필요가 없다. 학생들이 청중이다. 담화는 공개적이다.
(3) 낭독	수업은 공개적이고 학생들이 참여하지만, 교사에 대한 응답으로 말한다. 학생들은 교사의 관점에서 담화를 만드는 것을 돕는다.
(4) 논의	교사와 학생이 함께 참여한다. 논의가 잘 이루어지면, 학생들은 자신의 의견과 질문을 말하고, 교사뿐만 아니라 서로 이야기를 주고받는다.

B. 담화의 영향	
(1) 자습	담화에 직접 영향을 주는 학생의 기회가 매우 제한적이다.
(2) 강의	학생들은 보통 담화에 대한 직접적인 영향력이 제한적이다.
(3) 낭독	학생들은 담화에 직접 영향을 미칠 수 있는 작은 기회가 있다.
(4) 논의	논의가 잘 이루어지면, 학생들은 담화에 직접적인 영향을 크게 미칠 수 있다.

을 제한할 수 있는 가장 큰 잠재력을 가지고 있다. 학생들은 이런 이유로 자습을 거부할 수 있지만, 묵인하고 자습을 하게 되면 교사가 정해준 과제를 개별적으로 수행해야 한다. 자습 형태의 수업은 원자화되고 담화는 사유화된다. 교사는 학생과 간헐적으로만 상호 작용하게 되는데, 학생이 교사의 책상에 오거나 교사가 과제를 확인하면서 걸어 다니는 경우에만 개별적으로 상호 작용한다. 많은 상호 작용이 간접적이다. 예를 들어, 과제 지시가 작성되고, 학생의 학습지가 서면으로 수정되고, 의견없이 되돌려준다. 가르침은 과제를 만들고 관리하고, 지시와 수정을 내리는 것으로 구성된다. 배움은 지

시를 따르고, 과제를 수행하고, 종종 개별적으로 과제를 수정하는 것으로 이루어진다. 학생들이 영향을 미칠 만한 공개적인 활동은 거의 없다.

자습은 학생들이 수업에서 공적인 상호 작용을 할 수 있는 기회를 줄이고, 따라서 수업에서 주의를 산만하게 하는 기회도 줄인다. 또한 자습은 수업을 위한 사회적 자원을 생성할 기회를 감소시킨다. 그러나 자습에서 담화는 사유화되어 있기 때문에 잡담하기, 쓰레기통 또는 연필깎이 이용하기 같은 수업 이외의 활동을 할 수 있는 많은 기회가 생긴다. 수업의 공적 영역이 극적으로 좁아지면, 수업의 경계에서 추가적인 상호 작용의 기회를 만들어낸다. 수업의 경계에서 일어나는 이러한 행동은 수업의 내용에 직접적인 영향을 거의 미치지 못하지만, 주의를 산만하게 하거나 수업의 속도를 늦추거나 탈선하게 할 수 있다.[8]

강의도 상호 작용을 일반적으로 제한하고 학생들의 참여와 영향력을 제한하지만, 그 역학은 다르다. 강의는 공개적이며 집단을 대상으로 하기 때문에 수업을 원자화하거나 담화를 사유화하지 않는다. 하지만, 강사가 발언을 독점하면, 상호 작용과 영향력에 제한이 발생한다. 이런 경우, 학생들은 청중으로만 취급된다. 청중은 받아들이지만, 무언가를 수행하거나 만들지는 않는다. 강의는 청강생의 참여를 제한하면서 강사를 자유롭게 할 수 있지만, 그 제한은 청강생을 자유롭게 하기도 한다. 만약 교사가 담화를 독점하고 학생들의 직접적인 참여를 위축시킨다면, 교사 독백의 경계에서 학생들은 읽거나, 잠자거나, 쪽지를 쓰거나, 잡담을 할 수 있다. 학생들이 강의를 묵인하면, 학생들은 담화의 내용이나 형식에 직접 영향을 줄 수 있는 여지가 적지만 교사의 담화 경계에서 무언가 할 수 있는 여지는 충분하다. 이런 운영이 수업과 무관한 것으로 보이지만, 교사의 주의를 분산시키거나 학생들의 주의를 산만하게 하므로 수업에 간접적으로 영향을 미칠 수 있다.

논의는 덜 제한적이다. 논의가 능숙하게 이루어지면, 논쟁하고, 설명하고 질문하면서 학생들 간에 그리고 교사와 직접적인 상호 작용을 통해 담화를 형성할 수 있다. 논의가 이루어질 때, 학생들은 교사로부터뿐만 아니라 서로 가르치고 배운다. 학생들이 논의에서 역할이 작다면, 논의가 제대로 운영되기 어렵다. 학생들은 배우기 위해 수업의 많은 부분에 참여해야 한다. 또한 논의에서 학생들은 자신들의 생각을 생생하게 드러내기 때문에 교사는 배움과 연결할 수 있는 많은 기회를 가질 수 있다. 따라서 논의는 교사와 학생들이 수업의 추가적인 사회적인 자원을 만들 수 있는 자료를 제공한다.

교사들은 논의를 수업의 담화로 구성하는 것이 위험하다고 생각하는 경우가 많다. 왜냐하면 학생들이 어리둥절한 의견을 내세우거나, 주제를 바꾸거나, 수업을 방해할 수 있는 기회가 생기기 때문이다. 학생들은 자습이나 강의에서는 그러한 기회를 거의 갖지 못하기 때문에 수업을 방해할 가능성은 적다. 따라서 이러한 혼란은 훈육에 의해서 통제되어야 한다. 즉, 수업의 내용과 별개로 학생의 행동을 형성하려는 교사의 직접적인 노력에 의해 통제되어야 한다.[9] 그러나 논의가 효과가 있으려면, 수업에서 공적인 영역을 확장하고 사적인 상호 작용을 위한 사회적 공간을 축소하는 것으로 잠재적인 혼란을 다루어야 한다. 이는 학생들이 수업의 주변부에서 사적인 상호 작용을 할 수 있는 기회를 제한한다. 학생들이 참여를 잘 하면, 다른 사회적 공간이 거의 없게 된다. 따라서 교사가 논의와 별도로 관리해야 하는 훈육의 문제가 거의 발생하지 않는다.[10]

낭독은 독특하다. 논의처럼 학생들이 적극적으로 참여할 것으로 기대되지만, 교사가 일정, 내용 및 형식을 결정한다. 교사는 질문하고, 학생들은 답한다. 학생들은 대개 질문하지 않고 답을 주장하지 않는다. 학생들은 서로 대화하지 않고, 교사에게만 말한다. 그런 담화는 공개적이지만 일방적이고, 공적이면서 사적인 상호 작용의 조합이다. 낭독은 자습처럼 교사와 개별 학생 간의 의사소통이 있지만, 적극적으로 의사소통이 이루어진다는 점에서 논의와 유사하다. 강의와 달리 낭독은 학생들의 지식에 상당히 접근할 수 있으나, 학생이 졸거나 책을 읽으면 낭독의 효과가 없어진다. 논의처럼, 낭독이 효과적으로 작동하면 학생들이 개인적으로 상호 작용하는 기회는 줄어든다. 한 가지 이유는 담화가 공개적이기 때문이다. 자습과 달리, 발언하는 학생 이외의 다른 학생들은 청중이면서 잠재적 참여자이다. 또 다른 이유는 낭독의 인센티브가 자습의 인센티브와 다르다는 것이다. 낭독의 담화에서 어느 한 학생이 말하는 것은 논의에서처럼 그 다음 학생이 낭독하는 것에 영향을 주기 때문이다. 누가 그 다음 낭독을 하게 될지 알 수 없는 경우가 많으니 귀를 기울이는 것이 좋다. 따라서, 낭독을 할 때, 학급의 학생들이 말하고 행동하는 것에 관심이 집중된다. 또한 효과적인 낭독은 빨라야 하며 주의를 요한다. 이러한 모든 요소는 수업의 경계를 좁힌다. 학생들이 적극적으로 참여한다고 하더라도, 이러한 담화는 수업의 내용과 형태에 영향을 줄 수 있는 기회가 제한적이다. 따라서 낭독은 많은 교사들에게 유익하게 여겨진다. 낭독은 많은 학생들의 참여를 허용하면서 훈육에 도움이 되지만, 교사가 참여의 속도, 내용, 방향을 통제하면서 학생들의 참여를 제한한다. 이러한 특징 때문에 낭독은 오랫동안 지속되어왔다.

담화, 지식, 그리고 수업의 자원

지금까지 담화의 주요 유형을 살펴보았고, 각 담화에 수반되는 전문 지식과 자원과 가르침의 관행을 언급했다. 그러나 이러한 것들이 담화만으로는 충분히 파악하기 어렵다. 담화는 지식을 교환하기 위해 존재한다. 따라서 다양한 담화 조직이 가르침에 대해 의미하는 바를 파악하기 위해서는 지식의 개념을 함께 고려해야 한다.

표 6.3은 각 담화 유형이 지식의 유형과 결합할 수 있는 주요 방법 및 그 결합이 가르침과 배움에 어떻게 수반되는가를 요약한 것이다. 교사가 지식을 고정된 것으로 간주하는 자습, 강의와 낭독부터 시작한다. 이 조합은 학교와 대학의 교실에서 널리 관찰되고, 담화의 유형과 지식의 개념과 잘 일치한다. 학생들이 명료하고 간단한 대답을 할 수 있고 지식을 고정된 것으로 보는 관점에 잘 적응할 수 있다면, 자습과 낭독을 수행하기가 더 쉽다. 또한 지식이 고정된 것으로 간주된다면, 교사는 교재의 본문을 말하는 것이 합리적으로 보인다. 이러한 지식에 대한 관점을 취하는 교사들은 다양한 담화 방식을 이용한다. 초등학교 교사들은 자습과 낭독을 번갈아 사용하며, 대학 강사는 낭독과 강의를 결합하여 사용한다. 중등학교 교사들은 이 세 가지를 종종 모두 사용한다.

교사가 고정된 지식 개념과 자습을 결합할 때(표 6.3, (1)), 수업 담화를 제한한다. 학생들은 빈칸을 채우고, 객관식 문제에 답하고, 정해진 문제를 풀고, 단답형을 쓴다. 학생들의 답변은 옳거나 틀렸다. 학생들은 교사와 개별적으로 상호 작용하지만, 주제에 대해 질문하고, 설명하고, 논쟁할 기회는 제한적이다. 이 접근 방식에는 교사의 수업 전문성이 필요하지 않다. 학생들의

표 6.3 담화 형태와 지식 개념의 상호 작용, 그리고 학생들의 영향과 교사들의 지식에 대한 의미

고정된 것으로 간주되는 지식	
자습	(1) 학생들의 담화에 대한 참여와 그 영향이 제한적이다. 학생들은 주제를 거의 탐구할 수 없다. 교사는 수업 주제에 대한 약간의 지식 이외에 필요한 자원이 거의 없다.
강의	(2) 학생들의 담화에 대한 참여와 직접적인 영향이 제한적이다. 학생들은 주제를 거의 탐구할 수 없다. 교사는 주제에 대한 지식 이외에 필요한 자원이 거의 없다.
낭독	(3) 학생들의 담화에 대한 참여와 직접적인 영향이 제한적이다. 학생들이 주제를 탐구할 수 있는 기회가 제한적이다. 교사는 교과 지식 이외에 약간의 전문적인 자원이 필요하다.
논의	(4) 학생들의 담화에 대한 참여와 직접적인 영향이 더 크다. 학생들이 주제를 탐구할 수 있는 기회가 제한적이다. 교사는 복잡한 상호 작용을 관리하기 위해 더 전문적인 자원이 필요하다.
탐구의 결과로 간주되는 지식	
자습	(5) 학생들의 담화에 대한 참여와 그 영향이 다양하다. 어떤 교사는 신중하게 수업을 홀로 설계하는 반면, 어떤 교사들은 지식에 대한 혁신적인 관점을 딱딱한 형식으로 만들어버린다. 교사에게 필요한 지식과 역량이 다양하다.
강의	(6) 학생들의 담화에 대한 참여와 그 영향이 제한적이다. 많은 교사들은 지식이 구성적이라고 간주하지만, 담화를 독점한다. 교사는 주제에 대한 더 많은 지식이 필요하지만, 상호 작용 역량은 필요하지 않다.
낭독	(7) 학생들의 담화에 대한 참여와 그 영향이 제한적이다. 많은 교사들은 지식이 구성적이라고 간주하지만, 이 형식을 이용하여 학생들에게 심문하듯 질문한다. 교사는 주제에 대한 지식과 상호 작용 역량이 필요하다.
논의	(8) 학생들의 담화에 대한 참여와 그 영향이 크다. 교사는 학생들을 초보탐구자로서 간주하고, 다양한 논의를 이용한다. 교사는 주제에 대한 지식과 상호 작용 역량이 많이 필요하다.

묵인하에, 교사는 주제에 대한 지식, 학습지를 만들거나 찾고 수정하는 방법 등의 약간의 지식과 역량만 있으면 된다. 직접적인 사회적 상호 작용이 제한적이므로, 교사는 전문적인 상호 작용 역량이 필요하지 않다. 학생들에게 요구되는 것도 제한적이다. 학생들은 자신들의 생각하고 있는 바나 알고 있는 것에 대해 일관성 있고 타당하게 말하거나, 자신의 아이디어를 설명하거나 정당화하거나, 다른 사람의 아이디어에 논평하는 것 등을 배울 필요가 없다. 교사는 그러한 담화를 착수하고 유지하고 평가하는 방법을 배울 필요가 없다.

고정된 수업 순서를 교사와 학생들이 스스로 수행해야 한다는 점에서, 이러한 종류의 가르침은 대면 수업이든 통신 강좌에서든 비슷하게 보인다. 그러나 이러한 방식의 가르침이 교실에서 일어나는 이유는 직접적인 상호 작용에 대한 어떤 기술적인 장벽이 있기 때문이 아니라 교사와 학생들이 사회적 장벽을 만들기 때문이다. 교사는 상호 작용을 매우 제한하는 방식으로 담화를 구성하고 지적인 상호 작용을 제한하는 방식으로 지식을 표현한다. 이러한 종류의 가르침은 미국 공립학교에서 매우 흔하다.

교사가 지식을 고정된 것으로 간주하고 이를 강의할 때(표 6.3, (2)), 교사는 지식과 역량에 대한 요구도 제한한다. 이러한 지식에 대한 개념은 담화의 지적 깊이를 제한하고, 따라서 담화 조직은 학생의 참여를 제한한다. 교사가 담화를 독점하면, 학생들이 질문을 하거나, 과제를 탐구하거나, 교사에게 이의를 제기하기 어렵다. 이러한 가르침을 고수하는 일부 고등학교 교사는 이용하는 자료에 대해 피상적인 지식만 알고 있는 경우가 많은 반면 이러한 가르침을 고수하는 많은 대학 강사는 깊이 있는 지식을 가지고 있기도 한다. 그러나, 이러한 교사나 강사 모두 지식을 사실과 공식으로 제시한다. 어떤 교사는 해마다 같은 강의 노트를 사용하면서, 쓰여진 내용을 그대로 보여주고 설명한다. 자료에 대한 지식 이외에 추가적인 전문 지식이나 역량이 필요하지 않다. 대학이나 중등학교 강사나 교사들은 제시간에 시작하고 끝내는 재치, 명확하게 말하기, 그리고 몇 가지 질문에 답하는 정도의 일상적인 상호 작용에 대한 지식 이상을 거의 사용하지 않는다. 일부 대학 강사는 학생과의 상호 작용을 피하고 이를 대학원 조교들에게 맡기기 때문에 상호 작용 역량에 대한 요구 자체를 줄여버린다.

이러한 가르침은 교사만 말한다는 점에서 라디오나 텔레비전 수업이나 대면 수업이 동일하다. 이러한 종류의 원격 학습은 학생이 수업에 참여할 수 있는 기회와 교사가 학생에게 영향을 미칠 수 있는 기회 모두를 제한한다. 강의에는 기술적 장벽이 없다. 그러나, 참여와 영향력에 대한 제한은 이런 방식으로 가르치는 교사와 이를 받아들이는 학생들에 의해 사회적으로 구성된다.

이 두 종류의 가르침은 교사들을 인간 향상의 어려움으로부터 격리시키는 경향이 있다. 첫 번째 이유는 불확실성을 제한하기 때문이다. 자습과 강의라는 담화의 양식과 고정된 것으로 간주하는 지식에 대한 개념 모두 질문하고 논의하는 기회를 제한하기 때문에, 교사와 학생들은 과제에서 애매한 부분이나 이슈들을 알아차릴 여지가 없다. 두 번째 이유는 학생들의 학업 성과에 대한 제한이 교사의 의존도를 제한하기 때문이다. 교사가 독주 공연처럼 강의하면, 교사는 학생들이 출석하고, 듣고, 필기를 하는 등 수업을 방해하지 않는 것에 의존한다. 교사는 출석을 제외하고 학생들에게 어떤 것도 요구하지 않고 한 학기 동안 강의할 수 있다.[11] 교사는 가르침의 관행을 성장시키지 않아도 일종의 성공을 이룰 수 있다. 미국의 대학과 중등학교에는 많은 학생들을 혼자 가르치는 교사들이 많다.

지식이 고정된 것으로 간주되는 낭독은 더 까다롭다(표 6.3, (3)). 학생들이 교사와 개별적으로 상호 작용하기 때문에 담화가 제한되지만, 교재에 대해서는 광범위한 상호 작용이 있다. 낭독에서 교사는 많은 질문을 하고 많은 학생들의 참여를 동원할 수 있지만, 교사가 질문하고 학생이 답하는 정형화된 담화만 있다. 교사가 질문과 시간을 결정한다. 학생들이 말하긴 하지만, 말을 해야 하는 때에만 한다. 교사는 정답에만 집중하기 때문에 학생들의 복잡하거나 부분적이거나 혼란스러운 답변을 무시한다.

그러한 수업을 잘 관리하는 것을 의미있다 하기 어렵다. 교사는 큰 그룹을 관리하는 역량과 함께 과묵한 학생의 참여를 유도하면서도 동시에 열성적인 학생의 참여를 적절히 조절할 수 있는 역량이 필요하다. 교사는 적절한 발문을 궁리하고, 학생들의 답변을 가늠하며, 수업의 속도를 조절하는 능력을 포함하여 수업에 관한 자료와 담화를 어느 정도 통제하지 않고는 수업을 잘 관리할 수 없다. 낭독이 지식에 대한 관점과 담화가 매우 제한적이라 하더라도 학생의 지식에 대한 탐구가 자습이나 강의보다 더 필요하다. 왜냐하면 교사가 학급에서 모든 학생들에게 질문할 때 학생들의 지식을 관리할 수 있어야 상호 작용을 관리할 수 있기 때문이다.

이러한 낭독은 인간 향상의 문제를 다소 증가시킨다. 학급의 공개석상에서 학생들을 부른다는 것은 자습이나 강의에서 일어나기 어려운 예기치 못한 문제가 발생할 가능성이 높아지기 때문에 수업의 불확실성이 커진다. 수업이 성공하려면 학생들이 참여하고 질문에 답해야 하기 때문에 교사의 의존도가 높아진다. 또한 학생들의 지식이 공개적으로 드러나기 때문에 학생들은 바르게 답을 해야만 하고, 이는 자습이나 강의에서보다 교사가 학생들에게 매우 의존하게 만든다. 대부분 학생들이 오답을 답하는 수업은 당황스러울 수 있으며, 심한 경우 교사의 권위를 약화시키기도 한다. 따라서 오답이 많으면 교사는 낭독을 종료할 수도 있다. 정답은 학생들의 발전뿐만 아니라 성공적인 수업이라는 신호이며, 오답은 그 반대일 수 있다. 지식의 문제가 수업 관리의 문제를 일으킬 수 있기 때문에 학생들의 수행은 자습이나 강의보다 잠재적으로 더 불안정하다. 이 경우 교사의 지식과 역량이 수업에서 더 많이 공개될수록 교사가 어떤 존재인지 더 잘 보일 뿐만 아니라 더 취약해진다. 낭독이 강의나 자습보다 가르침의 관행을 키울 수 있는 많은 기회를 제공하는 이유는 교사가 학생들에게 수업에서 예의를 지키면서 더 공부하고 참여하도록 하기 위해서 전문적인 지식과 역량에 대한 더 많은 지원이 필요하기 때문이다.

담화 유형이 지식의 유형과 결합할 수 있는 방법 중에는 야심찬 가르침(ambitious teaching)을 지향하면서 신중한 임무가 필요한 것도 있다. 첫 번째로 지식을 고정된 것으로 취급하면서 열린 논의를 하는 것이다(표 6.3, (4)). 이런 경우, 교실에서 대화는 편안하고 자유로울 수 있지만, 내용은 딱딱하다. 미국 초등학교의 경우, 학생들은 소그룹으로 활동을 하면서 학생들끼리 또는 교사와 쉽게 대화하고, 교실을 자유롭게 돌아다닌다. 아이디어에 대한 상호 작용에서 장벽이 거의 느껴지지 않는다. 그러나 교사와 학생들이 유연하게 상호 작용하는 내용은 단어 목록이나 문제집의 복사된 페이지 등이다. 교실에서 담화는 편안하고 개방적이지만 짧고 피상적이다. 많은 고등학교에서도 얄팍한 수준의 내용을 가지고 상호 작용을 하는 패턴의 수업이 만연되어 있다. 학생들이 어떤 주제에 대해 연속하여 의견을 제시하지만 서로의 생각을 연결하지 않는 '논의'를 교사들이 자주 운영한다. 교사는 원하는 답변이 나올 때까지 기다렸다가 다음으로 넘어간다. 텔레비전에서 무음으로 이러한 장면을 본다면 사려깊은 논의처럼 느껴지겠지만, 소리를 들어보면 낭독에 가깝다.[12]

대안적으로 지식이 학생 탐구의 결과라고 공언하는 많은 교사들이 수업에서 오로지 독백을 한다(표 6.3, (6)). 이 담화 조직은 미국 대학에서 보편적이다. 교수는 주제에 대한 독창적인 견해를 제시하기만 하면서 학생들이 지식을 구성할 수 있는 것처럼 진행하는 것이다. 이러한 접근 방식이 일관성이 없다고 치부할 수 있지만, 비합리적인 것은 아니다. 왜냐하면 이런 교사들은 학생과 상호 작용에 휘말리지 않으면서도 지식의 넓은 비전을 채택할 수 있기 때문이다. 이런 교사는 학생들의 수행에 대한 의존도를 제한하면서 자신의 가르침의 목표를 더 높게 둔다. 즉, 교사는 많은 학생들이 따를 수 있도록 하는 자신의 수업에 대한 지식과 역량을 함양하지 않은 채 정교한 지식의 개념을 발전시키고자 한다.

이렇게 일관성이 없어 보이는 조합은 개혁지향적인 교육과정이 도입된 이후에도 종종 나타났다. 교육 개혁가들은 내용과 상호 작용에 대한 새로운 접근 방식으로 학문적 담화를 실현하고자 지속적으로 노력하지만, 교사와 학생들은 내용의 새로운 개념, 즉 탐구의 결과로서 지식을 간주하는 방식으로 배우지 않고도 유연한 담화 조직을 이용하는 것이 더 쉽다는 것을 알게 된다. 일관성이 없어 보이지만, 새로운 내용을 배울 수 있는 충분한 기회가 없을 때, 교사는 지식의 탐구적인 면모를 다루는 어려움을 제한하면서 새로운 내용의 중요한 가치를 수업에서 구현하고자 하는 방식으로 다룰 수 있다. 교사는 지식의 관점에서는 상대적으로 복잡한 가르침의 관행을 담화의 관점에서는 덜 어려운 방식을 결합한다.

비슷한 경우로, 교사가 지식을 학생들의 탐구의 산물로 본다고 공언하면서도 수업에서 낭독을 보편적으로 구현하는 것이다(표 6.3, (7)). 진화의 가설, 뉴딜에 대한 설명, 일식을 일으키는 원인 등을 교사가 설명하는 것보다는 학생들에게 복잡한 답변을 하도록 요구함에도 불구하고 학생들이 할 수 있는 답변에는 한계가 있다. 교사는 자신이 제안한 답을 학생들에게 요구하거나, 학생들이 올바르게 구성할 수 있다고 믿는 답을 요구한다. 교사는 학생들에게 다양한 구조에 대한 설명, 학생들이 어떻게 풀이에 도달했는지에 대한 설명 또는 그러한 풀이에 대한 정당화에 대한 설명이 아니라 답을 요구한다. 교사는 지식을 학생의 탐구로 보지만, 담화의 구성은 학생들과 지식의 교환을 제한한다.[13]

이러한 접근 방식을 높게 평가하려면, 학생들이 탐구 역량을 함양하는 데 도움이 되는 개방적이고 참여적인 담화를 사용하는 교사를 살펴보아야 한다(표 6.3, (8)). 예를 들어, 나눗셈을 처음 배우기 시작하는 초등학교 3학년 학생들을 가르치는 교사를 생각해 보자. 수학적인 아이디어를 탐구하기 위해, 교사는 학급의 학생들에게 간단한 나눗셈 문제(예를 들어 30에 6이 몇 번 들어가 있나)의 답을 추정해 보고 그 이유를 설명해 보라고 할 수 있다. 이와 같은 예측은 학생들이 포함되어 있는 양에 대한 이해를 높이는 데 도움이 될 수 있으며, 논의는 나눗셈에 대한 유용한 통찰력을 기를 수 있다. 보통의 교실이면, 몇몇 학생은 말없이 있을 것이고, 30에 6이 두 번 "들어맞는다"라고 하는 학생도 있고, 세 번 "간다"라고 말하는 학생도 있을 것이다. 칠판에 고양이 여섯 마리씩 다섯 그룹을 그리는 학생도 있을 수 있다. 연산에 대해 알고 있는 교사는 이러한 다양한 아이디어에 당황하지는 않더라도 어리둥절할 수도 있다. 6이 30에 두 번 "들어맞는다." 또한, 세 번, 네 번,

다섯 번 들어맞는다. “둘” 또는 “셋”이라고 답한 학생들에게 어떻게 대응할까? 그리고, 칠판에 그려진 그림을 어떻게 하면 잘 활용할 수 있을까? 교사가 이러한 판단을 하기 전에, 답이 10이라고 말하는 학생 그리고 5라고 말하는 학생은 어떻게 할까?

이 교사는 학생들이 연산을 이해하기를 원하므로, 학생들에게 각자의 예측을 설명해 보도록 한다. 30에 6이 두 번 들어맞는다라고 말한 학생은 6+6=12이고 12는 30보다 작으므로, 6이 30에 두 번 들어맞는다고 설명한다. 어떤 학생은 칠판에 정답을 썼지만, 어떻게 그 답을 얻었는지 설명하지 못하면서, “삼촌한테 배웠어요”라고 말한다. 10이라고 답한 학생은 자신의 답을 설명하지는 못하지만 이게 정답이라고 단호하게 말한다. 칠판에 고양이 다섯 그룹을 그린 학생은 “나누기란 물건을 그룹으로 묶는 것”이라고 말한다. 그리고 5라고 답한 학생은 다른 문제 (15 나누기 3)을 칠판에 쓴다. 이 학생은 칠판에 쓴 문제가 30에 6이 몇 번 들어가 있나라는 문제와 같다고 말한다.

이 접근법으로 유익한 논의를 시작할 수 있다. 꽤 많은 학생들이 교사의 논의에 호응하여 수학적으로 흥미롭고 다양한 아이디어를 제시하고 설명하였다. 몇몇 답변은 나눗셈에 대한 다양한 통찰력을 보여준다. 한 학생은 어른처럼 나눗셈의 기계적 지식을 보여주지만, 이 개념에 대한 명백한 이해는 없다. 다른 두 학생은 많은 미국 성인들보다 나눗셈에 대해 더 잘 이해하고 있는 것으로 보이지만, 매우 이례적이며 어떤 면에서는 서로 다르다. 명확한 답이 없는 학생들도 있고 아직 헤매고 있는 학생들도 있다. 교사는 나눗셈 문제 해결을 위해 학급에서 학생들과 논의하고 싶지만, 어떻게 하면 학생들이 그러한 논의를 만들어 낼 수 있도록 도울 수 있을까? 정답에서 시작을 해야 할까? 아니면, 무엇에서 시작을 해야 할까? 나눗셈을 고양이 그룹으로 그린 것? 아니면 축소된 형태의 문제를 제시한 것? 아마 30에 6이 두 번 들어맞는다와 세 번 들어맞는다에서 시작하는 것이 유익할 것 같다. 각 주장을 옹호할 만한 것이 있고, 이는 주어진 문제에 대한 많은 학생들의 관점과 더 유사하다. 아마도 그 관점은 아무 말도 하지 않은 학생들에게 더 유용할 것이다. 하지만, 다른 아이디어를 제시한 학생들에게도 유용할까? 이런 학생들이 수준이 낮은 아이디어에 대한 논의에 계속 참여할까?

연산 지도에 대해 전통적인 접근법을 취하는 교사들은 앞서 제시한 사례와 같은 가르침에 대한 퍼즐을 직면하거나 해결해야 하는 경우가 별로 없다. 이런 교사들은 칠판에서 나눗셈의 표준 알고리즘을 강의한다(표 6.3, (2)). 이 교사들은 문제를 제시하고, 학생들에게 절차를 외울 때까지 연습을 시키기도 한다(표 6.3, (1)). 나눗셈의 연산을 학생들에게 낭독하도록 하기도 한다(표 6.3, (3)). 또한, 이 세 가지 접근법을 결합하기도 한다. 박식한 교사는 나눗셈에 대한 다양한 접근 방식, 나눗셈의 의미에 대한 갈등, 그리고 어떤 접근이 최선인지에 대해서 홀로 독백하듯 강의하기도 한다(표 6.3, (6)). 이를 위해 교사는 상상력, 통찰력, 생생한 표현 능력이 필요하지만, 자신이 가장 좋다고 생각하는 순서와 속도로 주요 아이디어와 논쟁을 제시하는 등 수업의 모든 것을 직접 관리한다. 교사는 자신이 중요하다고 생각하는 질문만 하고, 충분하다고 생각하는 답을 제시하는데, 이러한 질문과 답을 자신이 적절하다고 생각하는 때에 묻고 답한다. 이러한 부류의 교사는 수업 주제나 분야를 명확하게 드러낼 수 있으며, 수업에서 학생들이 잘 따라오도록 안내할 수도 있다. 이 일은 쉽지 않다. 교사는 수업 자료에 대해 잘 알고 능숙하게 분석할 수 있어야 한다. 그러나 그러한 분석을 독백으로 강의함으로써, 가르침의 어려움과 불확실성을 억제한다. 수업의 담화에서 다른 참가자들인 학생을 제거함으로써, 다면적 대화에서 예측할 수 없는 요소와 이를 조율하는데 필요한 지식과 역량이 필요없도록 만든다.

앞서 언급된 가상의 교사가 학생들이 논의를 할 수 있도록 돕고자 한다면 그러한 예측하기 어려운 요소들을 받아들여야 한다. 이 교사는 복잡한 상호작용을 관리하고, 학생들의 많은 아이디어를 추적하며, 학생의 참여를 조절하고, 학생들이 논의의 관례와 그 안에서 어떻게 행동해야 하는가를 배울 수 있도록 도와야 한다. 이를 위해, 교사는 과제에 대한 여러 관점을 이해하고 학생들이 활동에서 그러한 이해를 함양하도록 도와야 한다. 대부분의 학생들이 무언가를 한 번에 이해하는 경우는 거의 없기 때문에, 교사는 학생들이 틀릴 수 있다는 점을 감수하고, 자신의 아이디어를 설명하려고 노력하며, 자신의 배움을 발전시킬 수 있는 방법을 찾도록 격려해야 한다. 교사는 활동을 빠르게 수행하는 학생과 느리게 수행하는 학생 모두의 참여를 유지할 수 있는 방법을 찾아야 하고, 이해를 어려워하는 학생들을 다루어야 한다.

이러한 수업이 잘 되면 교실은 작은 탐구 공동체가 된다. 그러나 교사와 학생들은 복잡한 상호 작용에서 다양한 아이디어를 잘 관리해야 이러한 수업이 가능하다.[14] 교사는 탐구와 논쟁에 대한 정교한 지식과 역량뿐만 아니라 초보자인 학생이 주제에 대해 어떻게 생각하는가에 대한 사려 깊은 이해가 있어야 한다. 교사는 학생들의 아이디어를 빠르게 파악해야 하는 한편, 미약하게 표현되거나 부분적으로만 향상을 보이는 학생들의 많은 아이디어에 대하여 인내심을 가지고 격려해야 한다. 교사는 교과의 핵심 요소를 이해하고 학급에서 학생들이 그러한 요소에 대한 논쟁할 수 있도록 도와야 한다. 위의 나눗셈 수업 사례로 돌아가서, 교사는 그룹의 수에 대한 이해와 그룹을 표현하는 다양한 방법을 상상력, 재치, 인내심과 혼합하여, 어떻게 나누고 어떻게 나눗셈을 표현할 것인가에 대한 학생들의 생각을 끌어내야 한다. 교사는 학생들이 아이디어를 꼼꼼히 조사하도록 지원하는 데 필요한 수학적 지식도 갖추고 있어야 한다. 그러한 지식은 학생들의 주의 산만함을 줄이고, 감정이 상하지 않게 하면서, 참여를 유지하며, 아이디어와 주장의 논의를 관리하는 지식과 다르다. 이 각각의 면모에는 상당한 지식과 역량이 필요하며, 교사는 강력한 전문 지식과 지원이 필요하다. 이러한 수업을 구현하는 교사는 복잡하고 정교한 가르침의 관행을 함양한다.

학생들에 대한 요구도 상당하다. 앞서 언급된 가상의 교사처럼 학생들이 나눗셈을 이해하도록 유도하는 것은 학생들에게 수업에 대한 광범위한 책임을 위임하는 것이다. 나눗셈을 '그룹으로 묶는 것'이라고 말한 학생은 자신이 그룹을 고려한 이유를 설명해야 할 수도 있다. 15를 3으로 나누어 문제를 해결한 학생도 자신의 방법을 설명해야 할 수도 있다. 나눗셈을 할 수 있는 대부분의 미국 성인들이 나눗셈이 어떻게 작동하는지 설명할 수 없고, 위의 두 학생의 상황에서 설명을 잘 할 수 있는 성인도 거의 없다. 그러나 위의 가상의 교사는 학생들이 자신의 아이디어를 사려 깊고 끈기있게 설명하고 논의하지 않으면 성공할 수 없다. 이러한 일은 흥미진진할 수도 있지만 힘들 수도 있다. 이를 좋아하는 학생들이 있지만, 어려워하는 학생들도 있다. 이런 학생들은 개인적으로 수행하는 과제에서 실수를 하고 이를 수정하더라도, 교실의 공적인 상황에서는 다듬어진 것만 보여주고 싶어 한다. 어떤 학생들은 논의에 참여와 분리의 특이한 조합을 요구하기 때문에 그러한 논의가 어렵다고 생각할 수 있다. 학생들은 문제를 깊이 파고들어 열심히 탐구하기 위해 충분히 주의를 기울어야 한다. 또한, 자신의 아이디어에 확신을 가지고 교우들에게 이를 보여주고 논의해야만 한다. 하지만, 학생들은 질문을 받고, 대안적인 견해를 고려하고, 자신의 의견을 수정할 수 있을 만큼 유연해야 한다. 학생은 확신을 갖고 있어야 하는 한편 유연해야 하는데, 이는 쉽지 않다. 어떤 학생들은 자신의 아이디어를 반영할 수 없기 때문에 시작조차 하지 않는 반면, 어떤 학생들은 과도하게 참여하지만 질문이나 수정 사항을 받아들이지 못하기도 한다.[15] 많은 학교와 대학의 교사나 교수들도 그들의 일에 대한 비판을 수용하거나 다른 사람의 아이디어를 수용하는 것을 어려워하기 때문에 이러한 학생들의 사례가 놀라운 일은 아니다. 어린이나 청소년이 왜 더 잘해야 할까? 학생들은 자신의 의견과 반응을 표현하는 방법과 다른 사람과 협력하는 방법을 배워야만 그러한 방식으로 수업에 참여할 수 있다.

여기에 스케치된 종류의 담화는 특이한 정치적이고 지적인 질서를 수반한다. 전통적인 교실에서 교사는 자주 교과서의 권위나 국가 기관의 대리인으로서의 위치를 언급하여 자신의 결정을 정당화한다. 답변에 대한 논쟁은 교과서 끝에 있는 해설을 참고하여 단호하게 해결될 수 있다. 얼마나 또는 어떻게 논쟁을 벌여야 할지는 학생에게 조용히 하라고 말하거나, 가해자를 교실에서 내보내는 것으로 해결할 수 있다. 그러나 학생들이 작은 '과학 공화국'[16]을 만드는 것을 교사가 돕게 되면, 외부 권위나 교과서를 언급하는 것으로 교사가 분쟁을 해결할 수 없다. 왜냐하면 학생들은 아이디어의 가치에 대한 결정이 논거의 질과 증거의 타당성에 달려있는 교실을 만들려고 하기 때문이다. 학생들의 논거가 더 설득력이 있을수록, 학생들의 권위는 커지고, 수업에서 학생들의 협력 관계는 더 충만해진다. 그러한 수업이 성공적이면, 학생들의 권위와 영향력을 발전시키는 것을 돕기 위해 교사는 권위의 전통적인 도구에 대한 의존도를 부분적으로 줄인다. 학생들은 교사가 하는 말을 흡수하는 의미가 아니라 서로를 가르치고 돕는다는 의미를 수업에 두게 된다. 교사가 이러한 수업에 더 많이 성공할수록, 가르침에 더 많은 배움을 연루시킨다.

하지만 그러한 가르침은 인간 향상의 어려움을 높이기도 한다. 아이디어에 대한 설명과 정당화가 문제에 대해 생각하는 다양한 방법을 제시하고 이러한 차이점이 수업의 핵심이 되기 때문에 불확실성이 수업의 핵심이 된다. 앞서 언급된 가상의 교사는 나눗셈에서 어떤 일이 일어나는지, 무엇을 의미하는지 그리고 어떻게 그것을 가장 잘 표현할 수 있는지에 대한 불확실성을 증폭시킨다. 다양한 아이디어에 대해 논의하는 것은 연산의 의미와 표현을 강조하고, 전통적인 알고리즘에 대한 의견과 모호함의 차이를 탐구하는 것도 불확실성을 증폭시킨다. 학생들의 참여가 늘어나는 것도 불확실성을 증가시키는 또 다른 원인이다. 교사는 주의 깊게 들어야 하는 학생들의 의견이 많아지는(게다가 그 중 일부는 내용이 어리둥절하기도 함) 한편, 수업에서 내려야 할 결정이 많아진다. 1950년대 이후 미국 사회과학자들은 인간의 마음이 불확실성을 매우 혐오하고 이를 줄이는 방법을 모색하는 것으로 상상해 왔지만, 이러한 종류의 가르침은 교사와 학생들이 불확실성을 받아들이고 이용할 때에만 효과가 있다.

또한 학생에 대한 교사의 의존도가 높아진다. 앞서 언급된 가상의 교사는 학생들이 수학 발명가, 토론자, 설명자가 되지 않으면 성공할 수 없다. 학급의 모든 사람이 자신이 얼마나 잘 하고 있는지 보고 들을 수 있는 수업의 열린 장에서 학생들은 스스로 생각하고, 자신의 생각을 옹호하고, 다른 사람의 생각을 비판해야 한다. 이런 종류의 담화에는 그러한 공적인 활동이 필요하다. 학생들이 잘 하면 결과가 놀라울 정도지만, 잘하지 않으면 그 결과를 모두가 보게 된다. 이러한 수업에서 교사의 일은 학생의 참여와 수행해내는 활동과 매우 밀접하게 그리고 공개적으로 동일시되기 때문에 학생들이 잘하지 못할 때 교사가 잘하지 못했다는 결론을 피하기 어렵다. 자습의 한 가지 장점은 교사와 학생들의 수행 간의 연결을 약화시켜 교사의 의존도를 낮춘다는 것이다. 교사들은 학생들이 학습지의 빈 칸을 채우고, 알고리즘을 기억하고, 문제를 풀이하는 것에만 학생들에게 의존하고, 수업에서 공적인 일은 거의 없다. 일부 교사들은 논의 유형의 담화에 탁월하지만, 학생의 추론에 관심이 적은 교사들은 학생들의 공적인 수행에 자신의 성공이 달려있다는 것을 불안하게 생각한다. 어떤 교사들은 학생들은 조용히 앉아있는 상태에서 스스로 질문하고 대답하는 방식으로 대처한다. 어떤 교사들은 학생들의 오답, 무응답, 나른한 논의가 일어날 것을 괴로워하면서 강의라는 안전한 고독에 빠지기도 한다.

이러한 종류의 가르침과 배움은 흔치 않은데, 교사와 학생들이 수업에 가져오고 동원하는 자원에 크게 의존하기 때문이다. 이러한 방식으로 수업을 하는 교사는 비슷한 방식으로 일하는 동료가 별로 없는 학교에서 그렇게 하기 매우 어려우며, 따라서 학생들은 하나의 특이한 수업을 제외하고 그러한 수업에 참여하는 지속적인 경험이 거의 없다. 결국 교사와 학생들은 그러한 수업을 구현하는 방법을 배울 수 있는 기회가 제한된다. 학생들이 대부분의 수업에서 그러한 기회를 갖는다면, 그리고 교사가 많은 동료 교사들이 비슷한 방식으로 가르치는 학교에서 일한다면, 교사와 학생들은 수업을 위한 더 많은 사회적 교육 자원을 갖게 될 것이다.

종합 학교 개혁 설계(Comprehensive School Reform Designs, CSRD)와

차터 스쿨처럼 수업의 개선을 위해 사회적 자원을 조직하는 학교 제도에서 교사와 학생들이 가르치고 배울 때, 수업 준비 및 실행을 지원할 수 있는 동료 교사의 도움을 받을 수 있다. 예를 들어, 어떤 수업을 하고 있으며, 그 수업의 목표가 무엇이며, 어떻게 수업을 향상시킬 수 있는지에 대해 서로 공유하고 돕는 학년별 회의를 갖는 것이다. 이러한 회의는 교사들이 수업에서 조직하려고 하는 종류의 논의를 모델로 삼을 수 있고, 이러한 방식으로 교사는 수업을 지원하는 사회적 자원을 동원한다. 그러나 미국의 대부분의 학교에서 그러한 자료가 없고, 이러한 현실은 왜 많은 교사들이 도전적인 수업을 시작하거나 수행하지 못하고 전통적인 혹은 비생산적인 담화를 수업에서 구현하는지를 설명해 준다.

위의 분석은 전문가가 이용할 수 있는 두 가지 종류의 자원, 즉 (i) 전문 지식 및 역량과 (ii) 지식과 역량에 대한 대안 간의 관계에 관한 것이다. 어떤 수업은 그러한 대안에 크게 의존한다. 학생들이 개별적으로 책상에서 활동을 할 때, 담화 조직은 수업을 세분화하기 때문에 교사의 수업에 대한 전문성이 크게 중요하지 않다. 각 학생이 혼자 학습 활동을 하고, 대부분의 의사소통은 개별 학생과 교사 간에 이루어진다. 이 상황에서 교과에 대한 교사의 지식은 전문적일 수 있지만 반드시 그럴 필요는 없다. 일단 수업의 담화 조직이 확립되면 교사 개인의 자원이 적당히 필요하기 때문이다. 강의도 비슷한 방식으로 작동한다. 강의에서 담화를 교사의 전유물로 조직하면 상호 작용 담화에서 필요한 지식과 역량이 크게 필요하지 않다. 이런 경우 상대적으로 단순한 담화 조직이 다른 유형의 담화에서 매우 필요한 지식과 역량을 대체한다.

대조적으로 나눗셈 수업에서 묘사된 수업 담화는 교사들의 지식과 역량이 매우 필요하다. 교과에 대한 전문적인 지식을 교사가 갖고 있어야 할 뿐만 아니라, 말을 해야 할 때와 하지 말아야 할 때를 판단해야 하고, 학생들을 능숙하게 격려하여 학습하고 수업에 기여할 수 있도록 해야 한다. 이러한 작업이 매우 이례적이고 대부분의 수업 담화의 특성을 고려할 때 부자연스럽다고 하는 것이 타당해 보인다. 이러한 수업이 불가능한 것이 아니지만, 기존의 수업 담화에서 크게 벗어나 교사가 학생들을 다루는 방법을 배워야 한다. 교사는 다른 접근법보다 수업 담화에 대한 지식이 풍부해야 하고, 특히 학생들이 수업에 참여하도록 하는 수업을 설계하는 지식이 있어야 한다. 이러한 방식으로 일하는 교사는 다른 교사들보다 학생들의 수행에 더 많이 의존하지만, 이 학생들은 교사가 다른 교사들보다 더 많이 학생에 대해 알고 이를 수업에 반영할 때 더 많은 것을 수행할 수 있다. 학생들이 수업에 더 많이 참여할수록 교사의 수업에 대한 책임감이 떨어지고 취약해진다고 생각할 수도 있을 것 같다. 그러나 학생들이 협력적이고 능동적으로 참여하도록 교사가 도울수록, 수업에서 학생들의 수행에 더 의존하게 되면서, 수업에서 학생들은 초보 역사가, 수학자, 문학평론가가 된다. 즉, 교사는 수업에서 스스로가 취약해지기 위해 수업에 대해 능숙하고 박식해져야 한다. 개별 교사들은 미국 학교에 만연한 고립 속에서 이러한 자질을 함양할 수 있지만, 이를 지원하기 위해 사회적 자원을 동원하는 학교와 제도에서 그러한 자질을 양성하는 것은 덜 어렵다.

교사의 학생 지식 파악

가르침과 배움은 별개의 관행이다. 종종 서로 관련이 있기도 하지만, 그렇지 않기도 하다. 가르침과 배움이 어떻게 관련되어 있고 얼마나 가까운 지는 교사와 학생들이 관계를 어떻게 규정하는가에 달려 있다. 5장과 6장에서 그 규정에 대한 지식과 담화를 조직하는 접근 방식에 따라서 가르침과 배움을 연결하는 기회를 늘릴 수도 있고 줄일 수도 있다는 점을 논의했다. 교사의 학생들에 대한 지식 파악이 세 번째 영역이다.[1] 교사가 학생들이 알고 있는 것을 더 많이 배울수록 더 많은 배움이 가르침에 관여할 수 있으며, 교사는 더 정교한 가르침의 관행을 고안할 수 있다. 그러나 교사가 학생들의 지식을 덜 배울수록 교사는 배움을 가르침에 고려할 필요가 줄어들고, 자신에게 더 편한 방식으로 수업을 할 수 있다.

다른 사람의 지식에 관심을 기울이는 것은 교사뿐만이 아니다. 우리는 모든 종류의 담화에서 그렇게 한다. 우리는 대화에서 나의 말이 잘 이해되었는지 간헐적으로 확인하고, 독백에서도 모르는 사람에게 솔직하게 말하려고 노력한다. 타인의 이해에 대한 이러한 관심의 대부분은 일상 생활의 평범한 지식으로 함양된다. 간단한 문구나 지역 방언을 이용하거나 상황에 맞게 어휘를 변경한다. 우리는 대화에서 요점을 탐색하거나, 궁금한 시선으로 문장 중간에서 잠시 멈추거나, 단편적인 질문을 한다. 우리는 사람들이 말하는 것, 그들의 얼굴 표정 또는 그들이 생각하는 것을 고려하면서 대화한다. 어떤 사람들은 다른 사람들의 입장에서 대화를 생각해 보는 데 많은 시간을 할애하지만, 어떤 사람들은 그렇지 않다. 어떤 사람들은 대화의 당사자가 알고 있거나 기대하는 바에 비추어 자신이 말하는 내용을 설계하는 데 탁월하지만, 이런 점에 서투른 사람들도 있다. 잘하든 못하든 간에 다른 사람들을 이해하려는 노력에 있어서 전문적인 지식이나 역량을 기르는 사람은 거의 없다.

교사의 임무는 문제를 이해시키는 것이기 때문에 학생들의 지식에 대해 어느 정도 자신의 입장을 취해야 하는데, 교사들의 입장은 매우 다양하다. 어떤 교사는 수업에서 지적인 담화를 만들어내지만 학생들의 활동에는 관심을 갖지 않는 반면, 어떤 교사는 학생들의 지식에 대해 면밀히 조사하고, 학생들의 반응에 대응하는 방식으로 수업을 운영하려고 한다. 학생들의 지식에 집중하는 교사들조차도 그 방식이 매우 다양하다. 어떤 교사들은 여기에 많은 시간을 할애하고, 어떤 교사는 그렇지 않다. 차이는 여기서 끝나지 않는다. 학생들이 알고 있는 것을 파악하는 데 많은 시간을 할애하는 교사들 중에서도, 어떤 교사는 꼼꼼하게 분석하고 이를 위한 상당한 탐구 역량을 함양하는 반면, 어떤 교사들은 조잡하게 접근하면서 평범한 지식과 역량을 이용한다.

학생들의 지식에 대한 교사들의 관심은 가르침과 배움의 연관성에 대한 미국의 오래된 논쟁 중 하나이다. 예를 들어, 뉴잉글랜드 주의 초기 칼뱅주의자들은 성경과 기도를 가르치는 데 많은 시간을 할애했으며, 이들은 사람의 마음 속에 죄악된 생각, 신에 대한 저항과 같은 것이 있다고 믿었다. 이들은 가르침이 대부분의 죄인에게 도움이 되지 않을 것이라고 믿었는데, 인간의 행동에서 신의 은혜가 중요하다고 보았기 때문이다.

이러한 신조는 매우 짧은 시기에 사라졌다. 18세기 후반에 교육을 받은 일부 미국인들은 가르치고 배우는 것에 대해 희망적인 견해를 가지고 있었다. 토마스 제퍼슨(Thomas Jefferson), 토마스 페인(Thomas Paine) 등은 마음은 환경에 의해 형성되며, 사람들이 알고 있는 마음에 깊은 인상을 주는 감각 자료로부터 비롯한다고 주장했다. 이 사람들이 믿었던 것처럼 마음이 유연하고 백지와 같다면, 배움이 가르침에 민감하다고 생각하기 쉬웠다. 다른 계몽주의 사상가들처럼 제퍼슨과 동료들은 무지와 의심을 개탄했지만, 이는 교회나 독재자들의 잘못된 가르침의 결과라고 생각했다. 가르침이 깨우쳐지면, 인류가 그 선례를 따를 것이다.

19세기 초 북동부와 중서부를 휩쓸었던 독특하고 낙관적이고 대중적인 개신교는 이러한 생각을 강화시켰다. 침례교와 감리교 등은 배움이 당연한 것이라고 주장했다. 더 인기 있는 개신교 종파에서는 구원을 받으면 누구나 가르치고 섬길 수 있다고 믿었다. 학생들이 알고 있는 것을 조사하는 어려움은 이와 같은 실제에 큰 역할을 하지 못했다. 이 미국인들은 배움은 너무 당연한 것이라서 학생들이 어떤 좋은 가르침도 잘 수용한다고 보았기 때문이다.

개신교적인 사고와 세속적인 사고 모두에서, 인간의 향상은 쉽게 간주되었다. 왜냐하면 인간성은 본질적으로 감수성이 있으면서 선하다고 여겼기 때문이다. 교육자들은 "교사들이 적절한 수업을 제공하는 한, 학생들은 배울 것"이라면서, 가르침과 배움이 연결될 수 있다고 가정했다. 마음이 어느 영향이든 잘 받는다면, 가르침이 배움을 쉽게 형성하기 때문에 가르침을 배움에 적응시킬 필요가 없다. 교육자들과 개혁가들은 때때로 배움을 가르침의 복사본으로 보고, 많은 교육 문제의 해결책은 가르침의 내용을 바꾸는 데 있다고 믿는 것 같다. 즉, 학생들이 배운 것을 조사하는 것은 학생들이 배워야 할 것을 가르치는 것보다 중요하지 않다는 것이다. 이러한 견해로 인하여 사회 개혁가들은 교육을 만병통치약으로 보도록 이끌었다. 단순히 사람들에게 어떻게 생각하고, 무엇을 믿고, 어떻게 행동해야 하는지 가르쳐서 모든 문제를 해결할 수 있다는 것이다. 사람들이 배운다면, 사회 문제는 해결될 수 있을 것이다.

이러한 믿음은 논쟁의 대상이 되었다. 19세기 초에 몇몇 비평가들은 가르치면 학생들이 무엇이든 배울 것이라는 생각을 공격하기 시작했다. 이 비평가들은 어린 학생들은 성인들과 다르게 생각하고, 교사는 그에 따라 수업을 조정해야 한다고 주장했다. 그 비평가 중 한 사람은 워렌 콜번(Warren Colburn)으로 1820년대에 새 수학에 기반한 교과서를 저술했다.[2] 또한 협력적인 공동체를 만들어 가족과 사회에 혁명을 일으키고자 했던 유토피아주의자 브론슨 올콧(Bronson Alcott)도 그 중 한 명이다.[3] 콜번, 올콧을 비롯한 비평가들은 학생들은 수동적인 수용체가 아니라 능동적으로 생각하는 사람이며, 가르침은 학생들이 알아야 하는 것을 단순히 말하는 것으로 구성해서는 안 된다고 주장했다. 이들은 학생들의 유치한 생각이 성인의 초급 버전이 아니라 그 자체로 독특하고 가치 있는 것으로 간주하면서, 소위 전통적인 가르침을 부적절한 것으로 묘사했다. 학생들은 자신만의 아이디어를 가진 존재로서 존중되어야 한다는 것이다.

19세기가 지나면서 더 많은 교육자들이 가르침은 학생들의 이해를 반영해야 한다는 생각을 갖게 되었다. 존 듀이(John Dewey), 프랜시스 파커(Francis Parker), 그랜빌 스탠리 홀(G. Stanley Hall)의 영향력이 컸다. 이들은 어린 시절을 인간 발달의 독특한 단계로 묘사했고, 어린 학생들을 독특한 흥미와 능력을 가진 생물로 표현했다. 또한 학교가 학생들을 능동적 학습자가 아니라 수동적 수용자로 취급함으로써 실패했다고 주장했고, 학습자가 생각하는 방식에 맞추어 가르쳐야 한다고 주장했다. 이는 듀이를 비롯한 교육자들이 학생들은 사회나 자연에 의한 것이 아니라 자신의 방식으로 세상을 이해한다고 주장한다는 점에서 기존의 학교 부양 원칙과는 다르다. 그러나 이들은 이전의 개혁가들처럼 대중적인 개신교와 계몽주의 사상에 집착하지 않았다. 교사들이 배움과 아동 발달에 대해 이해하고 그에 따라 수업을 조정하면 교사가 학생들에게 쉽게 다가갈 수 있을 것이라고 가정했다. 듀이는 19세기 후반에 반체제인사였지만, 적어도 교사의 역량과 배움을 연결시키려는 그의 신념은 호레이스 만(Horace Mann)만큼 매우 강했다.[4] 듀이는 어린이의 발달과 그들의 독특한 사고방식을 이해하는 교사들이 전통적인 교사들보다 교실에서 학생들과 좀 더 효율적이며 안락하게 시간을 보낼 수 있을 것이라고 주장했다. 그러나 선조들과 마찬가지로, 그러한 주장이 익숙해지면, 인간의 발전은 쉬울 것이라고 생각했다. 많은 교육자들과 개혁가들도 그 믿음을 지켜왔다.

이와 다른 관점을 제안하고자 한다. 교사가 학생들의 지식을 열심히 조사한다면, 창의적인 아이디어, 통찰력, 비전형적인 오류 및 특이한 공식이 뒤죽박죽으로 혼합된 것을 발견하게 될 것이다. 그러한 학생들의 생각을 조사할수록, 그에 대한 대응을 가르침에 더 반영할 것이며, 가르침과 배움을 연결할 수 있는 더 많은 기회를 만들어낼 수 있고, 복잡한 가르침의 관행을 구축해야 하는 기회가 더 많아질 것이며, 더 많은 사회적 자원을 구상할 수 있는 가능성이 더 많아진다. 물론, 교사들이 이러한 것들을 하면서 복잡하고 혼란스러운 생각과 모순뿐만 아니라 가르침과 배움 사이의 간극에 직면하게 된다. 이러한 직면으로 배움이 얼마나 복잡하며 배움과 가르침의 연결이 얼마나 취약한지를 파악하게 되면서 가르침이 복잡해진다.

학생들의 지식에 대한 교사들의 성향

교사들은 학생들의 지식에 대한 다양한 태도를 가지고 있다. 어떤 교사들은 가르침과 배움을 연결하는 데 거의 노력하지 않는 반면, 어떤 교사들은 이를 열심히 탐구한다. 표 7.1은 네 종류의 성향을 보여준다. 교사들은 종종 몇 가지 성향을 한 번에 취하기도 하지만, 경우에 따라서는 서로 배타적이기 때문에 선택적으로 사용하기도 한다. 각각을 살펴보면 다음과 같다.

표 7.1 학생들의 지식에 대한 교사의 성향

(1) 학생들이 아는 것을 무시한다.	(2) 소극적으로 주목한다.
학생들이 말은 하지만 교사는 이를 듣지 않는다. 학생들이 듣는다면 배울 것이고, 배울 수 있는 학생들은 배우고, 그 외 학생들은 낙제할 것이라고 가정한다. 배운다는 것은 학생들의 일이라고 생각한다.	학생들이 하는 말을 듣고 몇몇 질문에 답하지만, 학생들의 말에 따라 어떤 행동도 하지 않는다. 배운다는 것은 학생들의 일이라고 간주한다.
(3) 간접적으로 주목한다.	(4) 적극적으로 주목한다.
배움에 대한 도서를 읽고, 동료교사의 이야기를 들으며, 다른 교사의 학생들의 지식에 대한 연구 보고서를 읽고, 학습 이론에 대한 강의를 듣는다. 이러한 경험을 바탕으로 가르침을 지향하지만, 학생들의 지식이나 가르침에 대한 학생들의 반응에 주목하지 않는다.	학생들의 지식을 직접 파악하고자 한다. 학생들에게 질문하고, 학생들의 논의를 듣고, 과제를 부여하기도 하며, 이러한 경험을 바탕으로 가르친다.

교사가 취하는 가장 일반적인 태도는 가장 단순한 것이다. 즉, 교사가 학생들의 지식을 무시한다(표 7.1, (1)). 많은 대학 강사들은 시험을 한두 번 치거나 학기 말 리포트를 부여하지만, 그 평가 결과를 읽거나 강의 자료에 대한 학생들의 이해 정도에 대한 정보를 구하지 않는다. 수업 조교들이 대신 그 일을 하기도 한다. 이러한 종류의 가르침은 상당히 자기 참조적일 수 있다. 강사들은 학생들이 무엇을 알고 있는 바에 대한 지식을 반영하는 것이 아니라 자신의 생각대로 자료를 제시하며, 학생들이 강의를 어떻게 생각하는지에 주목하면서 후속 조치를 취하지는 않는다. 이러한 가르침이 학생에 대한 적대감에서 비롯되는 것은 아니다. 이러한 입장을 취하는 교사는 과제를 만들고, 강의를 하고, 강의 자료에 대해 설명을 더하기 위해 열심히 일할 수 있지만, 그러한 노력으로 가르침이 제한된다. 그러한 가르침이 학생들의 배움에 대한 무관심의 결과는 아니다. 교사는 종종 자신이 말하는 것과 학생들이 말하는 것이 동등하다고 가정한다. 18세기와 19세기 이론가들처럼, 이러한 교사는 수업에서 학생들이 교사의 말에만 집중하면 된다고 믿는다. 이런 수업에서 학생들이 방해하지 않으면, 교사는 원활하게 일할 수 있다. 즉, 교사가 좋은 강의를 한다면, 수업이 성공적이었다고 판단한다. 이런 종류의 교사는 가르침의 성공과 실패에 대한 개념에 학생들의 반응을 포함하지 않으며, 때로는 학생들이 혼란스러워 보이더라도 수업을 밀고 나가기도 한다.

이런 방식이 유아론적이라고 생각될 수도 있지만, 사실 일상 생활에서 많이 볼 수 있다. 일상적인 대화에서 자신의 말이 이해되었는지를 간헐적으로 확인하는 사람들도 있지만, 대부분은 그러한 확인을 잘 하지 않는다. 왜냐하면 대화에서 대대적으로 이를 확인하는 것은 많은 시간과 주의가 필요하기 때문이다. 정기적으로 이해가 되었는지 묻거나, 이해에 대한 추가적인 증거를 요청하는 것이다. 그러한 견제와 부수적인 교환은 대화의 흐름을 끊어버리고, 대화에 대한 조사나 연구를 하는 것 같은 상황으로 전환된다. 게다가 이는 사람들이 자신의 사고를 되돌아보고, 문제를 해결하게 하고, 다시 확인하게 하기 때문에 대화에서 서로 연결되지 못했다거나 오해가 있었다는 성가신 증거를 제시하게 한다. 이러한 활동은 우리가 이해하고 있다는 생각을 잠식하는 경향이 있고, 일상적인 대화를 매우 힘들고 부담스럽게 만든다. 대부분의 경우 반증이 제시될 때까지 자신이 이해되었다고 가정하는 것이 더 쉽다는 것을 알게 된다.

교사가 자신이 이해받고 있다는 검증되지 않은 가정하에 일할 때, 교사는 이것이 일상 생활의 당연한 특징이라고 정당화하고, 이를 관행으로 반영한다. 이런 방식으로 교사가 일하는 것은 가르침과 배움을 분리하는 것이다. 교사가 학생들이 알고 있는 것을 조사하지 않으면, 의사소통의 간극에 직면하게 되며 이 분야에 대한 특별한 전문성을 배양할 필요가 없어진다. 어떤 교사는 학생들의 열악한 성과를 듣거나 읽지 못했거나 능력이 부족한 탓으로 돌린다. 어떤 교사는 스스로 과제를 해결할 수 있는 비범한 학생들에게만 관심을 가지고 그 외 학생들이 허우적거리는 것은 내버려두기도 한다. 이러한 관행이 지속되고 심지어 번성하는 이유는 이러한 종류의 가르침이 효과가 있기 때문이다. 배움은 학생들을 배려하는 가르침 없이도 성공할 수 있는 독특한 활동이며, 일부 학생들은 교사가 부주의하더라도 성적이 우수하기 때문이다.

표 7.1의 나머지 부분은 교사가 학생의 지식에 주의를 기울이는 다양한 방법을 보여준다. 어떤 교사는 수동적으로 주목한다. 이 교사들은 학생이 말하는 것을 듣고 쓴 것을 읽지만 수업의 목적으로는 이를 무시한다(표 7.1,

(2)). 이런 교사는 학생들이 의견을 말할 때 잠시 멈추고, 학생들이 질문하면 때때로 대답하지만, 학생들의 아이디어가 어떻게 진행되는지 파악하거나 이에 대응하여 수업을 변경하지 않는다. 이러한 접근 방식의 익숙한 버전 중 하나는 대학의 강사들이나 고등학교 교사들이 학생들의 질문을 받고도 대답하지 않는 것이다. 대신 "나중에 그것에 대해 이야기하도록 하겠다."라고 말하고 다시 독백을 한다. 이런 교사의 수업에서 학생들이 서로의 질문에서 무언가를 배울 수도 있지만, 그 질문들은 수업을 잠시 방해하는 것 이외에 가르침에 전혀 영향을 미치지 않는다. 따라서 교사는 학생들의 지식을 탐구하는 특별한 역량을 기를 필요가 없다. 왜냐하면 일상적인 대화의 지식과 역량이면 충분하기 때문이다.

교사가 취하는 또 다른 입장은 학생들의 지식에 대한 간접적인 관심이다 (표 7.1, (3)). 교사는 동료의 이야기를 듣거나, 학습에 대한 전문적인 도서나 학생 생활에 대한 기사를 읽거나, 학습 이론에 대한 강의를 듣거나, 다른 교사의 수업에서 이루어진 학생들의 지식에 대한 연구를 읽는다. 이러한 종류의 지식은 수업에 대한 일반적인 깨달음의 중요한 원천이 된다. 예를 들어, 예비 초등교사는 책이나 다른 자료에서 어린 아이들이 호기심이 많고 가르치기 쉽다고 배운다. 요즈음 초등학교에서 다양한 학생들을 한 반으로 구성하는 것은 아동 발달에 대한 19세기 후반의 견해에서 비롯되었으며, 교육개혁을 위한 최근의 노력은 효과적인 수업의 요소를 발견했다는 많은 연구에 근거한다. 많은 초등학교 교사들은 아이들이 어른들과 다르게 생각한다는 것을 읽어서 알게 되었고, 어린이들과 함께 사용할 자료를 선택하기 위해 학습 이론에 의존하기도 한다.

누구도 역사적·사회적 환경에서 자신을 고립시킬 수 없기 때문에 교사가 수업에 대한 지식을 경험하는 것을 피하기 어렵기도 하고, 그러한 지식의 일부를 수업에서 사용하기도 한다. 그러나 어떤 교사는 학생들의 지식을 파악하기 위한 어떤 시도도 하지 않는다. 이런 교사들은 학생들이 과제에서 무엇을 하고 수업에서 어떤 발언을 하는지 직접 탐구하지 않는다. 학생들이 제출한 숙제를 읽는 대신 학생들에게 스스로 수정하거나 다른 사람의 숙제를 수정하도록 한다거나, 조교에게 그런 일을 시키기도 한다. 이런 교사는 학생들의 지식에 대한 간접적인 설명을 할 수도 있겠지만, 학생들이 실제로 알고 있는 것을 조사하지 않는다. 학생들의 지식에 대한 이러한 지식은 인간의 발전, 교육과정 이론 또는 청소년 취향의 경향에 대한 전문 지식을 포함할 수 있지만, 특별한 전문 지식이 필요하지 않다.

적극적 주목

대조적으로 학생들의 지식을 직접 파악하고자 하는 교사도 있다(표 7.1, (4)). 이 교사는 학생들에게 질문하고, 시험을 치고, 숙제를 주고, 그들의 답변을 읽고, 학생들의 논의를 듣는 등의 일을 한다. 이러한 탐색은 가르침이 배움을 고려하고 그 간격을 좁히도록 하는데, 그러한 탐색을 하는 방법이 다양하다. 표 7.2가 몇 가지 방법을 제시한다. 하나는 말단적인 방법이다(표 7.2, (1)). 교사는 학생의 지식을 평가하지만, 그 결과를 수업에 반영하지 않는다. 여기서 학생 지식에 대한 교사의 주목은 가르침과 배움의 연결을 개선하는 것이 목적이 아니다. 어떤 경우에는 교사가 어느 기관의 도구적 역할을 수행하기도 한다. 예를 들어, 외부 기관에서 요청한 평가를 교사가 학생들에게 제시하지만, 그 결과를 교사에게 적시에 보고하지 않거나, 평가가 중요하지 않다고 간주하고 교사가 그 결과를 무시하는 경우이다. 배움을 평가하기 위하여 시험을 고안하고, 숙제를 내주고, 수업에서 낭독만 하는 교사도 있다. 이 교사들은 평가 결과를 가르침의 증거로 이용하지 않을 뿐만 아니라 평가 결과에 비추어 자신의 가르침을 수정하지 않는다. 이러한 접근 방식의 교사는 자료를 제시하고 학생은 그것을 공부한다라며 수업을 깔끔하게 구분한다. 교사는 성적이 나쁜 학생들에게 공부를 더 많이, 더 열심히, 더 잘 하라는 말을 하고, 공부 습관이나 역량에 대한 외부의 도움을 받아보라고 조언한다. 사실상 교사는 학생이나 다른 사람들에게 본인이 발견한 문제를 처리할 책임을 위임한다. 학생들의 저조한 학업 성과는 교사가 자신의 행동을 수정해야 한다는 단서가 아니라 학생들이 자신의 행동을 수정해야 한다는 신호로 간주된다. 교사는 학생들의 지식을 알고 있지만, 가르침은 그대로 둔다.

표 7.2 학생들의 지식에 대한 교사의 직접적인 조사

(1) 학생들의 활동을 평가하지만, 그 결과를 고려하여 수업을 조정하지 않는다.
(2) 학생들의 지식을 조사하지만, 오직 가르침과 일치 여부를 판단하기 위해서다. 일치성을 향상시키기 위해 수업을 조정한다.
(3) 학생들 생각의 징후를 파악하기 위하여 학생들의 지식을 조사한다. 학생들의 이해를 향상시키기 위해 수업을 조정한다.

참고 이 표는 표 7.1의 (4)를 확장한 것이다. 다른 표와 마찬가지로, 극단적인 경우와 이상적인 유형만을 제시한다. 따라서 학생들의 지식을 파악하는 많은 추가적인 가능성을 포함하는 여러 방식 중 몇 가지를 나타낸다.

어떤 교사는 수업의 증거로서 학생들의 지식을 조사한다(표 7.2, (2)와 (3)). 교사는 학생들이 어떻게 생각하고, 무엇을 알고, 독서, 강의, 논의에서 어떤 생각을 하는지 파악하기 위하여 시험과 숙제의 학생 답변을 읽고 학생들의 의견을 듣는다. 이런 교사는 가르침과 배움을 향상시키기 위해 학생들의 지식을 숙지한다. 학생들의 지식은 가르침에 대한 중요한 증거이며, 교사는 학생들의 배움에 책임을 진다. 가르침과 배움 간의 깔끔한 분리는 가정되지 않는다.

이러한 방식으로 학생들의 지식에 주의를 기울이는 교사는 수업을 풍부하게 만들 수 있지만, 수업을 복잡하게 만들기도 한다. 예를 들어, 여름 방학 전에 풀었던 나눗셈 문제를 개학 후에는 풀지 못하는 초등학생들이 있다. 학생들은 교사가 설명하거나 교과서의 알고리즘을 단순히 따르기보다 비전통적인 뺄셈을 이용한 방법을 고안하기도 한다. 많은 수업에도 불구하고 대학생들이나 고등학생들은 종교개혁이 이탈리아에서 일어났다고 할 수도 있고, 프랭클린 루즈벨트(Franklin D. Roosevelt)가 미국-스페인 전쟁 기간 대통령이었으며, 운동에 대한 아리스토텔레스의 개념을 수용할 수도 있다. 교사가 수업에서 습관적으로 질문을 하거나, 논의나 낭독을 하거나, 숙제를 내주고 학생들의 답변을 읽기만 한다면, 학생들이 출석만 하고 가르침을 받은 것을 배우지는 않는다는 증거를 수집하게 될 가능성이 더 크다. 그렇게 되면 인간 향상에 대한 글 또는 효과적인 가르침에 대한 연구를 읽기만 하거나 학생들의 지식은 완전히 무시하게 된다. 교사가 직접 학생들의 지식에 대한 증거를 많이 수집하면 할수록, 가르침과 배움이 서로 쉽게 동치가 되지 않는다는 것을 알게 될 가능성이 크다.[5] 이런 불일치는 질문을 유발한다. 가르침이 잘못된 것이었을까, 아니면 학생들이 단순히 듣지 않았을까? 학생들이 듣지 않았다면, 어떻게 하면 잘 듣게 할 수 있을까? 그리고 학생들이 듣고 있었다면, 가르침이 달랐다면 더 많은 것을 배울 수 있을까? 그렇다면 어떻게? 시간만 더 걸릴까? 더 많은 논의, 아니면 숙제 또는 설명? 무언가를 더 한다면, 무엇을 빼야 할까? 이러한 질문들은 교사를 학생들과 연결되도록 이끌 수 있지만, 교사를 당황스럽게 만들 수 있다. 교사는 자신의 성공을 위해 학생들에게 의존하며, 학생들의 지식에 주의를 기울일수록, 무언가 잘못되었다는 증거에 직면할 가능성이 높아지고, 따라서 교사는 성공하지 못한다.

이러한 문제는 골칫거리가 될 수 있지만, 교사는 매우 다양한 방식으로 학생들의 지식을 직접 파악하기 때문에 모두에게 똑같은 골칫거리는 아니다. 많은 경우에 교사는 자신의 말과 생각의 복사에만 귀를 기울인다(표 7.2, (2)). 공식이 맞는지, 사실이 맞는지, 해석이 맞는지 학생들에게 묻고, 교사가 제시한 과제를 학생들이 충실하게 수행했는지에 대한 증거만 찾는다. 충실도가 높을수록 그런 교사는 배움과 가르침이 성공적이라고 판단한다. 일치 여부를 확인하는 것이 학생들이 주목해야 할 것의 범위와 복잡성을 제한하기 때문에 학생들의 지식을 파악하는 것을 제약한다. 학생들이 배운 아이디어, 사실, 연산을 충실하게 되짚어보면, 교사는 배움과 가르침이 올바른 방향으로 나아가고 있음을 알게 되고, 학생들이 이러한 말과 생각에서 벗어나면 교사들은 무언가 잘못되었다는 것을 알게 된다.

학생들의 활동에서 생각의 징후를 찾는 교사가 있다(표 7.2, (3)). 이 교사는 학생들의 고안, 실수, 오해, 지식에 집중하여 학생들이 수업에서 무엇을 구성하는가에 대한 증거를 조사한다.[6] 예를 들어, 로빈슨 크루소(Robinson Crusoe)를 읽고 있는 5학년 학생들은 해변에서 발견한 발자국에 대해 크루소가 어떻게 생각할지 매우 궁금해할 수 있다. 교사는 학생들이 이 책에 대해 알고 있는 것, 크루소를 특징짓는 것, 이러한 것들을 소설의 이전 내용에 대한 지식과 연결하는 방법에 대해 더 많이 배우기를 기대하면서 학생들의 아이디어를 설명하도록 격려할 수 있다. 또 다른 예로, 역사학과 학생들이 미국 남북 전쟁에서 남부가 패전한 이유에 대해 논의를 할 때, 산업 기반의 부족을 원인으로 주장하는 학생이 있는 반면 남부연합의 전략 오류라고 주장하는 학생도 있을 수 있다. 교사는 학생들이 읽기에서 무엇을 구성했는지, 저자들의 견해를 어떻게 해석했는지, 역사적 분석을 어떻게 이용하는지에 대해 더 배울 수 있도록 이러한 논쟁을 장려할 수 있다.

교사가 학생들이 가지고 있는 생각의 징후를 찾을 때, 일치 여부를 확인하는 것보다 더 복잡한 임무를 수행한다. 교사는 타인의 입장에서 생각하지 않고서 타인이 만들어내려는 생각을 이해할 수 없고, 가르침과 배움의 일치 여부를 모색하는 것보다 다른 준거 틀을 파악하는 것이 더 어렵다. 교사가 일치 여부를 확인할 때, 학생들의 활동이 자신이 원하는 것과 일치하는가의 여부만 물어보면 되고, 다른 질문은 필요하지 않다. 그러나 학생들이 문제에 대해 어떻게 생각하고 왜 그렇게 생각하는지 조사하는 것은 더 복잡하다. 이러한 조사는 학생들이 어느 영역의 지식 분야를 구성하는 관행을 이해하기 시작할 때 특히 어렵다. 정규교육을 통해 교사에게는 이미 익숙한 관행이 학생들에게 아직은 불완전하게 습득되었기 때문에 학생들의 질문, 통찰, 아이디어는 생소할 수 있다. 예를 들어, 행이 아니라 열로 더하거나 뺀다거나, 구분되지 않은 한 덩어리가 아니라 주제별로 서술된 단락으로 에세이를 쓰는 것이다. 한 분야를 배운다는 것은 그러한 관행을 배우는 것이라고 할 수 있지만, 학생이 된다는 것은 종종 그 관행을 부분적으로 구사하는 것이다. 교사의 학문적 성취는 학생들의 설명에 대한 이해를 제한할 수 있으며, 학생들의 능력 개발은 자기자신을 교사에게 설명하는 능력으로 제한한다. 교사는 학생의 입장에서 생각할 수 있는 전문 지식과 역량을 갖춰야 한다. 교사는 학생들이 교과에 대해 가지는 불확실함에 대한 친숙함과 학생이 교과를 이해하는 관점에 대한 지식이 필요하다. 교사는 학생들이 주제에 대해 어떻게 생각하는지에 대한 인식, 학생들의 아이디어를 탐색하는 역량, 인내심 있는 경청이 필요하다. 이 임무는 수업을 향상시키는 데 도움이 될 수 있기 때문에 보람이 있을 수 있지만, 부담이 되고 종종 혼란스럽고 때로는 괴롭다.

교사는 학생들의 지식을 파악하기 위한 다양한 방법을 설계하면서 이러한 어려움을 조절한다. 일치 여부만을 확인할 때, 학생들에게 교사가 가르친 내용에 집중하도록 하고, 익숙한 표현을 사용하도록 하여 어려움을 완화한다. 그러한 제한은 교사가 집중해야 하는 자료와 집중하는 과정을 제한하고, 따라서 학생들이 알고 있는 것에 대한 불확실성과 교사가 의존하는 학생들이 만들어낸 자료 모두를 제한한다. 교사가 생각의 징후를 확인하면, 배움과 연결할 수 있는 기회가 늘어나지만, 학생의 지식에 대한 불확실성이 증가하고 학생이 구성하는 활동의 범위가 늘어나는 대가를 치르게 된다.

지식의 개념

교사는 일반적으로 학생의 지식을 스스로 획득하기 어렵다. 교사는 특정한 자료의 특정한 구성을 탐구함으로써 학생들이 무엇을 알고 있는지를 탐구할 수 있다. 예를 들어, 교사가 연산을 사실과 규칙의 체계로 본다면, 이 교사는 그러한 사실과 규칙에 대한 지식을 탐구한다. 따라서 이 교사는 학생들이 올바른 절차를 사용하고 정답을 얻는지 알고 싶어한다. 뺄셈이 어떻게 작동하는지 또는 자신이 고안한 절차가 정당한 이유를 설명할 수 있는 학생들이 있더라도, 이러한 입장의 교사는 이 학생들이 비전형적인 문제 풀이 방법을 고안하거나 계산 오류를 범한다면 뺄셈을 모른다고 생각하기 쉽다. 교사가 학생의 지식을 사실과 절차의 명령이라는 상당히 제한적인 방식으로 정의한다면, 학생들의 혼란이나 아이디어를 지적인 탐구의 징후라기보다는 오류와 산만함으로 볼 가능성이 높다.[7] 반대로, 교사가 연산을 수학적 탐구의 문제로 여긴다면, 학생은 더 크고 잘 정의되지 않은 영역에서 배우고 궁리하게 된다. 예를 들어, 이런 교사는 뺄셈을 아는 것은 절차가 정당화될 때를 알고 그 이유를 설명할 수 있는 것을 포함한다고 생각한다. 교사는 학생들이 문제를 풀 수 있고 정답을 맞출 수 있는지 뿐만 아니라 학생들이 자신의 풀이나 접근 방법을 설명하고 정당화할 수 있는지도 알고 싶어한다. 이러한 교사는 좋은 답, 오류, 아이디어에 대한 예상을 학생들이 알고 있는 것에 대한 유용한 증거로 간주한다.

어떤 교사는 중요한 아이디어, 배움의 단서, 사려 깊음의 증거로 간주하는 반면, 어떤 교사는 오류, 주의 산만, 배움과 무관한 것으로 간주한다. 학생의 작업을 정답과 오답 또는 정확한 절차와 잘못된 절차로 취급하는 것은 학생들이 만들어내고 교사가 이해해야 하는 것을 단순화함으로써 배움에 대한 배움에서 교사의 어려움을 제한할 수 있다. 대조적으로, 학생들의 활동을 수학적 탐구의 증거로 간주하는 것은 학생들이 만들어내고, 교사가 이해해야 하고, 배움을 조사하는 교사의 노력을 복잡하게 만든다.

위의 내용을 이렇게 해석할 수도 있다. 교사가 배움을 탐구 관행의 습득으로 본다면, 이런 교사는 학생들의 생각과 교사의 생각의 일치 여부를 확인하지 않는 것이 아닌가? 지식을 고정된 것으로 보는 교사가 학생들의 사고를 조사할 수 있을까? 정의상 지식의 관점은 학생들의 지식을 어떻게 파악할 것인가에 대한 관점이 아닌가?

교사들이 완전히 일관적이라면, 그럴 수도 있다. 그러나 실제로는 지식을 고정된 것으로 보는 일부 교사들은 학생들이 수업에서 무엇을 이해하는지 주의 깊게 조사하기도 하며, 배움이 탐구 관행의 습득이라고 믿는 일부 교사들도 자신의 생각과 학생들의 생각이 일치하는지 확인하기도 한다. 교사가 학생들의 지식을 파악하는 과정은 적어도 교사가 지식을 어떻게 바라보는지 그리고 지식을 확장하는 방식과 무관하다. 게다가 지식에 대해 비슷한 견해를 가진 교사들이 학생들의 배움에 대해서는 서로 다른 접근 방식을 사용하기도 한다.

표 7.3은 교사가 가지고 있는 지식의 개념과 학생들의 지식에 대한 파악 방식을 보여준다. 가장 일반적인 것은 지식을 고정된 것으로 보고 학생들의 지식과 자신의 지식의 일치 여부를 탐색하는 교사들이다(표 7.3, (1)). 이 접근법을 취하는 교사는 학생들의 지식에서 특정 부분에만 익숙해질 수 있다.

표 7.3 지식의 개념과 학생들의 지식 파악 양식

	지식의 개념	
	고정됨	탐구의 관행
일치 여부 확인	(1) 교사는 사실과 규칙에 대한 학생들의 이해를 체계적으로 확인한다. 따라서 교사는 학생들이 피상적으로 가지고 있는 지식을 잘 알 수 있다. 학생들의 아이디어, 오해 등에 대해 거의 알고 있지 않다.	(2) 교사는 학생들이 상대적으로 복잡한 지식을 재생산하는 역량에 대해 잘 알고 있을 수 있다. 그러나, 교사는 학생들의 아이디어, 오해 등에 대해 깊이 알고 있지 않다.
활동에서 생각의 징후에 집중	(3) 교사는 (1)보다 학생들이 수업에서 구성해내는 지식에 대해서 더 잘 알고 있을 수 있으나, 그 깊이가 제한적이다.	(4) 교사는 학생들의 아이디어, 고안, 오해 등에 대해 폭넓게 알고 있다.

이 교사는 학생들이 어떤 문제를 풀 수 있고 흔한 실수가 무엇인지 알 수 있고, 이에 따라 수업에 집중할 수 있다. 그러한 지식은 '기초 역량'과 '효과적인' 가르침을 강조하는 수업에서 핵심 개념이었다. 이러한 방식으로 가르치는 교사들은 지식을 명확하고 질서정연하게 제시하고, 학생들이 그 지식을 습득했는지 확인하고, 그러한 점검 결과를 이용하여 다음 수업으로 나아간다.[8]

이런 방식으로 가르치는 것도 교사가 사용하는 담화 조직에 따라 차이가 있다. 표 7.4에 그 방식이 제시되어 있다. 많은 교사들은 주로 간접적인 상호작용 - 예를 들어, 쓰기 숙제, 객관식 시험, 빈 칸 채우기 연습, 연습 문제, 자습, 체크리스트 - 에 의존하여 학생들이 알고 있는 것을 조사한다(표 7.4, (1)). 학생들의 응답은 교재 또는 답안지와 비교하면서 확인하거나, 조교가 채점하거나, 평가 담당자가 표로 작성할 수도 있다. 이러한 조치로 인해 교사는 학생들의 지식을 깊이 있게 조사할 여지가 거의 없다. 이는 원격 학습이거나 교실에서 자습을 하거나 상관없다. 피상적인 지식에 대한 질의와 응답만 있으므로 교사의 지식과 역량에 대한 요구가 제한적이고, 따라서 교사의 적절한 상호 작용 능력이 필요하다.

대조적으로 많은 교사들은 학생들의 지식을 조사하기 위해 직접적인 상호작용을 한다(표 7.4, (2)). 이 교사들은 학생들에게 자료에 대해 질문하는 등 학생들이 알고 있는 바를 파악하기 위한 다양한 방법을 찾는다. 이런 직접적인 조사는 학생들의 지식을 파악하기 위한 여지를 많이 넓혀주고, 학생들에게는 탐구할 수 있는 여지를 더 만들어 준다. 이를 위해 교사는 더 많은 상호 작용 역량이 필요하지만, 교사가 학생들의 지식을 꾸준히 탐구할 기회가 거의 없기 때문에 자료나 교재에 대한 교사의 지식이 많이 필요하지는 않다.

표 7.4 담화 조직, 지식의 견해, 학생 지식에 대한 파악 사이의 상호 작용이 가르침에 미치는 영향

지식을 고정된 것으로 간주하고 일치성 검토	
간접적인 상호 작용 탐색	직접적인 상호 작용 탐색
(1) 객관식 시험, 숙제, 학습지, 체크리스트 등을 이용하여 학생의 지식을 조사한다. 교사와 학생들은 지식의 견해, 탐구 방식 및 담화의 제약으로 인해 깊이 탐색할 수 없다. 학생들의 교사의 견해에 대한 조사는 상당히 제한적이다. 교사는 상호 작용 역량뿐만 아니라 탐구 기술에 대한 지식도 필요하지 않다. 사전에 계획되어 준비된 평가가 일반적이다.	(2) 학생들의 지식을 조사하기 위해 간단한 질의응답이나 형식적인 낭독을 이용한다. 이러한 탐색의 깊이와 범위는 지식의 견해와 탐구 방법의 제약으로 인해 제한적이다. 또한 담화 양식도 조사를 제한하지만, 간접적인 상호 작용보다는 덜 제한적이다. 학생들도 교사의 지식을 조사할 수 있지만, 대개의 경우 광범위하지는 않다. 교사는 적절한 발문을 생각하고 빠르게 답변을 평가할 수 있는 상호 작용에 대한 약간의 지식과 역량이 필요하다.

지식을 탐구의 결과로 간주하고 활동에서 생각의 징후 탐색	
간접적인 상호 작용 탐색	직접적인 상호 작용 탐색
(3) 학생이 무엇을 알고 있고 얼마나 잘 설명할 수 있는지 조사하기 위해, 보고서나 독후감 쓰기 등을 이용한다. 교사와 학생들은 상당히 깊이 있는 탐색을 할 수 있다. 교사는 학생들이 교사의 지식을 조사하도록 격려할 수 있다. 교사는 상호 작용에 대한 지식이나 역량이 거의 필요하지 않지만, 좋은 발문을 하고 학생들의 답변에 신중하게 대응하려면 해당 교과에 대한 상당한 전문 지식이 필요하다.	(4) 학생들이 알고 있는 것을 조사하기 위해 논의, 토론, 다양한 대화 등 직접적인 담화를 이용한다. 학생들은 서로의 지식과 심지어 교사의 지식에도 도전하도록 격려받는다. 교사는 자료에 대한 상당한 지식, 상호 작용 역량, 이 둘을 결합하는 방법이 필요하다.

교사는 학생들의 지식에 대한 탐구를 심화시키기보다 부분적으로 학생들의 지식을 조사하기 때문에 교사는 학생들의 지식에 대해 약간 알고 있는 것을 교과서의 순서 페이지에 나와 있는 각 목록이나 숙제의 일부로만 연결한다. 비록 이런 방식으로 일하는 일부 교사는 자료나 교재에 대해 깊이 알고 있지만 그것이 딱히 필요한 것은 아니며, 더욱이 학생들의 지식을 파악하는 많은 특별한 역량이 필요하지도 않다. 이러한 접근 방식이 교사의 지식 - 특히, 대학 강사나 고등학교 교사의 지식 - 과 밀접하게 연결되어 있지 않기 때문에 교과에 대한 교사의 지식 향상이 가르침을 변화시키지 않을 수 있다. 그러한 가르침은 예를 들어, 기초 연산 또는 고급 통계에 대해 학생들이 알고 있는 바에 대한 불확실성을 제한하는 데다가, 지식의 개념과 그것을 탐구하는 방법이 모호성의 다른 원인을 제한한다. 즉, 주어진 것 중에서 답을 선택해야 하고, 한 가지 답만 선택할 수 있으며, 빈 칸만 채울 수 있고, 답을 맞히거나 틀린다. 이러한 종류의 보고는 명확하고 또렷하며 비교적 이해하기 쉽다. 학생들이 언제 성공했고 실패했는지 상대적으로 쉽게 알 수 있다. 참과 오류가 명백히 보이고, 수업은 상대적으로 관리하기 쉽다. 또한 이러한 접근 방식은 교사의 조사에 대한 학생들 반응의 복잡성뿐만 아니라 교사가 학생들에게 의존하는 성과 또한 제한함으로써 학생들에 대한 교사의 의존도를 제한한다. 학생들도 이러한 방식에 익숙해져 있거나 불확실성을 용인하지 않기 때문에 학생들이 교사에게 이러한 방식을 기대하기도 한다. 학생들의 지식을 아는 것은 교사와 학생들이 관계를 조절하는 하나의 매개체이며, 이러한 접근 방식을 이용하는 교사는 가르침의 어려움을 제약하면서 가르침을 연습할 수 있다.

이와 다르게 일부 교사는 지식을 어떤 분야의 초보 탐구자로서 학습자의 활동에 대한 증거로서 간주하고 학생들의 사고에 대한 면밀한 파악을 추구한다(표 7.4, (3)과 (4)). 이 교사는 학생들이 합리적인 추정을 하고, 어려운 문제에 대한 해결책을 고안하며, 자신의 오류를 분석하고, 어느 한 방식으로 문제를 파고드는 이유를 설명하도록 격려한다. 교사가 학생들의 아이디어를 더 효과적으로 이끌어내고, 학생들의 지식에 대해 더 깊이 알게 될수록 이에 대응하는 수업을 더 현명하게 설계할 수 있기 때문에 위와 같은 임무가 상당히 생산적일 수 있다. 그러나 자료를 이해하려는 학생들의 노력은 부분적으로 이해되거나 또는 모호하게 표현되는 아이디어, 의견 충돌 또는 어리둥절함으로 이어지기도 한다. 교사가 학생들에게 그러한 자료를 제공하고 탐구하게 할수록, 학생들은 더 복잡한 상황에 맞닥드리게 된다. 한 학생의 아이디어에 매우 주의를 기울이는 것은 상당히 어려운 일이고, 20명의 아이디어에 주의를 기울이는 것은 훨씬 까다로운 일이다. 이 접근 방식에 사려 깊은 대응을 하려면, 교사의 임무는 더 어려워진다.

일부 교사는 이러한 임무를 완화하기 위하여 간접적인 상호 작용을 이용하여 학생들이 수업에서 무엇을 구성하는지를 탐색한다(표 7.4, (3)). 예를 들어, 대학 교수가 강의에 대한 학생들의 이해 정도를 파악하기 위해 산문이나 보고서를 쓰는 과제를 학생들에게 부여하는 것이다. 교수가 사려 깊은 과제를 제시하고 슬기롭게 제출물을 읽는다면, 논의나 토론 없이도 학생들의 아이디어에 대해 파악할 수 있다. 이러한 임무에는 상당한 지식과 지적인 역량이 필요하지만, 교사는 교무실에서 학생들의 제출물을 읽고 학생들의 지식을 파악하기 때문에 상호 작용에 대한 지식이나 역량이 필요하지 않다. 이 교사는 교실의 공적인 영역이 아닌 자신만의 생각이라는 사적인 공간에서 가르침의 불확실성과 의존성을 다룰 수 있다.

교사가 논의 같은 직접적인 담화에서 수업을 이해하려는 학생의 노력을 조사한다면, 더 많은 것들이 필요하다(표 7.4, (4)). 교사는 학생들이 서로의 아이디어를 이해하고 있는지 파악하는 동시에 그러한 이해를 도와야 하고, 학생들이 의미하는 바를 이해하려고 시도하면서 학생들의 활동도 관리해야 한다. 정답이나 오답 대신에 교사는 아이디어, 논거 및 이해하려는 노력의 다른 증거에 집중한다. 이러한 임무를 수행하기 위해 교사는 학생들의 지식에 대해 개방적이어야 하는데, 그러다 보면 온갖 일들이 일어날 수 있다. 교사는 과제에 대한 깊은 지식, 학생들이 이 과제에 대해 어떻게 생각할 지에 대한 파악, 수업에서 복잡한 상호 작용을 관리하는 역량이 없이 그러한 임무를 잘 수행할 수 없다. 이러한 방식으로 학생들의 지식을 파악하는 것은 상반된 아이디어와 모호성을 이끌어낼 수 있기 때문에 수업에서 상당한 불확실성을 다룰 수 있어야 한다. 학생들이 배움에 대한 유용한 증거와 아이디어를 제공하지 않으면 교사의 임무가 잘 수행될 수 없기 때문에 교사는 학생들에 대한 명백하고 광범위한 의존을 잘 대처할 수 있어야 한다. 예를 들어, 학생들이 침묵하거나 엉뚱한 의견을 내놓는다면, 교사는 수업이라는 공적인 영역에서 실패하는 것처럼 보일 수 있다.

교사가 학생의 관점을 꾸준히 유지하기 위해서는 학생의 지적인 위치에 자신을 두는 역량과 마음이 모두 필요하다. 그러나 교사가 자신의 일에 대한 명확한 감각이 없다면 가르침과 배움은 잘 되지 않는다. 교사는 일종의 이중적인 의식을 함양해야 한다. 학생들이 교사가 제공한 자료를 어떻게 생각하고 이해하는지를 배우고, 그 배움을 가르침에 이용할 때 지적 이타심을 추구하게 된다. 다른 한편으로는 자료에 대한 깊은 지식과 바람직한 임무에 대한 명확한 견해가 있다.[9] 교사는 이러한 방식으로 임무를 수행하는 법을 배울 수 있는데, 이는 기존의 가르침이나 일상적인 대화의 습관과는 반대로 당연하지 않은 일이다.

이러 종류의 일은 어디에서나 쉽지 않지만, 미국에서 특히 힘들었다. 공통 교육과정의 부재는 학생들이 특정 과제에 대해 어떻게 반응하는지, 학생들의 오해에는 어떤 것들이 있는지, 학생들의 활동에 대해 어떤 유용한 대응이 있을 수 있는지에 대한 공통의 지식을 교사들이 개발하지 못했다는 것을 의미한다. 이러한 지식의 부재는 교사 교육이 이러한 문제에 집중할 수 없다는 것을 의미하고, 따라서 대부분 초임 교사들은 학생들의 이해에 대해 파악하거나 학생들의 아이디어에 응답하기에는 상당히 준비되지 않은 상태로 교실에 들어가게 된다. 학생들이 과제를 어떻게 이해하는지 확인하는 등 수업을 개선하기 위해 교사들이 협력하는 레슨 스터디(Lesson Study)와 같은 관행의 부족으로 인하여 현직 교사들이 수업 개선에 중점을 둔 전문적 공동체가 제공할 수 있는 사회적 자원을 가질 수 없게 되었다. 이러한 자원이 없는 상황에서 학생들의 지식을 깊이 파악하고자 하는 교사들은 홀로 자신의 개별적인 자원을 이용해야 했다. 따라서 대부분의 교사들이 덜 까다로운 길을 택하는 것은 놀라운 일이 아니다.

우리는 대부분의 경우 이해받는 것처럼 행동한다. 우리가 이해되었는지 간헐적으로 확인하기도 하지만, 이해를 뒷받침하는 증거를 요구하지 않고 나오는 정중한 보증을 받아들이는 경우가 많다. 때때로 우리는 대화의 상대가 우리의 말을 어떻게 생각하는지 설명해보도록 요청한다. 이런 경우, 우리는 그들의 이해가 우리의 이해와 다르다는 것에 종종 놀라게 된다. 그런 놀라움에도 불구하고, 우리는 보통 그저 속상해하는 믿음을 받아들인 것처럼 행동하면서 앞으로 나아간다. 우리가 이해되고 있다는 가정과 이해는 다른 사람의 마음의 사본이라는 가정은 일상 생활의 구조에서 어려운 두 가닥의 실처럼 보인다.

교사들은 동일한 신념을 수용하고 동일한 퍼즐을 맞닥뜨리지만, 몇 가지 부가적인 임무도 있다. 교사들의 임무는 학생들의 이해를 돕는 것이기 때문에 교사의 말과 과제에 대한 학생들의 파악이 특히 중요하다. 왜냐하면 교사와 학생들 간의 상호 이해가 부족하면 학생들이 성공할 확률이 낮기 때문이다. 일상적인 담화에서 그런 책임을 지우는 경우는 거의 없다. 따라서 교사가 할 수 있는 생산적인 임무 중 하나는 학생들의 지식을 익히고 그에 따라 수업을 하는 것이다. 그러나 교사는 다른 사람의 향상을 위한 단순한 도구가 아니다. 교사는 성공을 추구하고, 그것을 위해 학생들에게 의존한다. 교사의 말과 과제가 어떻게 이해되는지가 매우 중요하다. 학생들이 배우지 않았다거나 알지 못하다는 증거를 찾아내는 것은 교사가 할 수 있는 가장 위협적인 일 중 하나이다. 이해하지 못한 학생은 교사에게 실제로 혹은 잠재적인 실패이다. 학생들이 배우지 않았다는 증거가 생생할수록 더 큰 골칫거리가 될 수 있다.

이것은 가르침의 또 다른 어려움이다. 학생들의 지식을 아는 것은 희망적이기도 하지만, 난제이기도 하다. 모든 교사는 그러한 파악에 대하여 어떤 입장을 취하는데, 이 책은 그러한 입장을 어려움을 부분적으로 관리하는 방법으로 해석했다. 극단적으로 어떤 교사들은 학생들의 지식을 파악하려 하지 않거나 매우 제한적으로만 조사한다. 이런 교사들은 학생들의 배움에 대하여 배울 수 있는 기회와 학생들의 배움을 향상시킬 수 있는 기회를 차단하고, 그래서 실패로부터 자신을 보호한다.

어려움을 주의 깊고 신중하게 관리할 수 있는 몇 가지 대안이 있다. 교사는 학생들의 지식에서 특정 면모를 면밀히 모니터링하고, 옳거나 그릇된 수행의 징후를 찾으며, 어떤 활동이 수용될 수 있는지에 대한 명확한 표현을 하고, 학생들의 활동에서 이러한 요소들을 반영하여 수업을 조정할 수 있다. 교사는 학생들의 배움에 대한 증거를 찾더라도 지식을 고정된 것으로 해석하거나 자신의 생각과 일치하는지 여부를 모니터링하기 때문에 찾아낸 증거에 대한 성공의 범위를 좁힌다. 이 접근 방식으로 문제를 식별하고 문제 해결을 위한 조치를 취하는 것을 쉽게 할 수 있다. 이런 종류의 가르침이 배움에서 드러나는 문제를 파악하게 되면, 교사는 학생들의 활동을 향상시키고 배움이 더 나은 가르침의 사본으로 만들 수 있는 기회를 제공하는 방식으로 대응할 수 있다. 이는 이해의 틈도 좁힐 뿐만 아니라 교사들이 다루어야 하는 문제들도 줄인다.

그러나 교사가 지식을 탐구를 위해 노력한 결과로써 해석하고, 활동에서 생각의 징후를 조사할 때, 교사는 더 심각한 어려움에 직면하게 된다. 교사가 학생들의 지식을 깊이 숙지하고자 하면서 학생들이 수업 내용을 이해할 수 있는 기회를 늘리려는 방식으로 가르치면, 교사는 학생들의 논쟁, 고안, 혼란이 수업의 일부가 될 가능성을 높인다. 이는 학생들이 무엇을 알고 있고 어떻게 생각하는지를 교사가 배울 수 있는 기회를 증가시키고, 학생들의 이해를 향상시킬 수 있는 방식으로 수업을 수정할 수 있는 기회 또한 증가시킨다. 그러나 교사는 학생들이 배우지 않았거나, 혼란스럽거나, 의도하지 않은 것을 배웠다는 증거를 파악하려고 하지 않으면 그렇게 할 수 없다. 게다가 이 모든 것은 교사가 성공하지 못했을 수도 있다는 증거로 간주될 수 있다.

이러한 방식으로 일하는 교사는 이해를 주의 깊게 확인하고 재확인해야 한다는 당연하지 않은 생각에 찬성하고, 자신이 이해되고 있다는 일반적인 견해를 버려야 한다. 교사는 배움이 다양한 종류의 이치를 만드는 것이고, 학생의 아이디어는 존중받아야 하고, 분석되고, 받아들여질 가치가 있다는 견해에 찬성하여 배움은 가르침의 사본이라는 통념을 버려야 한다. 교사는 그러한 임무를 수행하기 위해 다른 사람의 지식에 대해 많은 것을 알고 능숙하게 탐구해야 하지만, 보통의 사람들은 기피하는 실패의 증거에 대해 교사는 스스로를 취약하게 만들어야 한다. 이러한 종류의 임무는 어느 상황에서도 어렵다. 특히, 공교육이 교사가 배움과 가르침을 연결하는 데 부담을 덜 줄 수 있는 사회적 자원을 거의 제공하지 않는 미국에서 특히 어렵다.

8

가르침을 향상시키다

필자가 이 책을 쓰게 된 첫 번째 이유는 가르침에 대한 이해를 높이는 것이다. 또 다른 이유는 미국에서 가르침을 구현하는 것이 어려운 이유를 파악하는 것이다. 앞서 살펴본 바와 같이, 가르침은 지적 요구 수준이 높고, 학생의 활동에 주의를 기울여야 하며, 통찰적인 대화를 이끌어내야 하는, 즉 학생과 함께하는 실천적 활동이다. 만약 이 두 가지 목적을 달성한다면, 다음 두 질문에 대한 답도 찾을 수 있을 것 같다: 무엇이 가르침의 관행을 구현가능하게 할까? 그리고 최근의 많은 교육 개혁이 실망스러운 이유는 무엇일까? 이 책을 집필하게 된 두 가지 이유에 대한 분석 결과를 앞서 여러 장에 걸쳐 논의하였다면, 이제 그러한 분석의 핵심 요소를 모아서 마지막 두 질문에 대해 답하고자 한다.

지금까지 분석을 요약하면, 지적 요구 수준이 높고, 학생의 활동에 주의를 기울이며, 통찰적인 대화를 이끌어내는, 그러한 학생과의 활동을 교사가 할 수 있도록 지원하면서, 교사라는 직업의 어려움을 관리할 수 있도록 미국의 공교육이 조직되지 않았다는 것이다. 심리치료사, 사회복지사 등의 직업에 종사하는 전문가들과 마찬가지로, 교사는 사람의 생각, 감정, 신념, 조직, 지식이 향상하는 것을 목적으로 한다. 이러한 임무에는 몇 가지 어려움이 공통으로 있다. 이러한 직업들은 일반적으로 교육을 받은 후 자격을 갖게 되는데, 궁극적으로 이러한 직업의 성공은 고객의 성공에 달려있다. 고객의 참여 없이 임무를 수행할 수 없고, 고객의 적극적이고 지적인 참여가 없이 야심있게 임무를 수행할 수 없기 때문에 이러한 직업은 고객이 무언가를 향상시키고자 하는 의지와 능력에 의존한다.

게다가 이러한 직업에서 전문성이 훈련된다 하더라도, 이것만으로는 부족하다. 한 가지 이유는 실행의 결과와 수단에 대한 불확실성이며, 또 다른 이유는 타인과의 활동에 대한 예측불가능성이다. 따라서 이러한 직업은 희망, 용기, 인내에 대한 지원도 필요하다. 이것들이 전문성의 특징이라고 할 수는 없지만, 이것들이 없으면 전문성이 발현될 수 없다. 실제로 야심찬 임무에 불확실성이 더 많이 나타나며, 전문적인 해결책이 없는 경우가 많다. 이러한 불확실성 때문에 더 많은 지원이 필요하다. 전문성은 중요하지만, 임무를 수행하는 데 있어서 대개의 경우 불충분하기 때문이다.

공교육이 교사의 가르침을 지원하는 방식으로 이러한 어려움을 관리하는 데 도움이 되지 않는 이유는 무엇일까?

필자의 답은 정부의 설계에서 시작하였다. 정부에 대한 제퍼슨 대통령의 불신("최소한으로 통치하는 정부가 가장 좋은 정부다")과 경제적 자유주의로 인해 주 정부는 교육을 관리하거나 향상시키는 능력을 개발하는 데 거의 노력하지 않았다. 그 대신, 대부분의 주 정부는 교육 인프라의 핵심 요소인 교육과정과 시험을 민간 기업에 외주를 맡겼다. 또한 연방 정부(연방주의, 권력 분산, 지방 분권)로 인해, 주와 지방, 심지어 학교에서 일관된 원리를 세우고 실천하는 것이 어려웠다. 이러한 특징은 교육 인프라의 개발을 방해했다. 학교에는 공통 교육과정, 교육과정 기본 틀, 교육과정과 연계된 공통 시험, 교육과정에 기반을 둔 일반적인 수업의 구현, 학생들이 공부하는 교육과정을 가르치는 데 중점을 두는 교사 교육이 없었다.

물론 이러한 것들의 존재만으로는 양질의 교육을 보장할 수 없다. 이는 교육 인프라가 어떻게 설계되고 교사가 이를 어떻게 사용하는지에 달려있으며, 그 사용은 다시 학교 제도의 능력, 그 안에서 일하는 사람, 그리고 사회가 이들을 어떻게 지원하는지에 달려있다. 그러나 미국의 교사들은 이러한 자원이 부족했기 때문에, 공유된 직업적 지식과 역량을 형성하는 데 큰 어려움을 겪어왔다. 교사에게는 학생들의 활동에 대해 적절한 판단을 내릴 만한 공통의 틀이 없었고, 가르침·배움 문제를 확인하고 조사하고 논의하고 해결하기 위한 공통의 언어도 없었다. 따라서 예비교사 교육을 위해 체계화될 수 있는 공통의 지식 또한 거의 없었다. 교사들은 개별적으로 지식과 기술을 개발했고, 그 중 일부 교사만 매우 전문적이었다. 그러나 공교육은 교사의 개별적인 지식과 기술을 공동의 노하우로 전환하고, 이를 공유하고, 분석을 통해 향상시키고, 초임 교사가 이를 이용할 수 있는 수단을 개발하지 못했다. 사회적 지원이 약하다 보니, 직업의 질이 떨어지고, 개별 교사의 지식과 기술 개발이 지연되었다.

학교 거버넌스의 정치적 분열, 그리고 가르침에 대한 공통의 지식을 형성할 수단의 부족은 또한 교사들이 조직을 형성할 때 교육 문제보다 주로 임금, 근무 조건, 시민 자유 문제에 영향력을 행사하는 데 주력했음을 의미한다. 기업에는 그에 합당한 노조가 있기에, 교사 노조는 역사적으로 수업 관행의 개선을 위한 지식과 기술을 형성하는 데 대한 지역 학군의 무관심을 반영했다고 대개 이야기한다. 대부분의 역사에서 미국 교사 연맹(American Federation of Teachers)과 미국 교육 협회(National Education Association)는 단체 교섭 이슈 중 가르침에 대한 지식과 역량의 우선 순위를 낮게 두었으므로, 이들은 지식이 풍부한 직업을 구축하는 데 기여하지 않았다.

거버넌스의 설계는 또한 학교가 대부분의 지역에서 재정 지원을 받았음을 의미하며, 경제적·인종적 분리가 증가함에 따라 학군 간, 그리고 학군 내 학교 간 교육 자원이 점차 불균등하게 분배되었다. 이러한 불균등은 학생들의 매우 불평등한 사회경제적 배경과 결합되어 가장 가난한 학교에서는 양질의 교육을 받기 어렵게 만든다. 대부분의 학군 간 자원 균등화 계획은 지방 정부의 정치 구조에 정면으로 배치되기 때문에 주 내의 재정 불균등은 해결하기가 매우 어려웠다. 주 정부가 학교 재정에서 더 큰 역할을 수행함에 따라 주 간 부의 차이로 인해 학교 지출에서 주 간의 큰 불균등이 발생했다.

지방 자치와 권력 분산은 압력 단체가 학교 거버넌스에 침투하기 쉽게 만들었고, 자신들의 관점을 요구하도록 하는 수많은 시발점을 만들었다. 상반되는 이해 관계와 이데올로기에 대한 접근을 열어놓은 정부의 설계는 또한 가르침에 대한 저해 요소를 만들었는데, 이는 갈등을 유발할 수 있다. 공교육이 의무이고, 대중이 참여하는 일괄 처리 방식의 기업처럼 성장한다는 것은 향상에 대한 상호 간의 헌신을 위해 조직된 공립학교나 학교 제도가 거의 없음을 의미한다.

따라서 미국의 학교는 매우 느슨한 조직이며, 가르침에 대한 공통지식이 거의 없다. 교사가 가르치는 방식에 공적인 제약이 존재하는 것은 아니지만, 야심찬 관행의 전통을 발전시킬 기회 또한 거의 없었다. 미국 역사 대부분에서 교사는 자신의 활동이 학부모와의 갈등을 유발하지 않고 학생들을 감당하지 못하는 상황이 되지 않는 이상, 개혁과 그 밖의 조언에 대한 반응을 형성하면서 거의 간섭받지 않고 원하는대로 가르칠 수 있었다. 교사 교육은 일반적으로 취약하기 때문에, 대부분의 교사가 가르치는 방법에 가장 큰 영향을 미친 것은 유치원부터 12학년까지의 교실에서 학생으로서 겪은 경험, 그리고 초임 교사로서 교실에서 겪은 경험이었다. 따라서 미국에서 대부분의 가르침은 공교육이 시작된 이래로 매우 인습적이었다. 더욱이, 이와 같은 가르침은 명확하고 일관된 수업 지침이나 가르침의 향상을 위한 지속적인 도움을 받지 않고 세대에 걸쳐 교사들에 의해 전달되어 왔다.

어떠한 상황에서도 야심찬 가르침은 어렵지만, 이를 지원할 수 있는 공통의 지식, 조직, 교직 문화가 부족한 학교에서는 특히 어렵다. 그 결과 권장할 만한 가르침은 미약했고, 가르침의 관행은 산발적이며 서로 독립적으로 존재했다.

한편, 교사는 대개 변화에 저항적이라고 여겨진다. 개혁가들은 가르침을 빙하기처럼 변화가 없는 직업으로 본다. 일부 교사들은 확실히 유연하지 못하지만, 몇 년 동안 연방 또는 주 차원의 개혁에 대한 반응을 관찰한 결과, 대부분의 교사는 이에 대해 견실하게 대응하였다. 그러나 교사들은 단지 그들이 할 수 있는 방식으로만 했다. 즉, 교사는 자신의 방식으로 조언을 모호하게 이해하고 실행하였으나, 그러한 교사를 돕는 지원은 매우 미약했다. 가르침의 유연함, 인프라의 부족, 느슨한 조직은 각각의 교사가 개혁에 반응하도록 하였으나, 깊이 있게 개혁에 반응하도록 하지 못하였다. 교사는 개혁으로 인해 자신의 가르침에 큰 변화가 있는 것으로 간주하였으나, 개혁가와 평가자의 입장에서는 매우 제한적인 수준이었다.[1]

가르침의 확실한 향상은 일관된 인프라의 부족, 이를 잘 활용할 수 있는 수단, 진보를 위한 상호 간의 약속과 헌신을 촉진하는 수단을 찾는 방법에 달려있다. 최근 성과급, 학교 구조조정(school turnaround) 및 학교 책무성(school accountability)은 이러한 문제를 다루지 않고, 안타깝게도 가르침에 대하여 협소하고 도구적인 관점을 취한다. 그들은 거의 전적으로 학습 향상을 위한 중개의 역할로만 가르침을 취급하며, 제도에 의해 비롯된 문제도 개인의 문제인 것처럼 설정하곤 한다.

예를 들어 학교 구조조정은 최근 연방 및 주 정책의 핵심적인 특징이지만, 많은 학교가 구조조정에 들어갔음에도 몇 년이 지나도 성공적으로 위기를 벗어난 학교는 거의 없다. 게다가 학교가 중대한 변화를 일으켜도 이를 유지하기는 어렵다. 학교 구조조정에 대한 연구에 따르면 이러한 개혁은 매우 어렵고, 성공률이 20~25%로 낮다고 알려져 있다.[2] 취약한 학교를 튼튼한 학교로 바꾸려는 혁신적이고 성공적인 노력에 대한 이야기는 거의 없다.[3] 미국교육정책국은 다섯 개의 주에서 이러한 노력을 연구하였는데, 캘리포니아 주에 대한 보고서는 "연방 정부의 구조조정 전략은 학생들의 학업 성취도를 향상시키는 데 거의 도움이 되지 않았다."고 결론지었다.[4]

학교 구조조정 전략의 두 가지 특징은 이러한 결과를 설명하는 데 도움이 된다. 하나는 교육 내용에 주목하지 않았다는 것이다. 학교 구조조정의 성공은 강력하고 새로운 리더십, 교사의 해고와 신규 고용, 교장과 교사에게 조언할 수 있는 '저명한 교육자'의 활용, 규칙을 어기는 학생을 퇴학시키는 등의 엄격한 학생 훈육에 달려 있다고 일컬어진다. 교육과정, 가르침, 교사 교육은 거의 언급되지 않는다.[5] 다른 하나는 구조조정 대상이 된 각 학교가 개별적으로 고쳐나가야 하는 개개의 실패로 취급된다는 것이다. 이러한 학교의 문제는 제도 실패의 근거로 간주되지 않으며, 학교 구조조정에 대한 노력은 학교의 문제를 교육 제도의 일부로 취급하지 않는다. 그러나 만약 각 학교가 공통된 교육 프레임을 제외하고 자체적으로 구조조정을 해야 한다면, 성공을 위해서는 각 학교의 교육 수레바퀴를 새로 만들어야 한다. 향상을 지원하도록 설계된 제도로부터의 도움이 결여된 채로 성공을 유지하려면, 각 학교를 유지하기 위한 막대한 노력이 지속되어야 한다. 이러한 개별적 방식으로 학교 개선을 이해하고 처리하게 되면, 독립적인 학교에서 양질의 교육을 제공하고 유지하기가 더 어렵기 때문에 성공의 문턱이 더 높아진다.

성과급은 현재 이루어지고 있는 개혁의 또 다른 특징이다. 성과급의 목표는 학생의 배움에 대한 각 교사의 기여도를 추정하기 위해 학생 성과를 종적으로 측정하여 어느 교사가 더 질적으로 우수한지를 구별하는 데 있다. 학생들이 더 높은 성과를 보이면 교사에게 보상을 주거나 더 낮은 성과를 보이면 해고하는 것이 목적이다. 성과급은 제도 재설계에 막대한 투자를 하지 않고도 학생들의 성과를 크게 향상시킬 수 있다. 성과급 아이디어는 폭넓은 지지를 받고 있는데, 오바마(Obama) 대통령, 덩컨(Duncan) 교육부장관 역시 일부 정부 관료, 주지사, 공교육에 대한 기업 비평가 및 대규모 재단과 마찬가지로 성과급 제도를 선호한다. 연방과 재단의 인센티브에 응하여, 여러 주와 지방에서는 그러한 계획을 마련하고 실시하고자 노력하고 있다.

성과급의 한 가지 문제는 어떤 교사가 학생들의 시험 성적을 높일 수 있는지에 대해 유효한 결정을 가능케 하는 교육 제도가 미국에는 부족하다는 것이다. 게다가 연구자들의 보고에 따르면 성과급은 학생들의 성적을 높이지 않으며, 또한 기존의 시험이 분포의 극단을 제외하면 가르침의 질에 대한 합리적인 의사결정을 돕지 못한다는 것이다.[6] 후자에 대한 이유 중 하나는 시험의 신뢰도가 제한적이라는 것이다. 즉, 한 차례 시험을 치러서 나온 점수가 1~2주 후 동일한 시험을 시행했을 때의 점수를 제대로 예측하지 못한다는 것이다.[7] 시험 결과도 그다지 잘 일치하지 않는다. 똑같은 내용을 측정하기 위해 시행된 똑같은 시험이라도 영역이 다르면 다른 결과를 산출한다.[8] 게다가 이러한 시험을 치르는 학생과 교사는 교육 자원에 동등하게 접근할 수 없으며, 일부 교사는 제도에 의해 유능한 학생을 더 많이 데리고 있기도 하고 더 적게 데리고 있기도 하다.[9] 이러한 이유로 기존의 시험은 교사의 유능함을 잘못 식별할 수 있다.[10]

미국에서 일관된 인프라를 구축하게 되면 가르침·배움의 질, 그리고 학생의 배움을 더 잘 돕는 교사에 대한 유효한 판단이 가능해질 것이다. 교사와 학생이 공통의 교육과정을 사용하면, 가르치고 배울 수 있는 불평등한 기회가 줄어들 수 있다. 공통 교육과정에 유효한 학습 평가가 있어 학생과 교사는 그들이 가르치고 배웠어야 하는 내용을 바탕으로 시험을 치르게 되어 불평등한 기회를 줄일 수 있다. 교사는 또한 예비교사 교육 혹은 이후 현직교사 교육에서 공통 교육과정을 가르치는 방법을 배울 기회를 얻을 수 있다.

세 번째 핵심 개혁인 학교의 책무성 정책은 학생의 성과에 대한 책임을 교직원이 지게 함으로써 가르침을 개선하고자 하는 것이다. 학생들이 시험을 잘 치른다면 교직원들은 보상을 받지만, 그렇지 않을 경우 교직원은 상황을 바로잡아야 하며 혹은 실직, 수장 교체, 재교육에 직면해야 한다. 이러한 정책은 학생의 배움에 문제가 생기는 원인이 주로 교사의 책임감, 결단력, 노력 부족에 있다고 전제한다. 물론 일부 교사는 책임감이나 결단력이 없지만, 교사 인력의 지엽적인 부분을 다루어서는 학생의 낮은 성과의 주된 원인인 교사의 지식과 역량 부족, 그리고 교사를 지원하는 인프라 문제를 해결하지 못한다. 이러한 약점은 특히 책무성을 주된 목표로 삼은 매우 가난한 학교에서 두드러지며, 이러한 이유로 학교 책무성 정책은 실망스럽게 되었다. 가르침·배움을 향상시킬 수 있는 능력이 심각하게 부족한 많은 주에서는 학업 성취 기준을 낮게 정하거나 시험 합격 점수를 낮게 설정하여 우수성을 낮춘 것이다. 이로 인해 실패한 학교의 수는 줄었지만 개혁을 심각하게 약화시켰다. 따라서 가장 가난한 주이자 가장 취약한 학교 제도를 갖춘 지역 중 하나인 미시시피주는 '능숙' 등급을 받지 못한 학생이 10%가 되지 않았다고 보고하였다. 반면, 가장 부유한 주이자 가장 강력한 학교 제도를 갖춘 지역 중 하나인 매사추세츠주는 '능숙' 등급을 받지 못한 학생이 절반을 넘는다고 보고하였다.[11] 미시시피주는 가장 낮은 수준의 시험과 기준을 채택한 반면, 매사추세츠주는 가장 높은 수준의 시험과 기준을 채택하였다. 많은 학교의 교사들이 학생들이 시험을 준비하도록 훈련시키는 개혁 정책이 제안하는 학문적인 수업과 거리가 먼 이러한 접근 방식을 취함에 따라, 시험은 교육과정 맛보기가 되어간다. 교사가 시험 결과에 손을 대거나 점수를 떨어뜨릴 것 같은 학생을 시험에서 제외시킨다는 증거 또한 존재한다. 전술한 두 가지 정책의 접근 방식과 마찬가지로, 책무성은 수업에 대한 직접적인 조치 없이 수업의 향상을 목표로 한다.

이 세 가지 개혁은 몇 가지 건설적인 효과를 가져왔다. 이로 인해 미국에서 가장 오래 지속되어 온 교육 문제에 대한 관심을 불러일으키고, 문제를 해결하기 위한 민간 활동과 공공 활동을 촉발했으며, 공교육의 불평등에 대한 주의를 환기시켰다. 그러나 이러한 개혁에는 두 가지의 약점이 존재한다. 이러한 개혁들은 질 높은 수업을 지원하는 사회적 자원을 구축하지 않으며, 교사를 순전히 학습 개선을 위한 중개자로 취급한다. 그러나 필자의 분석에 따르면 교사의 행위, 성향, 전문성 등 교사가 유용해야 한다면, 분명히 다른 두 가지의 방식에서 유용해야 한다. 교사의 행위는 학생들의 배움을 향상시키는 수단이 될 수도 있지만, 교사가 학생의 배움을 향상시킴에 따라 발생하는 문제를 해결하는 수단이기도 하다. 야심찬 가르침은 배움의 기회를 매우 높여 주지만, 임무의 어려움, 교사가 대처해야 하는 불확실성, 학생의 성과에 대한 취약성, 그리고 실패 위험을 증가시켜야 한다. 교사가 학생에 대한 기대를 제한하고 정교함이 떨어지는 기술과 지식을 사용하면 학생의 극적인 향상 기회는 줄어들지만 임무의 위험과 어려움도 줄어든다. 야심찬 가르침을 지원할 수 있는 사회적 자원이 없으면 야심찬 가르침을 수행하는 교사가 감당해야 할 비용이 급격히 증가하고 지속적으로 이러한 좋은 활동을 유지할 가능성은 떨어지게 된다.

이러한 사회적 자원은 오래전부터 빈약했지만, 이를 만들어내려는 노력이 없었던 것은 아니다. 가르침의 개선에 대한 상호 간의 약속과 헌신을 촉진하고 교육 인프라를 구축하며 더 나은 성장을 하기 위한 역량을 개발하고자 했던 새로운 교육 제도로, 수천 개의 가난한 초등학교에서 가르침·배움을 유의미하게 향상시킨 종합 학교 개혁 설계(Comprehensive School Reform Designs, CSRD)가 있다. 예를 들어, America's Choice, Core Knowledge, 그리고 Success for All이 포함되어 있다.[12] 이러한 세 가지 계획에서 가르침·배움을 위해 광범위하고 매우 상세한 설계를 고안해냈다. 이 계획에 따라 가난한 학교의 교사들이 이러한 설계를 효과적으로 사용하는 방법을 배울 수 있도록 연수 대상자를 모집하고 교육했다. 학교에서 이러한 설계를 사용할 수 있도록 교사와 학교 관리자에게 수업 설계와 관련된 교육을 실시하는 등 광범위하고 지속적인 지원이 이루어졌다. 학교의 교육 질을 모니터링하고 문제가 발생하면 이를 바로잡는 조치를 취하였다. 이는 학교 업무를 지원하고 실천 공동체의 성장을 장려하는 네트워크를 조성하여 학교를 연결하고, 이러한 교육 인프라 요소를 후원, 지원하는 허브 조직을 만들었다. Aspire, Achievement First, 그리고 Uncommon Schools를 비롯한 몇몇 차터 스쿨 네트워크는 규모가 작긴 해도 차터 스쿨 단체가 후원하고 운영하는 학교와 유사한 활동을 수행하는 것으로 보인다.

어떤 관점에서 이러한 개혁은 지원이 필요한 수많은 취약한 학교 중 일부만을 대상으로 하기 때문에 소소해 보이지만, 다른 관점에서 볼 때 야심찬 가르침과 배움을 유지할 수 있는 학교 제도를 구축하는 데 필요한 사회적 자원의 생산과 사용을 가능케 한다는 점에서 매우 인상적이다. 그러나 네트워크의 경계를 넘어서는 야심찬 가르침과 배움에 대한 공통의 지식을 구축하는 것은 CSRD나 차터 스쿨 네트워크가 하지 못하고 있다. 이를 가능케 하기 위해서는 오랫동안 공교육에 없었던 일종의 공통된 인프라가 필요하다. 공통 핵심 발의(Common Core Initiative, CCI)가 그러한 기본 틀이 될 수 있다. 주 교육감과 주지사가 CCI를 후원하고 거의 모든 주에서 새로운 규준을 채택하였으며, 이들 대부분의 의견에 따르면 이것이 대부분의 주에서 사용하는 규준에 대한 실질적 향상이다.

이는 분열되어 있는 미국 교육 환경에서 인상적인 성과이지만, 이러한 규준은 일관되고 유용한 인프라를 구축하기 위한 긴 여정의 첫 단추에 불과하다. 그들의 첫 출판물에서 주지사와 교육감은 일단 규준이 작성, 채택되면 그 규준이 실제로 구현되기 위해서는 주 정보가 다음과 같이 몇 가지의 대대적인 조치를 취해야 한다고 썼다.

✔ 주 정부의 집단적인 영향력을 활용하여 교과서, 디지털 매체, 교육과정, 평가가 국제적으로 벤치마킹된 규준에 부합하고 성과가 우수한 국가와 주로부터 교훈을 얻는다.

✔ 세계에서 가장 높은 수준의 성과를 보이는 국가와 주의 인적 자본을 반영하기 위해 교사 및 관리자의 모집, 준비, 양성, 지원하기 위한 주 정책을 개정한다.

- ✔ 국제적인 모범 관행을 기반으로 높은 성과를 지속적으로 보장하기 위해 관리, 개입, 지원을 통해 학교와 제도에 대한 책임을 진다.
- ✔ 시간이 지남에 따라 학생들이 경쟁에 필요한 교육을 받고 있는지 확인하기 위해 국제적인 맥락에서 학생의 성과를 조사하여 국제적으로 주 수준의 교육 성과를 측정한다.[13]

위에 제시된 내용은 변화를 위한 특별한 의제를 보여주고 있는데, 이는 바로 교육 인프라의 핵심 요소인 교육과정, 교육 매체, 교사 교육, 평가, 관리 및 질 관리에 대한 새로운 제도의 개발을 의미한다. 이 절차들에 비하면 규준을 작성하는 것은 쉬운 일이다.

이러한 엄청난 절차를 실행하는 것이 어려운 이유 중 하나는, 공통 핵심 국가 규준(Common Core State Standards, CCSS)이 적용되려면 주와 지역 학교 제도가 무엇을 가르치고 배울 것인지가 훨씬 더 분명해야 하기 때문이다. 대부분의 학교, 학교 제도, 정보는 이러한 명확성이 대개 갈등을 유발한다는 이유로 이를 오랫동안 피해왔다. CCSS의 리더들은 규준이 더 간결하고 일관되고 엄격해질 것이라고 말하지만, 오늘날 미국인들은 공교육이 시작된 이후로 무엇을 가르치고 배워야 하는지에 대해 깊이 있는 부분에서는 일치하지 않는다. 갈등을 피하는 한 가지 방법은 과거에 많은 규준이 그랬던 것처럼 구체적인 지침을 거의 제공하지 않는 모호한 언어를 이용하여 이러한 불일치를 문서화하는 것이다. 많은 규준과 교과서로 인해 익숙한 또 하나의 방법은, 거의 모든 것을 포함하되 지침도 거의 제공하지 않는 것이다.

규준을 엄격하고 일관되며 간결하게 만들면서도 무엇을 가르쳐야 하는지에 대한 갈등의 악화를 피할 수는 없을까? 이러한 미션은 불가능하지 않지만 토마스 포드햄 협회(Thomas B. Fordham Institution)의 부회장이자 높은 수준의 규준을 옹호해 온 마이클 페트릴리(Michael J. Petrilli)는 "모든 집단, 그러니까 수학교육자와 영어과 교수, 자유주의자와 보수주의자들은 목소리를 내고 싶어한다. … 우리 사회에는 아이들이 무엇을 배워야 하는지에 대한 근본적인 의견 차이가 존재한다."고 말했다.[14] 오래전부터 여러 가지 부분에서 쟁점이 되어 왔으며, 그 중 일부는 공교육이 탄생할 때부터 생겨난 것이다. 미국인들은 더 크고 공통된 교육적 관심사를 발전시키기 위해 이러한 차이들을 제쳐놓은 기억이 거의 없다. 우리는 영향력을 행사하기 위한 여러 통로를 제공하는 정치 체제를 가지고 있으며, 우리가 살아온 기억 중에서 그 어느 때보다도 더 깊게 분열되어 있다. 이러한 요소들은 CCSS를 구현하는 길이 쉽지 않음을 드러내준다.

필자가 서술한대로, 2011년 겨울에 티파티 운동(Tea Party movement)[j]의 구성원들이 지역 학교에서 가르침·배움이 이루어지는 공통 규준을 구현하기 위한 주의 계획을 어떻게 구상할 것인지를 고려할 수밖에 없다. 여러 주와 지역 학교 제도가 이러한 정치 운동과 정치적 스펙트럼을 가로지르는 집단의 강력한 반대에 직면하지 않았다면 그게 더 놀라울 일이다. 교육 위원회 선거에 대한 반대표, 차터 스쿨이나 홈 스쿨링(home schooling)을 위해 공립학교를 포기하겠다는 위협이 있을 수 있다. 이는 특히 수입이 감소하고 높은 세율에 대한 반대가 심한 주나 지역 학교 리더들이 선호하는 문제가 아니다.

주 정부가 새로운 규준을 적용하고자 함에 따라 발생할 수 있는 또 다른 문제는 '조율', 즉 교육과정이 규준과 일치하는지, 평가가 규준 또는 교육과

---

j) 옮긴이 주석 세금 인하, 정부 지출 감소 등 경제적 보수주의를 지향하는 정치 운동

정과 일치하는지 등의 문제이다. 미국에서 교육 요소 간 일관성을 거의 추구하지 않아 이를 관찰하고 측정하고자 한 경험이 거의 없었기 때문에 이러한 익숙하지 못하고 낯선 상황으로 인해 위와 같은 문제가 발생한다. 이러한 문제가 일어나는 이유 중 일부는 일관성에 대한 유효한 판단을 내리는 것이 어렵기 때문이다. 예를 들어, 수학을 가르치는 여러 가지 방식이 있는데, 일부는 전통적이고 교육적이지만, 다른 일부는 덜 관습적이고, 또 다른 일부는 수학적인 내용의 특정 개념에 매여 있다. 수학자와 수학교육자들은 대개 그러한 문제에 대해 격렬하게 의견의 불일치를 보일 것이며, 국가가 조율을 시도한다면 이러한 분란이 발생하지 않는 것이 오히려 놀라울 지경이다. 다시 말하지만, 이러한 종류의 문제에 대해 미국에서는 깊은 차이를 대충 무마하거나 거의 모든 것을 포함하는 모호한 언어를 사용하는 방식의 직무 유기를 보였다. 교육 정책의 예리한 관찰자인 잭 제닝스(Jack Jennings)는 이와 관련하여 의사결정을 내릴 수 있는 주체로 독립 기관이 주보다 더 나을 것이라고 주장했는데, 그가 이러한 주장을 할 정도로 이 문제는 매우 심각하다.[15] 이 아이디어는 무엇보다도 규모의 경제를 통해 조율하는 데 들어갈 연구 비용을 줄일 수 있다는 점에서 매력적이다. 주지사와 의원들이 결과에 책임을 져야 하는 경우, 주에서 그러한 결정을 이양할 수 있을까? 출판사가 이를 지원할 수 있을까? 조율에 대한 유효한 결정에 다다를 수 있는 지식을 갖춘 조직이 있을까? 아무도 정확한 답을 알지는 못하지만, 이에 대해 그다지 강하게 긍정하기는 어려울 것이다.

왜 그럴까? 위와 같은 조율 문제를 해결하는 것은 교과서, 디지털 매체, 교육과정의 출판사를 섭외하는 것이 포함되며, 이것들은 모두 CCSS 저자들이 규준 및 평가의 조정이 필요하다고 언급한 것이다. 주에서 시험 및 교과서 출판사가 그들이 만든 것들을 CCSS에 맞게 조정할 수 있을까? 민간 기업이 대부분의 출판을 담당하고 있으며, 교과서 및 시험의 출판은 소수의 대기업이 지배하고 있으므로 명확하고 간결한 CCSS에 맞게 교과서와 시험을 다시 개발하도록 설득하는 일은 결코 쉽지 않다. 주에서 시행하는 규준이 다양할수록, 출판사가 교과서와 시험을 조정하도록 설득하기가 더 어려워진다. 주의 보고서는 공동 구매를 통해 원하는 것을 얻고자 주 간의 연합 그룹을 구상했지만, 이를 효과적으로 수행하려면 이 그룹이 출판사를 설득할 수 있는 시장에서의 영향력과 그들이 원하는 것을 명확하게 하고 그것을 얻었는지 판단하는 능력을 갖춰야 한다. 각 주는 내용 범위에 대한 결정을 내리는데 많은 투자를 한 적이 없으며, 직원들은 그러한 문제에 대한 전문 지식이 거의 없고 많은 주 예산이 적자와 함께 가라앉고 있다.

여기에는 몇 가지의 다른 근본적인 문제가 있다. 주 정부는 가르침과 교사 교육에 대한 명확하고 강력한 지침을 제공하는 역량을 동원할 수 있는가? 주 정부가 학교와 교사 교육자들이 보다 집중적이고 일관된 교육을 제공하도록 하는 역량을 동원할 수 있는가? 규준에 대한 합의는 오히려 상대적으로 쉬운 일이다. 이러한 것들은 규준에 대한 합의뿐만 아니라 수업과 교사 교육의 내용과 질에 대한 합의도 필요하다. 이 영역에서 주나 대학의 교사 교육 프로그램 중 이러한 능력을 충분히 갖추고 있는 것은 거의 없다.

위 질문에 대한 답이 모두 긍정적이라고 가정하더라도 한 가지 다른 문제가 있다. 규준, 교육과정, 평가의 존재가 곧 사용을 의미하는 것이 아니며, 효과적인 사용을 의미하는 것은 더더욱 아니라는 것이다. 2010년 유타 주 교육감 래리 섬웨이(Larry Shumway)는 서부 주끼리 모인 주 학교 위원들에게 "CCSS가 올바른 일을 할 수 있는 기회"라면서, "교사들이 모든 학생에게 이러한 규준을 어떻게 가르쳐야 하는지를 파악하는 것 이외에도 해야 할 일이 많습니다. 회의가 길어질 것 같습니다."라고 말했다.[16] 예를 들어, 어떻게 해야 하는지 현재 아는 사람이 거의 없는 이러한 일을 어떻게 해야 하는지에 대해 교사, 학교의 리더, 교사 교육자들이 배울 수 있는 광범위한 기회를 만들어야 한다는 것이다. 여기서도 그러한 배움을 가능케 하는 교육 조직이 없다.

이러한 과제는 매우 어려운 일이지만, 미국 역사상 처음으로 이러한 일이 어떻게 시작되는지 볼 수 있으며, 도움이 되는 조직을 볼 수 있다. 앞서 논의한 차터 스쿨 네트워크와 CSRD는 학교가 CCSS에 따라 만들어질 교육과정을 사용하는 데 도움이 될 수 있는 일종의 사회적 자원을 갖추고 있다. 그러나 더 큰 규모로 이러한 작업을 수행하려면 주에서 효과가 입증된 조직을 지원해야 하며, 이러한 작업을 수행하게 되면 학교의 추가 네트워크를 구축하거나 구축하는 데 도움을 줄 수 있다. 이러한 조직은 그와 같은 작업을 시작하기 위한 인적 자원과 교육 도구를 갖추고 있다. 이러한 조직은 주 지원과 연방 지원을 통해 주나 지역 네트워크에서 동일한 역할을 하는 새로운 조직을 만들어내는 방안을 개발하기 시작할 것이다.

2010~2011년에 뉴욕 주는 향상이 절실히 필요하다는 관점에서 교사 교육을 제공하는 독립적인 비(非)대학 기관을 위촉하였고, 2011년에는 최소 한 개의 프로그램을 승인하였다. 교사의 수급 문제와 대학에서 이루어지는 교사 교육의 약점을 고려할 때, 다른 주에서는 의지를 갖춘 교사를 교육하기 위한 개선된 수업 경험을 탄탄하게 갖추고 있는 CSRD 및 차터 스쿨 네트워크를 활성화함으로써, 이를 조직의 중요한 부분으로서 따를 수 있다.

이러한 발전은 이전에 비해 진일보했음을 나타내는 증거이지만, 아직 해야 할 일은 많이 남아있다. CCSS가 성공하기 위해서는 훨씬 더 많은 유능한 주 기관, 훨씬 촘촘한 지역 관리, 그리고 아마도 주 내외 지역의 제도 구축을 필요로 할 것이다. 안타깝게도 티파티 운동 시기와 재정 위기 시기에는 이러한 정부와 교육의 큰 변화를 꾀하기가 상당히 어렵다. 훨씬 더 많은 유능한 지원자들을 교사로 끌어들이는 수준까지 급여가 오르지는 못할 것이다. 더 많은 유능한 교사를 모집하고 유지하는 데 도움이 되는 가르침 설계의 개선, 즉 수업에서의 더 많은 활동, 학생과의 대면 시간 단축, 가르침에서의 리더십을 갖추기 위한 더 많은 기회와 같은 것들도, 현재의 정치와 재정 상황에서는 어려울 수 있다.

가장 최근의 개혁은 빠른 진보를 원하고 있지만 가르침의 유의미한 진보는 그보다 훨씬 긴 여정일 가능성이 높다. 그러나 본서에서 가르침을 향상시키려는 노력에 직면하면서 겪는 어려움에 대해 개괄한 것은 이와 같은 향상에 반대하기 위함이 아니라 오히려 절실히 필요함을 드러내기 위함이다. 교육은 훨씬 더 적극적이어야 하고 사려 깊어야 하고 인도적이어야 한다. 이러한 종류의 교육이 학교, 정부, 사회로부터 무엇을 요구하는지를 이해할 수 있어야 한다.

미주(NOTES)

2. 인간의 향상

01. *Report of the National Reading Panel: Teaching Children to Read; An Evidence-Based Assessment of the Scientific Research Literature on Reading and Its Implications for Reading Instruction* (Washington, DC: National Institute of Child Health and Human Development, 2000)를 참고하시오. E. D. Hirsch, *The Knowledge Deficit* (Boston: Houghton Mifflin, 2006)의 2, 3, 4장과 비교해 보시오.

02. 불확실성에 대한 다음의 논의에는 몇 가지 출처가 있다. 하나는 교육과 사회 서비스의 부상(浮上)에 대한 역사적 문헌으로, 염원과 논쟁의 확대를 추적한다. 예를 들어, Lawrence Cremin, *The Transformation of the School: Progressivism in American Education, 1876-1957* (New York: Harper and Row, 1968)를 참고하시오. 다른 하나는 인식론에 대한 철학적 담론으로, 특히 과학 철학에서 Stephen Toulmin, *Human Understanding* (Princeton, NJ: Princeton University Press, 1972)을 참고하시오. 또 다른 것은 사회과학 지식의 본질에 대한 논쟁이다. David Braybroke and Charles E. Lindblom, *A Strategy of Decision* (New York: Free Press, 1963)와 Charles E. Lindblom, *Inquiry and Change* (New Haven, CT: Yale University Press, 1990)를 참조하시오.

03. '실무자'라는 용어의 반복을 줄이기 위해 '전문가'의 동의어로 사용할 뿐, 향상된 기술이나 지식을 의미하는 것은 아니다.

04. R. D. Laing, *The Divided Self A Study of Sanity and Madness* (Chicago: Quadrangle Books, 1960);와 Thomas Szasz, *The Myth of Psychotherapy: Mental Healing as Religion, Rhetoric, and Repression* (Garden City, NY: Anchor-Doubleday, 1978)를 참고하시오.

05. Paul Goodman, *Compulsory Mis-education and the Community of Scholars* (New York: Vintage, 1964); Edgar Friedenberg, *Coming of Age in America*

(New York: Random House, 1965); 그리고 Samuel Bowles and Herbert Gintis, *Schooling in Capitalist America* (New York: Basic Books, 1976)를 참고하시오.

06. Willard Waller는 1932년에 처음 출판된 *The Society of Teaching* (New York: J. Wiley, 1965)에서 이 점을 중점적으로 분석하였다. Charles Bidwell은 몇 십 년 후 "The School as a Formal Organization," *Handbook of Organizations,* ed. J. G. March, 973-1023 (Chicago: Rand McNally and Company, 1965)에서 더 공식적인 설명을 한다. *Schoolteacher: A Sociological Study* (Chicago: University of Chicago Press, 1975)에서 Dan Lortie는 학교 조직에 대한 이러한 생각들 중 많은 것들을 교실 관행과 연결시켰다.

07. 가르침에 대한 논평가들은 가르침에 대한 저항의 중요성을 오랫동안 인식해 왔다. 예를 들어, Edward Eggleston의 The Hoosier Schoolmaster(1871) 5장을 참고하시오. Waller의 Society of Teaching에도 저항이 어디에나 있음을 언급한다. 445쪽에 좋은 예를 참고하시오.

08. Arthur Powell, Eleanor Farrar와 David K. Cohen가 이 협상에 대하여 논의한 내용이 *The Shopping Mall High School* (Boston: Houghton Mifflin, 1985)에 있다.

09. 교육 논평에서 간혹 어려움과 위험성에 대한 인식이 있지만, 중요한 문제로 보지는 않았다. 그러나 어려움과 위험은 심리치료의 중심으로 여겨져 왔다. 업무에 대한 이론의 이러한 차이는 전문가들이 성취할 수 있는 것에 대한 기대를 설정하는 데 도움이 된다.

10. Ann Berlak과 Harold Berlak, *Dilemmas of Schooling: Teaching and Social Change* (London: Methuen, 1981); Magdalene Lampert, "How Do Teachers Manage to Teach?" *Harvard Educational Review* 55, no. 2 (2001): 178-194.

11. 가장 최근 연구로, Sarah Blaffer Hrdy, *Mothers and Others: The Evolutionary Origins of Mutual Understanding* (Cambridge, MA: Harvard University Press, 2009), 1-64를 참고하시오.

12. 나는 이 용어를 Janet Malcolm, *Psychoanalysis: The Impossible Profession* (New York: Vintage, 1981) 및 Freud와 Lacan에 대한 Shoshana Felman의 논의인 "Psychoanalysis and Education: Teaching Terminable and Interminable," *Yale French Studies,* no. 63 (1982): 21-44에서 인용한다.

13. 교사들의 딜레마 관리에 대하여, Magdalene Lampert, Teaching Problems and the Problems of Teaching (New Haven, CT: Yale University Press, 2001); 및 Berlak and Berlak, *Dilemmas of Schooling*를 참고하시오. 다른 사람들은 정책 결정이나 의사 결정에서 일반적으로 동일하거나 유사한 특징을 지적한다. Lindblom, *Inquiry and Change*를 참고하시오.

14. 선진 산업 사회에서 의료 관행의 변화와 일반적인 많은 질병의 감소는 의료 관행을 크게 변화시켰기 때문에 많은 의사들과 환자들은 이제 광범위한 사회적이고 정신적 문제들을 다루고 있다. 이러한 문제에 대해 나에게 많은 조언을 준 Alida Zweidler-McKay에게 감사드린다.

15. William K. Muir, *Police: Streetcorner Politicians* (Berkeley: University of California Press, 1978).

16. 조언을 준 Alida Zweidler-McKay에게 다시 한번 감사드린다.

17. 많은 이들 중에서 Oswald Spengler는 향상의 추구가 현대 서구 문명에서 필수적이라고 주장했다. Spengler, *The Decline of the West* (New York: Oxford University Press, 1991)를 참고하시오.

3. 가르침

01. 이러한 문제들은 다음에서 논의되었다: Philip Cusick, *The Egalitarian Ideal and the American High School: Studies of Three Schools* (New York: Longmans, 1983)와 Theodore R. Sizer, *Horace's Compromise* (Boston: Houghton Mifflin, 1984).

02. 주의를 기울이든 아니든 간에 수업은 배움과 가르침이 이루어지는 활동을 말한다.

03. John Dewey, How We Think (New York: D. C. Heath, 1910), 35-36.

04. 나는 '당연하지 않은 행위'라는 용어에 대하여 Deborah Loewenberg Ball과 많은 논의를 하였다. D. L. Ball and F. M. Forzani, "Teaching Skillful Teaching," *Educational Leadership,* 68, no. 4 (2010): 40-45와 Ball and Forzani, "The Work of Teaching and the Challenge for Teacher Education," *Journal of Teacher Education,* 60 (2009): 497-511을 참고하시오.

05. D. L. Ball, "Building a System to Support Responsible Teaching Practice" (초청 세미나, Institute for Education Sciences, U.S. Department of Education, Washington, DC, 2010).

06. Mark Twain, *Life on the Mississippi* (New York: Penguin, 1986), 72-109.

07. 교육적인 견습생에 대한 논의는 John Seely Brown, Allan Collins, and Paul Duguid, "Situated Cognition and the Culture of Learning," in *Situated Learning Perspectives,* ed. Hillary McLellen, 19-44 (Englewood Cliffs, NJ: Educational Technology Publications, 1996)을 참고하시오.

08. 내가 사용하는 '학생들의 지식'은 문제의 소재와 그 소재에 대한 학습자들의 생각에 영향을 미치는 아이디어와 경험을 포함한다. 따라서 문화와 언어는 학생들의 지식과 관련이 있다.

09. L. Shulman, "Knowledge and Teaching: Foundations of the New Reform," *Harvard Educational Review* 57 (1987): 1-22.

4. 가르침의 사회적 자원

01. 이 점에 대한 논의는 David K. Cohen, Steven W. Raudenbush, and Deborah Lowenberg Ball, "Resources, Instruction, and Research," *Educational*

Evaluation and Policy Analysis 25, no. 2 (Summer 2003): 119-142를 참고하시오.

02. *Report of the National Reading Panel: Teaching Children to Read; An Evidence-Based Assessment of the Scientific Research Literature on Reading and Its Implications for Reading Instruction* (Washington, DC: U.S. Department of Health and Human Services, 2000).

03. National Governors Association and Council of Chief State School Officers, "Common Core State Standards Initiative Frequently Asked Questions," http://www.corestandards.org/ (2010년 2월 3일 발표).

04. Nancy Koeber and Diane Stark Rentner, *States' Progress and Challenges in Implementing Common Core State Standards* (Washington, DC: Center on Education Policy, 2011), 1.

05. Thomas P. Rohlen, *Japan's High Schools* (Berkeley: University of California Press, 1983), 31-32.

06. R. E. Floden, A. C. Porter, W. H. Schmidt, and D. J. Freeman, "Don't They All Measure the Same Thing?: Consequences of Standardized Test Selection," in *Educational Testing and Evaluation: Design, Analysis, and Policy,* ed. E. L. Baker and E. S. Quellmalz (Beverly Hills: Sage, 1980); D. J. Freeman, T. M. Kuhs, A. C. Porter, R. E. Floden, W. H. Schmidt, and J. R. Schwille, "Do Textbooks and Tests Define a National Curriculum in Elementary School Mathematics?" *Elementary School Journal* 83 (1983): 501-513.

07. Theodore R. Sizer, *Horace's Compromise* (Boston: Houghton Mifflin, 1984); Arthur Powell, Eleanor Farrar, and David K. Cohen, *The Shopping Mall High School* (Boston: Houghton Mifflin, 1985); P. Cusick, *The American High School and the Egalitarian Ideal* (New York: Longmans, 1984); W. Waller, *The Sociology of Teaching* (New York: J. Wiley, 1965).

08. Powell, Farrar, and Cohen, *Shopping Mall High School;* Cusick, *American*

High School and the Egalitarian Ideal.

09. 1986년 겨울, 호주 뉴사우스웨일스주 교육부 관리자와 인터뷰.

10. Anthony Bryk, Valerie Lee, and Peter Holland, *Catholic Schools and the Common Good* (Cambridge, MA: Harvard University Press, 1993).

11. College Board가 AP 프로그램을 운영한다. College Board의 가장 최근 발표에 따르면, 330,000개 이상의 고등학교에서 34개 강의에 등록된 938,000명 이상의 학생들이 150만 개 이상의 시험에 응시했다. 고교 교사와 대학 강사로 구성된 시험발전위원회는 매년 15개 분야의 시험을 개발하고 이 시험을 위한 강의 설명과 교사 매뉴얼을 마련한다. AP 프로그램은 학생들에게 가르치는 교육과정에 맞춰 학생 시험을 조정하고 적절한 독서 목록을 제공하기도 한다. 그러나 상대적으로 적은 비율의 미국 고등학생들이 AP 시험을 치른다. 다른 나라의 국가 시험과 달리 AP 시험은 취업이 아닌 대학 학점과 현장 실습으로 제한된다. 모든 대학이 AP를 이용하는 것은 아니며, 학생들의 성적이 사용되는 방식도 대학마다 다양하다. 이러한 조치들은 다른 나라의 대학들이 국가 시험 점수를 획일적으로 취급하는 것과 대조적이다.

12. B. Rowan, "Commitment and Control: Alternative Strategies for the Organizational Design of Schools," in *Review of Research in Education,* ed. Courtney Cazden (Washington, DC: American Educational Research Association, 1990), vol. 16.

13. Stewart Purkey and Marshall Smith, "Effective Schools: A Review," *Elementary School Journal* 84, no 4. (1983): 427-452.

14. A. S. Bryk and M. E. Driscoll, *The High School as Community: Contextual Influences and Consequences for Students and Teachers* (Madison, WI: National Center on Effective Secondary Schools, University of Wisconsin, 1988). Bryk과 Driscoll은 공유된 가치, 학생들의 복지에 대한 관심, 그리고 교직원의 공동체성을 강조하는 더 큰 비전을 제공한다. Bryk과 그의 동료들은 몇몇 논문에서 '공동체'로서의 학교의 다양한 면모와 학생들의 성취 사이의 관계

를 조사했다. 그들은 공동체를 공동의 가치, 공통의 교육과정과 기타 활동, 그리고 학생들을 위한 '돌봄'의 정신을 포함하여 정의한다. 이러한 차원에서 높은 순위를 차지한 학교는 중퇴율과 결석률이 낮았고, 수학 성취도에서 약간 더 높은 점수를 받았다. A. Bryk, V. Lee, and J. B. Smith, "High School Organization and Its Effects on Teachers and Students: An Interpretation Summary of the Research," in *Choice and Control in American Education,* ed. W. Clune and J. Witte, 178 (Newbury Park, CA: Falmer, 1991) and Bryk, Lee, and Holland, *Catholic Schools and the Common Good*도 참고하시오.

15. Marshall Smith and Jennifer O'Day, "Systemic School Reform," in *Politics of Education Association Yearbook 1990,* ed. Susan Fuhrman and Betty Malen, 233-267 (London: Falmer Press, 1991).

16. David K. Cohen, Karen Gates, Joshua Glazer, Simona Goldin, and Donald Peurach, *Improvement By Design* (Chicago: University of Chicago Press, in press, 2012).

17. Jerome Bruner, The Process of Education (New York: Vintage, 1960), 33. Horace Mann은 이러한 생각을 *Annual Report for 1848* (Boston: Lee and Shephard, 1891), 303-319에서 제시했다. John Dewey도 비슷한 견해를 *School and Society* (Chicago: University of Chicago Press, 1990)에서 제시했다.

18. 지난 50년 동안 미국의 심리학 문헌을 찾아보면서 나는 배움의 어려움이나 위험을 다루는 논문 몇 편만 찾을 수 있었다; 이 주제는 학습 연구에서 중요한 주제가 아니었던 것 같다.

19. 이것은 환자의 공급은 충분하다는 것을 가정한다; 그 공급이 부족하면, 의사들은 아마도 더 신중할 것이다.

20. 개혁에 대한 이러한 반응에 대한 논의는 David K. Cohen and Susan L Moffitt, *The Ordeal of Equality* (Cambridge, MA: Harvard University Press, 2009), 155-176를 참고하시오.

21. David K. Cohen and Barbara Neufeld, "The Failure of High Schools and the

Progress of Education," *Daedalus* 110, no. 3 (Summer 1981): 69-90.

22. 나는 관심(interest)과 헌신(commitment)을 구별한다. 관심을 갖는 것은 그것을 추구하려는 의지를 갖는 것과 같지 않기 때문이다.

23. 선택의 효과는 선택을 하는 사람들의 통찰력과 서비스에 대한 수요의 정도에 따라서도 달라진다. 결원이 발생했을 때 그에 대한 잠재 고객의 비율이 1명 또는 1명 미만에 가까울수록 선택은 더욱 어려워진다.

24. 마그넷 스쿨(magnet school)은 제한적으로 시도되어 왔고, 연구자들은 학생들의 관심사를 조사하지 않았기 때문에 우리는 학생들의 학문적 관심에 대한 유의미한 추정을 할 수 없다. 따라서 그러한 합격 제도에서 배제될 수 있는 배경을 가진 학생들의 수를 추정할 수 있는 확실한 근거는 없다.

25. 선택적 수용은 역효과를 초래할 수 있다: 일부 학생들은 뭔가 실수가 있었고, 자신은 소속되지 않으며, 성공할 수 없다고 생각하면서, 선택된 그룹의 자격에 대응한다.

26. 다른 고려사항도 있다. 그 중 하나는 경제성이다. 학생 A를 입학시킨 학교나 대학은 시간이 늦거나 대기자 명단이 없어서, 학생 A의 수강료를 예비 학생 B의 수강료로 대체할 수 없을 수도 있기 때문에, 딱히 진척이 없는 학생 A를 유지한다. 대기자 명단이 없는 정신과 의사들도 비슷한 입장이다. 또한 익숙함이 중요할 수 있다. 전문가들은 치료 중단 결정을 하지 않도록 고객과의 믿음을 발전시킨다.

27. Gardiner Harris, "Talk Doesn't Pay, So Psychiatry Turns Instead to Drug Therapy," New York Times, 2011년 3월 5일, https://www.nytimes.com/2011/03/06/health/policy/06doctors.html

28. Cohen and Neufeld, "Failure of High Schools and the Progress of Education."

29. 요청은 종종 완전히 자발적이지 않다. 학생들이 사립학교에 등록하는 것은 학생들이 원해서가 아니라 학부모들이 사립학교를 강요하고 출석이 필수이기 때문이다. 비록 요청이 전적으로 자발적일지라도, 양면적일 수 있다. 그러나 양면

적인 자발성조차도 강제적인 개선 계획에 할당된 등록보다 헌신적인 고객을 생산할 가능성이 높으며, 다른 것들은 동일하다.

30. Powell, Farrar, and Cohen, *Shopping Mall High School,* 222-232. 상호 선택은 진공 상태에서 작동하지 않는다. 이러한 학교의 학생들은 그들의 학습이 더 나은 대학의 입학 같은 가치있는 보상을 받을 수 있다는 것을 알기 때문에 더 열심히 공부할 가능성이 높다. 그러한 인센티브가 없다면, 상호 선택은 강력한 실천 자원을 창출할 가능성이 적을 것이다.

31. Bryk, Lee, and Holland, *Catholic Schools and the Common Good.*

32. Center for Research on Education Outcomes, *Multiple Choice: Charter School Performance in 16 States,* (Stanford, CA: Stanford University, 2009), 2-8.

33. 물론 교사들이 위험을 감수하고 어려움에 직면하려는 의지는 앞서 결과 및 실천 공동체에 대한 공감대와 관련하여 논의한 다른 상황에 민감하다.

34. Ken Shimahara, "The Japanese Model of Professional Development: Teaching as Craft," *Teaching and Teacher Education* 14, no. 5 (1998): 451-462; Harold. W. Stevenson and James W. Stigler, *The Learning Gap: Why Our Schools Are Failing and What We Can Learn from Japanese and Chinese Education* (New York: Summitt Books, 1992).

35. Richard Hofstadter, *Anti-Intellectualism in American Life* (New York: Viking, 1962); Robert Lynd and Helen Lynd, *Middletown* (New York, Harcourt, Brace and Co., 1929), 181-222; Cusick, *American High School and the Egalitarian Ideal;* Powell, Farrar, and Cohen, *Shopping Mall High School,* 22-32, and 237-239.

36. Stevenson and Stigler, *Learning Gap.*

37. Hofstadter, *Anti-Intellectualism in American Life;* Lynd and Lynd, *Middletown;* Cusick, *American High School and the Egalitarian Ideal;*

Powell, Farrar, and Cohen, *Shopping Mall High School,* 22-32, and 237-239.

38. Lynd and Lynd, *Middletown.*

39. Powell, Farrar, and Cohen, *Shopping Mall High School.* J. Bishop, "Incentives for Learning: Why American High School Students Compare So Poorly to Their Counterparts Overseas" (Cornell University, Center for Advanced Human Resource Studies Working Paper no. 89-09, 1989); J. Bishop, "Information Externalities and the Social Payoff to Academic Achievement" (Cornell University, Center for Advanced Human Resource Studies Working Paper no. 87-06, 1987).

40. Powell, Farrar, and Cohen, *Shopping Mall High School.*

41. J. Rosenbaum and T. Kariya, "Self-Selection in Japanese Junior High Schools: A Longitudinal Study of Student's Educational Plans," *Sociology of Education* 60 (July 1987): 168-180.

42. J. Bishop, "Incentives for Learning"; Rosenbaum and Kariya, "Self-Selection in Japanese Junior High Schools."

43. Paul T. Decker, Daniel P. Mayer, and Steven Glazerman, "The Effects of Teach For America on Students: Findings from a National Evaluation" (Princeton, NJ: Mathematica Policy Research Discussion Paper, 2004), 29-50, http://www.mathematica-mpr.com.

44. Brian Rowan, Richard Correnti, Robert J. Miller, and Eric M. Camburn, "School Improvement by Design: Lessons from a Study of Comprehensive School Reform Programs," in *Handbook of Education Policy Research,* ed. Gary Sykes, Barbara Schneider, and David Plank, with Timothy Ford, 637-651 (New York: Routledge, 2009).

5. 지식과 가르침

01. 수업은 학생과 교사가 공동으로 제작한다. 내가 이 문장을 항상 반복하지는 않지만, 이것이 내가 수업이라는 용어를 이해하는 방법이다. 일부 학생들이 참여를 방해하거나 거부할 때도 공동으로 제작한다. 비록 수업이 물리적으로 멀리서 행해지더라도, 공동으로 행해지는 배움과 가르침의 실제를 말한다. 교사들은 보통 이러한 공동 제작에서 주도적인 역할을 하지만, 그것이 그들이 가장 중요한 역할을 한다는 것을 의미하지는 않는다; 결국 학생들은 학습을 하고, 수업은 교사뿐만 아니라 학생들에게도 영향을 미친다.

02. John Dewey, *The Child and the Curriculum* (Chicago: University of Chicago Press, 1902).

03. Sir Michael Polanyi, Personal Knowledge: *Towards a Post-Critical Philosophy* (Chicago: University of Chicago Press, 1958).

04. 학습이 종종 비학습을 요구한다는 것을 알아차린 미국의 학습 이론가는 거의 없는 것 같다. 아마도 많은 철학자들과 심리학자들이 마음의 개념으로서 백지 상태(Tabula rasa)를 받아들인 것 때문인 것 같다: 만약 마음이 빈 그릇이라면, 배움은 그것을 채우는 문제이다. Dewey와 최근의 인지심리학자들이 그랬던 것처럼, 마음이 끊임없이 사물을 이해하는 것으로 보는 경우에만 배움은 한 종류의 감각 형성이 다른 종류의 감각 형성과 상호 작용하는 방법과 때로는 다른 것을 대처하는 방법을 포함한다.

05. 미국 초등학교에서 가르침은 종종 기계적으로 유지되는 지식의 압축된 버전 이상을 제공하지 않지만, 그것은 무엇을 아는 것이 무엇을 의미하는지에 대한 견해를 표현하고, 교사의 행동과 학생들의 아이디어와의 상호작용을 안내한다.

06. 지식이 해석되는 방식의 이러한 차이는 다양하게 특징지어져 왔다. 한 극단의 교육 논평가들은 '암기', '절차', '기계적'과 같은 용어를 사용하고, 다른 극단에서는 '이해', '합리적' 또는 '고등 사고 능력'을 사용한다. 그러나, 그 차이를 쉽게 정의하기는 어렵다. 왜냐하면, 학생들이 적절한 용어를 설명하고 논증해야 하는 수나 형(形, shape)에 대한 아이디어로 수학을 배우는 경우와 달리 깊이

있게 이해하는 경우가 많지 않더라도, 수학을 기계적 암기로 배울 때에도 수학을 '이해'하기 때문이다. 교사나 학생이 극단적인 방식의 조합을 형성하여 갈등을 일으키는 경우 그 차이를 구분하기는 더 어려워진다. 엄격한 정의를 세우는 것은 나의 목적이 아니다. 나는 지식 확장의 방식이 지식이 해석되는 방식에 의해 어떻게 영향을 받는지 설명하고자 한다. 그래서 나는 가르침을 위한 지식이 어떻게 변하는지에 대한 기존의 꽤 거친 특성화를 기꺼이 받아들인다.

07. 표 5.1에 기술된 지식 확장에 대한 대안적 접근법은 종종 '발표'와 '설명'과 같은 다른 제목으로 언급되지만, 표의 접근법에 따라 설명의 본질이 다르기 때문에 그러한 용어를 기피한다. 여기서 사용하는 범주는 이 분야의 시작에 불과하지만, '설명'과 같은 용어보다는 지식의 확장과 조금 더 밀접하게 연결되어 있다.

08. 이러한 작업은 특히 쉽다. 왜냐하면 이 버전의 지식은 미국에서 학구적이고 대중적인 문화의 오래되고 친숙한 필수 요소이기 때문이다. 그것은 대부분의 교사들이 배운 것이고, 많은 학생들이 학교 밖에서 배우는 것이기 때문에, 그들은 가르치거나 배우기 위해 큰 지적 변화를 만들 필요가 없다.

09. 그 차이는 선생님들이 얼마나 많이 아느냐의 문제가 아니라 어떻게 지식을 제시할 줄 아느냐의 문제이다. 역사를 인간의 사건에 대한 객관적 기록으로 해석하는 사람들은 자료에 대한 풍부한 통제력을 가지고 있는 반면, 다른 사람들은 피상적인 이해력만을 가지고 있다. 이러한 지식의 깊이 차이는 교사들이 학생들에게 확장하는 것의 질에 영향을 미치지만, 그것들이 그것의 개괄적인 특성에 영향을 미칠 필요는 없다.

10. 학생들은 종종 개괄적 설명을 절차처럼 취급한다; 학생들은 해석을 재현하는 것을 배우지만, 아이디어에 의문을 제기하거나 관련 자료에 해석을 적용하지 않는다.

11. 이런 종류의 가르침의 차이는 반드시 교사들이 얼마나 많이 알고 있는지에 대한 결과가 아니다. 많은 정통한 대학 강사들은 미적분학에 대한 지식을 개괄적 방식으로 확장하는 반면, 수학적으로 동등한 지식을 가진 다른 강사들은 더 해석적이지만 개괄적인 방식으로 같은 과목을 가르친다. 또한 이러한 설명은 교

사들이 어떻게 수업과 지식을 분리하는지에 대한 어떤 것도 암시하지 않는다. 사실과 절차의 개요로서 미적분학을 가르치는 수학자들은 그들의 연구에서 매우 다르게 일할 수 있다.

12. *Educational Evaluation and Policy Analysis* 12, no. 3 (Fall 1990)에서 그러한 사례와 논의를 참고하시오. 이 저널에 실린 모든 논문에서 인물을 가르치는 혼합된 접근법들이 등장한다. 이에 대한 여러 이슈에 대한 논의로 L. Cuban, *How Teachers Taught* (New York: Longmans, 1984), 112-114 또한 참고하시오.

6. 수업 담화

01. 어떤 담화이든 학생들의 지식을 파악할 수 있는 기회를 열어주고 다른 기회들을 줄여준다. 다음 장에서 이 주제에 대해 논의할 것이다.

02. John Dewey, *School and Society* (Chicago: University of Chicago Press, 1990).

03. Horace Mann's "Report for 1848," in *Annual Reports of the Secretary of the Board of Education of Massachusetts,* 270-280 (Boston: Lee and Shepard, 1891)을 참고하시오.

04. Israel Scheffler, *Reason and Teaching* (Indianapolis: Bobbs-Merrill, 1973), 67-81.

05. 원격 학습에 대하여 1988년 2~3월에 호주 뉴사우스 웨일스주 코우라 초등학교 및 서부 지역청 교사 및 관리자 인터뷰.

06. 예를 들어, 최근 개발된 컴퓨터 비디오 시스템은 최고의 강의나 토론에서는 어려운 수업 담화의 기회를 열어준다. Magdalene Lampert and Deborah Lowenberg Ball, *Teaching, Multimedia and Mathematics: Investigations of Real Practice* (New York: Teachers College Press, 1998)를 참고하시오.

07. 그러한 수업의 복잡성은 그 형태에 따라 달라질 것이다. 교사와 학생이 e-mail을 통하여 상호작용을 할 경우, 양방향 무선망보다는 요구사항이 크지만, 교사와 학생이 실시간으로 보고 들을 수 있는 컴퓨터-비디오망보다는 적다.

08. 이 접근법의 몇 가지 예로서 Arthur Powell, Eleanor Farrar, and David K. Cohen, *The Shopping Mall High School* (Boston: Houghton Mifflin, 1985); and Robert Everhart, *Reading, Writing, and Resistance: Adolescence and Labor in a Junior High School* (Boston: Routledge, Keegan Paul, 1983)을 참고하시오. 이 책들은 수업에 관심이 없는 많은 학생들에게 바람직한 선택으로 자습을 묘사한다: 학습에 필요한 것은 별로 많지 않으므로, 공공연한 방해가 없다면 자습을 통해 학문과 상호작용할 기회가 많다. 그러나 어떤 경우에는 자습이 복잡하고 정교한 수업 접근법의 한 요소이다. 그럴 때는 상당한 전문성이 요구된다. *A Place Called School* (New York: McGraw Hill, 1984)에서 John Goodlad는 자습에 대한 이러한 접근법은 흔치 않으며, 자습은 보통 다소 단순화된 형태의 수업의 일부라고 제안한다.

09. 훈육과 교실 관리가 미국 교육에서 교과목과 상관없는 주제가 된 한 가지 이유는 학생 참여와 담화를 줄임에 따라 학생들이 수업을 방해할 수 있는 여지가 커지면서 수업 담화의 일반적인 형태가 교과목에서 훈육을 분리시키기 때문이다. 교과 내용과 교실 관리의 구분은 적어도 탐구나 전문적 담론의 관습만큼 수업의 실제를 반영한다.

10. 학생들이 논의에 최소한으로 참여하거나 전혀 참여하지 않으면, 수업 요구가 제한된다. 논의를 사생활 침해로 여기거나 교사 및 교우들과 거리를 유지하고 싶다는 이유로 참여하지 않을 수 있다.

11. 프랑스와 영국 대학에서는 학생들이 강의에 참석할 것을 기대조차 하지 않았다. 교수들은 거의 텅 빈 강당에서 말할 수 있었고, 메모를 전달하거나 때로 출간을 했다.

12. 예를 들어, Powell, Farrar, and Cohen, *Shopping Mall High School,* 184-207을 참고하시오.

13. 1984년 봄 노스 샌디에고 고등학교의 12학년 AP 역사 수업에 대한 메모; 1988년 호주 뉴사우스 웨일스주 코우라 고등학교 9학년 영어 우수반에 대한 노트.

14. 학생들이 더 잘할수록 논쟁이 일어날 가능성이 더 높기 때문에 교사가 자신의 분야에서 논쟁의 여지가 있는 요점을 이해하는 것이 도움이 된다. 이 접근 방식의 특징 중 하나는 교사와 학생이 학문적 내용에 대한 논쟁을 포용하여 담화를 닫는 것이 아니라 담화의 중심 특징으로 삼는 것이다.

15. 그러한 작업의 특성에 대한 보고로써 M. Lampert, "Studying Teaching as a Thinking Practice," in *Thinking Practices,* ed. J. Greeno and S.G. Goldman (Hillsdale, NJ: Lawrence Erlbaum and Associates, 1998); Suzanne Wilson, Lee S. Shulman, and Anna Richert, "150 Different Ways of Knowing: Representations of Knowledge in Teaching," in *Exploring Teachers' Thinking,* ed. James Calderhead, 104-124 (London: Cassell, 1987); D. L. Ball, "With an Eye on the Mathematical Horizon: Dilemmas of Teaching Elementary School Mathematics," *Elementary School Journal* 93, no. 4 (1993): 373-397을 참고하시오.

16. 이 용어는 과학적 담화의 본질에 대해 논의한 Sir Michael Polanyi, "The Republic of Science," Minerva 1, (1962): 54-74에서 유래한다.

7. 교사의 학생 지식 파악

01. 나는 '지식'이라는 용어를 학생들이 수업에 가지고 와서 자신의 학습과 담화에서 보여주는 지식과 신념의 줄임말로 사용한다.

02. Warren J. Colburn, "First Lesson in Arithmetic on the Plan of Pestalozzi with Some Improvements," in *Readings in the History of Mathematics Education,* ed. J. K. Bidwell and R. G. Clason (Washington, DC: National Council of Teachers of Mathematics, 1970).

03. A. Bronson Alcott, *Observations on the Principles and Methods of Infant*

Instruction (Boston: Carter and Hendee, 1830); Elizabeth Palmer Peabody, *Record of a School* (Boston: J. Munro, 1835).

04. John Dewey, *School and Society* (Chicago: University of Chicago Press, 1990).

05. 예를 들어, Magdalene Lampert, Teaching Problems and the Problems of Teaching (New Haven, CT: Yale University Press, 2001)의 12장을 참고하시오.

06. 그 두 가지 접근법은 완전히 다르거나 반대되는 것은 아니다. 교사들은 자신의 아이디어와 일치하는지 확인하지 않으면, 작동하고 있는 마음의 징후를 찾을 수 없다; 그러한 비교는 모든 종류의 생각에서 중요한 요소인 것 같다. 그러나 일부 교사들은 일치 여부만 검사하는 반면, 다른 교사들은 학생들의 지식의 훨씬 더 상세한 조사에서 그러한 확인을 보조적인 요소로 사용한다.

07. T. Carpenter, E. Fennema, and M. Franke, "Cognitively Guided Instruction: A Knowledge Base for Reform in Primary Mathematics Instruction," *The Elementary School Journal* 97, no. I (1996): 3-20.

08. Jere Brophy, "Research on Teacher Effects: Uses and Abuses," *The Elementary School Journal* 89, no. 1 (1988): 3-22; Jere Brophy and Thomas Good, "Teacher Behavior and Student Achievement," in *Handbook of Research on Teaching,* 3rd ed., ed. M. C. Wittrock, 328-375 (New York: Macmillan Publishing, 1986).

09. M. Lampert, "Practices and Problems in Teaching Authentic Mathematics in School," in *Effective and Responsible Teaching: The New Synthesis,* ed. F. Oser, A. Dick, and J.-L. Parry, 295-314 (New York: Jossey-Bass, 1992); M. Lampert, "Teaching about Thinking and Thinking about Teaching," *Journal of Curriculum Studies* 16, no. 1 (1984): 1-18.

8. 가르침을 향상시키다

01. 예를 들어, David K. Cohen, "Revolution In One Classroom: The Case of Mrs. Oublier," *Educational Evaluation and Policy Analysis* 12, no. 3 (Autumn 1990): 311-329를 참고하시오.

02. 예를 들어, Fred Hess, "Back to School," *American: The Journal of the American Enterprise Institute,* April 24, 2008, https://www.aei.org/articles/back-to-school-2/를 참고하시오.

03. 이 연구들은 다음을 포함한다: Public Impact, *School Turnarounds: A Review of the Cross-Sector Evidence on Dramatic Organizational Improvement* (Chapel Hill, NC: Public Impact, Academic Development Institute, 2007); Ronald C. Brady, *Can Failing Schools Be Fixed?* (Washington, DC: Thomas B. Fordham Foundation, 2003); Emily Ayscue Hassell and Bryan C. Hassell, "The Big U-Turn," *Education Next,* Winter 2009; and Center on Education Policy, *Managing More Than a Thousand Remodeling Projects: School Restructuring in California* (Washington, DC: Center on Education Policy, 2008).

04. Center on Education Policy, *Managing More Than a Thousand Remodeling Projects,* 21.

05. 위 3번에 인용한 연구들을 참고하시오.

06. Michael J. Podgursky and Matthew G. Springer, "Teacher Performance Pay: A Review," *Journal of Policy Analysis and Management* 26, no. 4 (2007): 909-949.

07. Heather C. Hill, "Evaluating Value-Added Models: A Validity Argument Approach," *Journal of Policy Analysis and Management* 28, no. 4 (2009): 700-709.

08. Ibid.

09. The National Bureau of Economic Research에서 발간된 두 문서가 이 이슈를 논의한다: Jesse Rothstein, "Teacher Quality in Educational Production: Tracking, Decay, and Student Achievement" (National Bureau of Economic Research Working Paper no. 14442, March 2009); and Cory Koedel and Julian R. Betts, "Value-Added to What? How a Ceiling in the Testing Instrument Influences Value-Added Estimation" (National Bureau of Economic Research Working Paper no. 14778, March 2009). 또한, Daniel McCaffrey, J. R. Lockwood, Tim R. Sass, and Kata Mihaly, "The Inter-temporal Variability of Teacher Effect Estimates," National Center on Performance Incentives, https://my.vanderbilt.edu/performanceincentives/files/2012/10/200903_McCaffrey_etAl_TeacherEffectEstimate11.pdf.

10. Hill, "Evaluating Value-Added Models."

11. 책임과 그 효과에 대한 더 많은 논의는 David K. Cohen and Susan L. Moffitt, *The Ordeal of Equality* (Cambridge, MA: Harvard University Press, 2010)의 6장과 7장을 참고하시오.

12. Brian Rowan, Richard Correnti, Robert J. Miller, and Eric M. Camburn, "School Improvement by Design: Lessons from a Study of Comprehensive School Reform Programs," in *Handbook of Education Policy Research,* ed. Gary Sykes, Barbara Schneider, and David N. Plank, 637-651 (New York: Routledge, 2009).

13. National Governors Association, Council of Chief State School Officers, and Achieve, *Benchmarking for Success: Ensuring U.S. Standards Receive a World Class Education.* (Washington, DC: National Governors Association, Council of Chief State School Officers, and Achieve, 2008).

14. Maria Glod, "46 States, D.C. Plan to Draft Common Education Standards," Washington Post, June 1, 2009.

15. Catherine Gewertz, "State School Boards Raise Questions about Standards," Education Week, February 3, 2010, https://www.edweek.org/teaching-learning/state-school-boards-raise-questions-about-standards/2010/02.

16. Ibid.

찾아보기(INDEX)

ㅅ

ㅇ

ㅈ

가르침의 어려움

지은이 데이비드 K. 코헨
옮긴이 김연
펴낸이 조경희
펴낸곳 경문사
펴낸날 2023년 8월 21일 1판 1쇄
등 록 1979년 11월 9일 제1979-000023호
주 소 04057, 서울특별시 마포구 와우산로 174
전 화 (02)332-2004 팩스 (02)336-5193
이메일 kyungmoon@kyungmoon.com

값 16,000원

ISBN 979-11-6073-086-9